跨境电商运营
从基础到实践

柯丽敏 张彦红 著

电子工业出版社
Publishing House of Electronics Industry
北京·BEIJING

内 容 简 介

从基础到实践，本书作者将带你步入一条跨境电商精英之路。

本书分为 11 章，以跨境电商的业务流程为主体框架，结合跨境电商案例，系统全面地介绍了跨境电商的理论与实际操作，内容包括走进跨境电商、跨境电商交易流程、跨境电商客户沟通、跨境电商物流与保险、跨境电商支付与结汇、阿里巴巴国际站商机获取、阿里巴巴国际站产品发布、阿里巴巴国际站经营优化、跨境电商综合服务平台、跨境电商网络营销手段及跨境电商风险规避。全书思路明确，内容的广度和深度把握合理，理论知识体系完整，基本覆盖了目前跨境电商实际操作的各个环节。另外，本书的每章还配备了作者精心设计的案例分析和思考与实训，以提升教学效果。

本书适用于跨境电商培训类课程，也适合作为高等院校电子商务、国际贸易、国际商务等相关专业的教材，还可供电子商务相关从业人员参考。

未经许可，不得以任何方式复制或抄袭本书之部分或全部内容。
版权所有，侵权必究。

图书在版编目（CIP）数据

跨境电商运营从基础到实践 / 柯丽敏，张彦红著. —北京：电子工业出版社，2020.6
ISBN 978-7-121-39147-7

Ⅰ. ①跨… Ⅱ. ①柯… ②张… Ⅲ. ①电子商务—运营管理 Ⅳ. ①F713.365.1

中国版本图书馆 CIP 数据核字（2020）第 107061 号

责任编辑：石　悦　　　　　　　　特约编辑：田学清
印　　刷：河北虎彩印刷有限公司
装　　订：河北虎彩印刷有限公司
出版发行：电子工业出版社
　　　　　北京市海淀区万寿路 173 信箱　　　　　邮编：100036
开　　本：787×980　　1/16　　印张：19.25　　字数：462 千字
版　　次：2020 年 6 月第 1 版
印　　次：2025 年 7 月第 12 次印刷
定　　价：69.00 元

凡所购买电子工业出版社图书有缺损问题，请向购买书店调换。若书店售缺，请与本社发行部联系，联系及邮购电话：(010) 88254888，88258888。
质量投诉请发邮件至 zlts@phei.com.cn，盗版侵权举报请发邮件至 dbqq@phei.com.cn。
本书咨询联系方式：(010) 51260888-819，faq@phei.com.cn。

前　　言

近年来，跨境电商企业、培训机构，以及大学本科、专科教学都迫切需要一套知识体系完整、理论与实践结合度较高的跨境电商实务书籍。然而，当前跨境电商类的书籍较少，并且由于知识体系、编写质量、理论与实践结合度等难以令人满意，不太适合跨境电商从业者阅读，也不太适合作为高等院校市场营销、电子商务、国际贸易等专业的教材。

我于 2016 年 2 月撰写的《跨境电商基础、策略与实战》印刷了 15 次，获得了良好的评价。时隔 4 年，跨境电商行业发生了较大的变化，相关的知识也需要更新。我们汲取了《跨境电商基础、策略与实战》的市场反馈和写作经验，更新了大部分章节内容，写成本书。本书的知识更新、更符合当下跨境电商与国际贸易环境。

本书能够帮助跨境电商从业者提升理论水平，学习实践经验，也兼顾了高等院校学生的学习需求。国内外有关研究表明，目前高等院校普遍采用的纯理论教学方法，在电子商务概论、电子商务实务、电子商务管理等理论性较强的课程中效果不够理想，而国内部分高等院校，如浙江大学、清华大学、北京大学等探索采用的"案例分析+实操"型教学方法则能明显改善教学效果，也有利于培养学生对该类课程的学习兴趣。然而，目前知识体系完整、理论与实践结合度较高的"案例分析+实操"型跨境电商教材相对稀缺。

在电子工业出版社的大力支持下，我们整合了跨境电商实践案例资源，撰写了"实务操作型"的书籍《跨境电商运营从基础到实践》。本书在撰写过程中特别注重跨境电商理论与跨境电商实践的结合。全书思路明确，内容的广度和深度把握合理，理论知识体系完整，基本覆盖了目前跨境电商实操的各个环节。本书每章都配备了作者精心设计的案例分析和思考与实训，以提升教学效果。全书内容以跨境电商的业务流程为主体框架，结合跨境电商案例，系统全面地介绍了跨境电商的理论与实际操作，内容包括走进跨境电商、跨境电商交易流程、跨境电商客户沟通、跨境电商物流与保险、跨境电商支付与结汇、阿里巴巴国际站商机获取、阿里巴巴国际站产品发布、阿里巴巴国际站经营优化、跨境电商综合服务平台、跨境电商网络营销手段及跨境电商风险规避。

根据跨境电商形势的变化，本书还专门讲解了阿里巴巴国际站最新的规则变化，如超级信用证、商家星等级、精品项目等。同时，本书在写作上注重阐述规则后面的理论基础，以使学习者更有前瞻性。

本书配套的慕课网址见中国大学慕课平台 SPOC 课程"跨境贸易 B2B 实务"。如有疑问可咨询作者，邮箱：hzkelm@126.com。

本书在编写过程中，得到了杭州誉匠网络科技有限公司、南京世格软件有限责任公司、南京步惊云软件有限公司、深圳因纳特科技有限公司、杭州赛群网络科技有限公司、杭州裏媒科技有限公司、浙江全麦网尚电子商务有限公司等跨境电商企业相关人员的大力支持和协助,在此对大家的辛勤付出一并表示感谢!尤其得到了宁波来往电子商务有限公司 CEO 王怀周的大力帮助。他作为阿里巴巴标杆客户,擅长电商平台实操,旗下的宁波来往电子商务有限公司是阿里巴巴认证的第三方服务商。他在书稿案例选材、跨境电商实操等方面,为本书提供了宝贵的撰写建议,强化了本书兼顾理论与实践的内容特色。

跨境电商方兴未艾,人们对跨境电商领域的认识还在逐步积累、研究和深化之中,与此相关的很多概念和观点尚未成型或尚未达成共识,并且由于作者水平有限、编写时间较短,不当之处在所难免,望广大读者不吝指正。

柯丽敏
2020 年 2 月于杭州

读者服务

微信扫码回复:(39147)

- 获取博文视点学院 20 元付费内容抵扣券
- 获取本书配套 PPT 课件
- 获取更多技术专家分享视频与学习资源
- 加入读者交流群,与更多读者互动

目 录

第1章 走进跨境电商 1

1.1 跨境电商的崛起 1
- 1.1.1 跨境电商产生的背景 1
- 1.1.2 什么是跨境电商 2
- 1.1.3 跨境电商的发展历程 5
- 1.1.4 跨境电商的发展趋势 8
- 1.1.5 跨境电商和数字经济时代的国际贸易新格局 10
- 1.1.6 跨境电商发展的意义和挑战 12

1.2 跨境电商的商业模式 14
- 1.2.1 跨境电商的常见模式 14
- 1.2.2 主要的跨境电商第三方平台 18
- 1.2.3 主要的跨境电商自营平台 20
- 1.2.4 跨境电商平台的选择 21

1.3 跨境电商职业发展 22
- 1.3.1 跨境电商的职业岗位 22
- 1.3.2 跨境电商从业者的职业素养 23

1.4 eWTP 25
- 1.4.1 eWTP 的提出背景 25
- 1.4.2 eWTP 的主要内容 25
- 1.4.3 eWTP 的进展和挑战 26

案例分析 27
思考与实训 29

第2章 跨境电商交易流程 30

2.1 国际市场调研与客户开发 30
- 2.1.1 国际市场调研 30
- 2.1.2 巧用谷歌搜索引擎寻找和分析客户 31
- 2.1.3 巧用展会寻找和分析客户 40

　　　　2.1.4　巧用网络发布信息 42
　　2.2　网上交易磋商 43
　　　　2.2.1　网上交易磋商的途径 43
　　　　2.2.2　网上交易磋商的基本过程 44
　　　　2.2.3　常用贸易术语 45
　　2.3　合同的签订和履行 51
　　　　2.3.1　合同的签订 51
　　　　2.3.2　合同的履行 52
　　2.4　制单与结汇 54
　　　　2.4.1　主要的单据 54
　　　　2.4.2　交单 55
　　　　2.4.3　结汇和退税 56
　　　　案例分析 57
　　　　思考与实训 57

第 3 章　跨境电商客户沟通 59

　　3.1　海外采购者行为分析 59
　　　　3.1.1　海外采购者的类型 59
　　　　3.1.2　海外采购者选择供应商的渠道 61
　　　　3.1.3　海外采购者所重视的供应商的特质 62
　　3.2　撰写优质的客户开发信 65
　　　　3.2.1　什么是客户开发信 65
　　　　3.2.2　怎样写客户开发信 66
　　3.3　询盘的分析与回复 69
　　　　3.3.1　询盘的分析 69
　　　　3.3.2　询盘的回复 69
　　3.4　寄送样品 73
　　　　3.4.1　由寄样转订单 73
　　　　3.4.2　样品费用处理 75
　　　　3.4.3　样品跟进 76
　　　　案例分析 76
　　　　思考与实训 80

第 4 章　跨境电商物流与保险 82

　　4.1　跨境物流概述 82

		4.1.1 跨境物流的定义	82
		4.1.2 运输方式的选择	83
4.2	主要跨境物流运输方式		84
		4.2.1 国际快递	84
		4.2.2 邮政 EMS	84
		4.2.3 国际专线	85
		4.2.4 海洋运输	85
		4.2.5 铁路运输	86
		4.2.6 航空运输	88
4.3	合同中的装运条款		89
		4.3.1 交付时间	89
		4.3.2 交货地点	90
		4.3.3 装运通知	93
4.4	跨境物流运输单据		93
		4.4.1 海运提单	93
		4.4.2 铁路运单	95
		4.4.3 航空运单	96
		4.4.4 邮包收据	96
		4.4.5 多式联运单据	96
4.5	跨境物流运输保险		96
		4.5.1 国际货物运输保险的基本术语	97
		4.5.2 保险险别和保费	97
	案例分析		98
	思考与实训		100

第 5 章 跨境电商支付与结汇 ... 101

5.1	跨境电商支付方式		101
		5.1.1 电汇	101
		5.1.2 托收	102
		5.1.3 其他支付方式	103
5.2	跨境电商支付票据		105
		5.2.1 汇票	105
		5.2.2 本票和支票	108
5.3	信用证结算方式		109

5.3.1 信用证的当事人 109
  5.3.2 信用证的内容 110
  5.3.3 信用证的收付程序 111
  5.3.4 信用证的种类 113
 5.4 结汇和退税 114
 案例分析 115
 思考与实训 115

第 6 章 阿里巴巴国际站商机获取 116
 6.1 阿里巴巴国际站简介 116
  6.1.1 阿里巴巴国际站的成立背景 116
  6.1.2 阿里巴巴国际站的后台板块 117
 6.2 账号设置和信息完善 124
  6.2.1 国际站账号设置 124
  6.2.2 完善公司信息 124
  6.2.3 完善个人信息 125
  6.2.4 账号安全设置 127
  6.2.5 子账号设置 127
 6.3 RFQ 129
  6.3.1 什么是 RFQ 129
  6.3.2 RFQ 的规则 129
  6.3.3 RFQ 的搜索 131
  6.3.4 RFQ 的报价 132
 6.4 访客营销 134
  6.4.1 访客营销的意义 134
  6.4.2 访客营销的操作步骤 135
 6.5 阿里巴巴国际站多语言市场 138
  6.5.1 阿里巴巴国际站多语言市场的意义 138
  6.5.2 多语言市场的产品发布 139
 思考与实训 141

第 7 章 阿里巴巴国际站产品发布 142
 7.1 阿里巴巴国际站对产品的分层 142
  7.1.1 精品项目 142

  7.1.2 对精品项目的支持 143
7.2 产品发布前的准备 145
  7.2.1 产品发布原则 145
  7.2.2 产品发布准备工作 146
7.3 产品发布流程 154
  7.3.1 选择类目 155
  7.3.2 填写产品基本信息 156
  7.3.3 填写产品详细信息 159
  7.3.4 产品信息质量治理 165
7.4 规格化商品及其发布 165
  7.4.1 规格化商品 166
  7.4.2 如何发布规格化商品 167
7.5 Ready to Ship 商品 170
  7.5.1 为什么要发布 Ready to Ship 商品 170
  7.5.2 Ready to Ship 商品的展示位置 170
  7.5.3 如何发布 Ready to Ship 商品 171
  7.5.4 如何验证发布的 Ready to Ship 商品 179
  思考与实训 180

第 8 章 阿里巴巴国际站经营优化 181

8.1 阿里巴巴国际站搜索排序规则 181
  8.1.1 阿里巴巴国际站搜索排序分类 181
  8.1.2 阿里巴巴国际站搜索排序机制 182
8.2 阿里巴巴国际站商家分层规则 186
  8.2.1 商家星等级 186
  8.2.2 商家星等级指标 189
8.3 外贸直通车 191
  8.3.1 外贸直通车的含义及其优势 191
  8.3.2 外贸直通车的三大规则 192
  8.3.3 如何操作外贸直通车 195
8.4 阿里巴巴数据管家的应用 199
  8.4.1 我的店铺 199
  8.4.2 我的效果 201
  8.4.3 我的词 204

8.4.4 我的产品 204
8.4.5 我的子账号 206
8.5 搜索诊断 207
8.5.1 搜索诊断板块 207
8.5.2 搜索诊断各选项 208
8.6 信用保障服务 213
8.6.1 什么是信用保障服务 213
8.6.2 信用保障服务的操作方式 213
8.6.3 信用保障额度及其提升 215
8.6.4 超级信用证 216
思考与实训 216

第9章 跨境电商综合服务平台 217
9.1 一站式外贸综合服务平台 217
9.2 一达通简介 218
9.2.1 一达通的价值 218
9.2.2 一达通的服务内容 218
9.3 一达通业务操作 222
9.3.1 如何开通一达通业务 222
9.3.2 外贸基础服务流程 223
9.4 一达通物流服务 227
思考与实训 233

第10章 跨境电商网络营销手段 234
10.1 搜索引擎营销 234
10.1.1 搜索引擎工作原理及应用现状 234
10.1.2 搜索引擎营销模式 237
10.1.3 利用搜索引擎分析市场 239
10.1.4 利用搜索引擎分析竞争对手 242
10.1.5 利用搜索引擎寻找买家 245
10.2 电子邮件营销 247
10.2.1 电子邮件营销的含义及特点 247
10.2.2 电子邮件营销的相关概念 247
10.2.3 电子邮件营销的实用技巧 248

- 10.3 社区营销——领英营销 ... 250
  - 10.3.1 领英的功能 ... 250
  - 10.3.2 怎样在领英上推广 ... 251
  - 10.3.3 如何通过"LinkedIn+Google"搜索组合找到目标客户 ... 253
  - 10.3.4 搜邮工具 ... 255
  - 10.3.5 管理多个社交平台的 buffer 平台 ... 256
- 10.4 社区营销——Facebook 营销 ... 257
  - 10.4.1 如何通过 Facebook 寻找客户 ... 257
  - 10.4.2 如何通过 Facebook 为网站带来流量 ... 261
  - 10.4.3 如何在 Facebook 上做企业推广 ... 263
  - 10.4.4 怎样挑选 Facebook 的广告图片 ... 264
  - 10.4.5 Facebook 账号被封锁的解决方法 ... 265
- 10.5 社区营销——Instagram 营销 ... 266
  - 10.5.1 Instagram 社交网站介绍 ... 266
  - 10.5.2 Instagram 的操作步骤 ... 266
  - 10.5.3 如何借助 Instagram 推广产品 ... 266
  - 10.5.4 如何通过 Instagram 来吸引流量 ... 267
- 案例分析 ... 268
- 思考与实训 ... 271

第 11 章 跨境电商风险规避 ... 272

- 11.1 跨境电商风险的类型和防范 ... 272
  - 11.1.1 跨境电商风险的类型 ... 272
  - 11.1.2 跨境电商风险的防范 ... 275
- 11.2 知识产权风险及其防范 ... 275
  - 11.2.1 知识产权的概念与特点 ... 275
  - 11.2.2 知识产权的分类及形态 ... 276
  - 11.2.3 如何预防知识产权侵权 ... 279
- 11.3 阿里巴巴国际站知识产权投诉处理 ... 280
  - 11.3.1 《阿里巴巴国际站知识产权规则》积分规则 ... 280
  - 11.3.2 收到知识产权投诉该如何处理 ... 281
- 11.4 阿里巴巴国际站禁限售规则 ... 286
- 11.5 跨境电商诈骗与贸易投诉 ... 287
  - 11.5.1 跨境电商诈骗及其类型 ... 287

11.5.2　贸易投诉及其类型 289
　　11.5.3　如何避免贸易投诉和诈骗 290
　　11.5.4　如何处理贸易投诉 293
　案例分析 294
　思考与实训 295

后记 296

第 1 章 走进跨境电商

学习目标
- 掌握跨境电商的内涵
- 掌握跨境电商的商业模式
- 了解跨境电商平台的类型
- 了解跨境电商面临的挑战

关键术语

数字贸易、跨境电商、eWTP（Electronic World Trade Platform，世界电子贸易平台）、跨境电商的商业模式、跨境电商职业发展

1.1 跨境电商的崛起

1.1.1 跨境电商产生的背景

1. 数字技术显著降低国际贸易成本，为全球贸易发展注入新动能

世界贸易组织发布的《2018年世界贸易报告》指出，随着数字技术的广泛应用，国际贸易成本显著降低，继而推动全球贸易量显著增长。从1996年到2014年，国际贸易成本下降了15%。预计从2015年到2030年，全球贸易量年均增长1.8%~2%，累计增幅达31%~34%。传统贸易体系正在向以数字贸易为代表的新型国际贸易体系转型升级。

2. 数字技术推动服务贸易和货物贸易结构发生重大变化

《2018年世界贸易报告》指出，数字技术改变了服务贸易和货物贸易的结构。当前，全球服务贸易占总贸易额的21%，预计到2030年服务贸易所占比重将增至25%。发展中国家在全球贸易中所占的份额将更大，预计由2015年的46%增至2030年的57%。

3. 数字贸易深入商业流程的核心，推动企业重塑商业模式

随着数字技术的发展，信息在全球的无边界自由流动进一步加速，企业越来越青睐以互联网强大的信息处理和数据分析技术为基础、大幅减少流通环节、直接面对消费者继而创造更大价值的新型数字贸易。数字贸易深入商业流程的核心，并占据重要的战略地位。因此，企业不得不考虑重塑商业模式，在产品设计和生产、交易磋商和成交、营销服务和供应链支持、质量控制及业务流程的设计等方面做出创新，以便在市场竞争中获得优势地位。

4. 互联网和大数据的相关基础设施更加完善

个人计算机的性能提升、价格下降及智能手机的普及促进了 PC 网络和移动网络的应用。互联网支付工具和支付技术的发展，金融网络和设施的优化进一步完善了数字贸易的支付系统。密集的物流网点则加快了商品跨境配送的速度。

1.1.2 什么是跨境电商

1. 跨境电商的内涵

跨境电商即跨境电子商务，是指分属不同关境的交易主体，通过第三方或独立站等各种电子商务平台，完成营销、交付和结汇的一种商业活动。交易主体可分为企业、商户和个人消费者。

我们从出口来看跨境电商的业务流程。首先，跨境电商公司将拟出口产品在跨境电商平台上展示。海外消费者下单并支付后，跨境电商公司（生产商/制造商）委托物流商进行商品投递，经过出口国和进口国的海关通关商检后，商品由物流商送达消费者手中。也有一些跨境电商公司直接与第三方综合服务平台合作，由第三方综合服务平台来完成商检、通关和物流工作。跨境电商进口流程和出口流程方向相反，具体如图 1-1 所示。

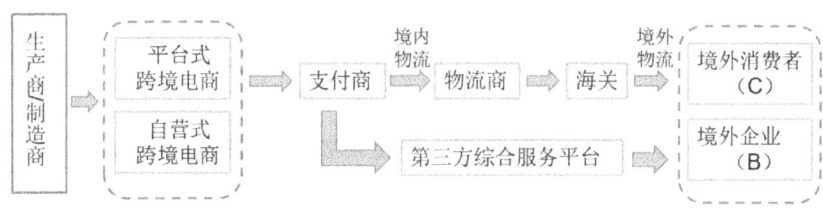

（a）跨境电商出口流程

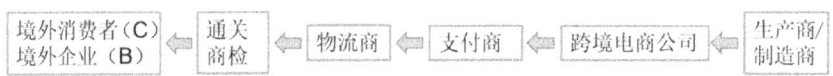

（b）跨境电商进口流程

图 1-1 跨境电商业务流程

2. 跨境电商的特点

（1）业务环节复杂。

完整的跨境电商业务流程包括通关、检验检疫、外汇结算、出口退税等环节，并以邮政小包和快递等方式运输。因路途遥远，商品从售出到到达国外消费者手中的时间较长，且商品容易损坏。另外，因各国的派送能力存在差异，邮包量迅速增长容易引起贸易摩擦。

（2）交易主体差异大。

消费者分布在全球各地，其消费行为、文化心理和生活习俗差异较大。跨境电商公司在开展国际流量引入、海外推广营销、海外品牌建设等活动时要对海外消费者的行为有深刻的了解、精准的把握，并要具备"当地化/本地化"思维。

（3）易发生交易风险。

目前，侵权风险和退货风险是跨境电商交易面临的主要风险。国内中小型企业普遍缺乏知识产权意识，以假货和仿品牟利的现象时有发生，而发达国家的知识产权保护较为严格，这就容易引发知识产权纠纷。此外，如果海外消费者退货，商品运回本国又需支付一笔运费和税费，甚至运费和税费超过了商品本身的价值，企业只好承受经济损失，放弃运回直接在当地丢弃。

（4）交易规则更多、更细、更复杂。

跨境电商平台涉及国内的平台及国外的平台。不同的平台各有自己的规则，国外平台及其规则更是令人眼花缭乱。企业不仅要遵守平台规则，还要遵守国际上的双边和多边贸易协定，了解各国进出口关税细则及政策的变化，另外对进出口形势也要有一定的分析预测能力。

3. 跨境电商和数字贸易

数字贸易的定义有狭义与广义之分。狭义的数字贸易是"数字化产品的贸易"。广义的数字贸易是"依托数字技术（ICT）开展的各类商业活动"。

世界贸易组织则用"电子商务"的概念取代了"数字贸易"的概念，并将电子商务定义为"通过电子方式生产、分销、营销、销售或交付货物和服务"。

2018年，浙江大学马述忠教授团队提出的"数字贸易"的概念比较综合，其认为数字贸易是一种新型贸易活动，本质上是传统贸易在数字经济时代的拓展与延伸；数字贸易的载体是现代信息网络，数字贸易的内容是实体货物、数字产品与服务、数字化知识与信息的高效交换，数字贸易的结果是推动消费互联网向产业互联网转型，最终实现制造业的智能化。该定义指出数字贸易发展的最终目标是"实现制造业智能化"，指明了数字贸易未来的发展方向。

从上述各种定义中不难发现，数字贸易源于数字经济，是全球化和数字经济融合发展到一定阶段的产物。随着经济的发展，数字贸易的外延有了极大的拓展，这也是各国在数字贸易领域争相开展竞争的一个原因。传统世界贸易组织框架下的货物贸易和服务贸易规则与数字贸易产生了一些冲突，数字贸易究竟适用货物贸易规则还是服务贸易规则还未有定论。

数字贸易与跨境电商一脉相承，有诸多相同的特点和属性。但在实际应用中，跨境电商的侧重点是基于现代信息网络而进行的跨境货物贸易及相关服务，核心是货物流动；数字贸易的侧重点则是数字化内容及服务的跨境流动，核心是数据流动。

4. 跨境电商和传统国际贸易

跨境电商和传统国际贸易存在以下 5 个方面的差异。

（1）多边化。跨境电商可以在 A 国的交易平台展示商品、在 B 国的支付结算平台进行结算、在 C 国的物流平台实现递送，其信息流、资金流、物流由双边走向多边，呈现出网状结构。而传统国际贸易的信息流、资金流和物流呈线状结构，主要涉及双边贸易，即使有多边贸易，也是经过多个双边贸易来实现的。

（2）小批量。跨境电商的订单大多是小批量的订单，而传统国际贸易的单笔订单金额都较大。与传统国际贸易相比，跨境电商的交易类目更多、产品更新速度更快、广告推送更加个性化、支付方式更简便多样，并且由于直接掌握消费者交易和消费偏好的数据，跨境电商企业更能设计和生产出差异化、定制化的产品，从而更精准地为消费者服务。

（3）高频率。在传统国际贸易模式下，信息流、资金流和物流三方呈现分离状态，而跨境电商可以在同一个平台上整合信息流、资金流和物流，使企业能实现即时按需采购，消费者能实现即时消费，因此其交易频率比传统国际贸易高很多。

（4）透明化。跨境电商使企业和消费者之间通过电子商务交易和服务平台直接对接，双方采用标准化、电子化的合同、提单、发票和凭证进行交易。交易单证可在网上迅速传递，使贸易信息透明度增加，降低由信息不对称引起的贸易风险。单证、报关等传统国际贸易中重要的中间角色被弱化甚至被替代，供应链趋向扁平化，使买卖双方得到双赢。

（5）数字化。数字化有两层含义。首先，越来越多的国际贸易活动借助互联网平台开展，交易环节的相关信息以无纸化的方式呈现。其次，软件、影视作品、游戏等数字化产品的品类和贸易量快速增长，通过电子商务进行销售和消费的趋势更加明显。

跨境电商与传统国际贸易的详细比较见表 1-1。

表 1-1 跨境电商与传统国际贸易的详细比较

	跨境电商	传统国际贸易
交流方式	通过互联网跨境电商平台间接接触	电话、传真等通信手段或面对面洽谈
运作模式	借助第三方交易平台达成交易	双方订立商务合同
订单类型	小批量、多批次、订单分散、周期较短	大批量、少批次、订单集中、周期较长
价格和利润	价格较低，利润率相对较高	价格较高，利润率相对较低
产品类目	产品类目多，更新速度快	产品类目少，更新速度慢
规模和速度	面向全球市场，规模大，增长速度快	市场规模大，但受地域限制，增长速度相对缓慢
交易环节	交易环节简单（生产商—零售商—消费者），涉及较少的中间商	交易环节复杂（生产商—贸易商—进口商—批发商—零售商—消费者），涉及较多的中间商
支付	借助第三方支付平台完成支付	传统国际贸易正常的支付方式
运输	借助第三方物流平台完成运输交付，物流因素对交易影响明显	通过空运、集装箱海运完成运输交付，物流因素对交易影响不明显

续表

	跨 境 电 商	传统国际贸易
通关和结汇	通关缓慢或有一定限制	传统国际贸易正常的通关、结汇和退税政策
纠纷处理	纠纷处理不畅，效率低	健全的纠纷处理机制

1.1.3 跨境电商的发展历程

1. 我国跨境电商发展的3个阶段

自1999年阿里巴巴连接中国供应商与海外消费者至今，我国跨境电商的发展经过了3个阶段，实现了从提供信息服务、发展到在线交易、再进化到全产业链服务的跨境电商产业转型。

从1999年到2003年是跨境电商发展的第一阶段。该阶段的商业模式主要是外贸信息服务模式，也就是线上展示、线下交易。第三方平台仅为企业提供信息和产品展示服务，交易依旧在线下进行。第三方平台主要是靠向进行信息和产品展示的企业收取会员费，以及向供应商提供竞价推广、咨询服务等信息增值服务来盈利。

从2004年到2012年是跨境电商发展的第二阶段。以2004年敦煌网的上线为标志，跨境电商开始进入第二阶段。第三方平台不再只是展示信息和产品，业务的所有环节都可以在平台上完成，交易、支付、物流等原本线下进行的活动逐步走向线上。相较于第一阶段，第二阶段的第三方平台通过服务和资源整合，有效地打通了上下游供应链，体现了电子商务的本质。

从2013年至今是跨境电商发展的第三阶段。在该阶段，跨境电商开始转型，产业链的各个环节都出现了商业模式的创新。工厂进入跨境电商领域也使货源从二手转向一手；B类消费者（企业消费者）初具规模，B类消费者的中大额交易成为平台的主要订单来源；移动用户量爆发；商业模式除C2C、B2C以外，出现了B2B、M2B（生产商直接面对经销商）模式。

2. 全球跨境电商的发展现状

根据商务部网站的统计数据，2012年，我国跨境电商交易额（包括B2B和B2C）占外贸总额的比重不到10%。但在2017年，出口跨境电商交易额就达到6.3万亿元，同比增长14.5%。2018年，跨境电商交易额已经占到我国外贸总额的25%。预计到2020年年底，会占到外贸总额的40%以上。跨境电商交易产品品类主要包括3C产品、服装服饰、家居园艺、户外用品、健康美容、鞋帽箱包、母婴玩具、汽车配件、灯光照明等。这说明我国跨境电商未来将有广阔的发展空间。跨境电商已开始改变中国的对外贸易格局，成为新的对外贸易增长点。

图1-2是从2008年至2020年我国跨境电商交易额与进出口总额变化的情况。其中，2020年的预期，受新冠肺炎疫情的影响，可能不准确，但跨境电商行业长期向好发展的趋势不变。

近几年，政府相继出台了各种利好政策和法律法规，为消费者维护合法权益提供了保障，同时也表明了政府大力支持跨境电商行业发展的意愿，出台相关政策正是为了推动整个电商行业的积极、有序发展。

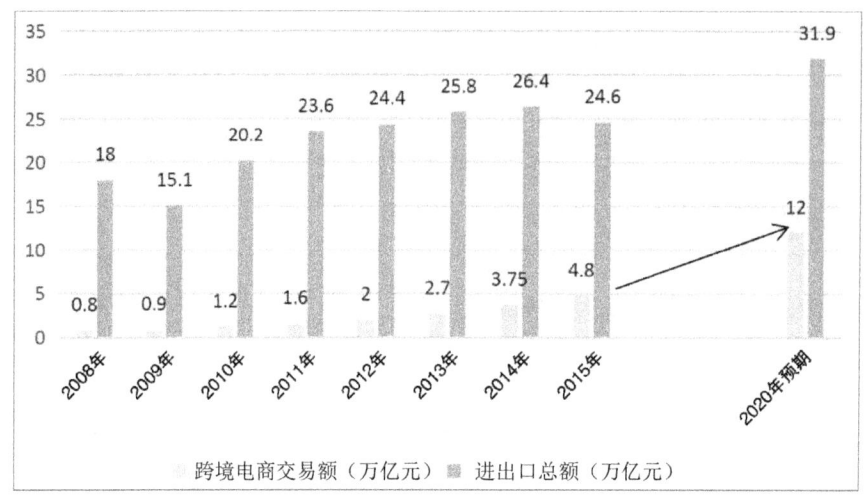

资料来源：根据商务部、海关总署、艾瑞咨询、阿里研究院相关资料综合整理。

图 1-2 我国跨境电商交易额与进出口总额的变化

2018 年 7 月，Facebook 基于对 2825 名来自澳大利亚、马来西亚、新加坡、印度、英国、美国、泰国、越南和印度尼西亚的消费者进行的一项在线调查，发布了《全球跨境电子商务营销白皮书》，预测未来四年内跨境电商的增长速度将超过国内电商，到 2022 年，跨境电商的总收入将达到 6270 亿美元，占电子商务的 20%。亚太地区将在中国的推动下成为跨境电商进出口的最大市场。

艾媒咨询（iiMedia Research）数据显示（见图 1-3），2016 年全球 B2C 跨境电商交易额达 4000 亿美元，比 2015 年增长了 31.6%；2017 年全球 B2C 跨境电商交易额达 5300 亿美元，同比增长 32.5%；2018 年，全球 B2C 跨境电商交易额突破了 6500 亿美元的大关，同比增长 27.5%，预计到 2020 年年底，全球 B2C 跨境电商交易额将达到近 10 000 亿美元。

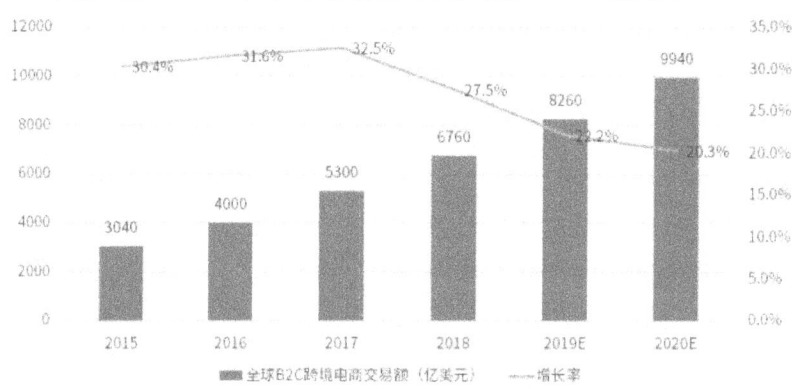

资料来源：Statista，艾媒咨询。

图 1-3 全球 B2C 跨境电商交易额及增长率（2015—2018）

另据《2019年全球跨境电商市场与发展趋势研究报告》显示，中东地区利用跨境电商进行网购的消费者占中东地区网购者的比例最高，达到70%，而亚太地区和北美地区利用跨境电商进行网购的消费者占当地网购者的比例不到50%，欧洲和南美地区则不到60%，具体如图1-4所示。

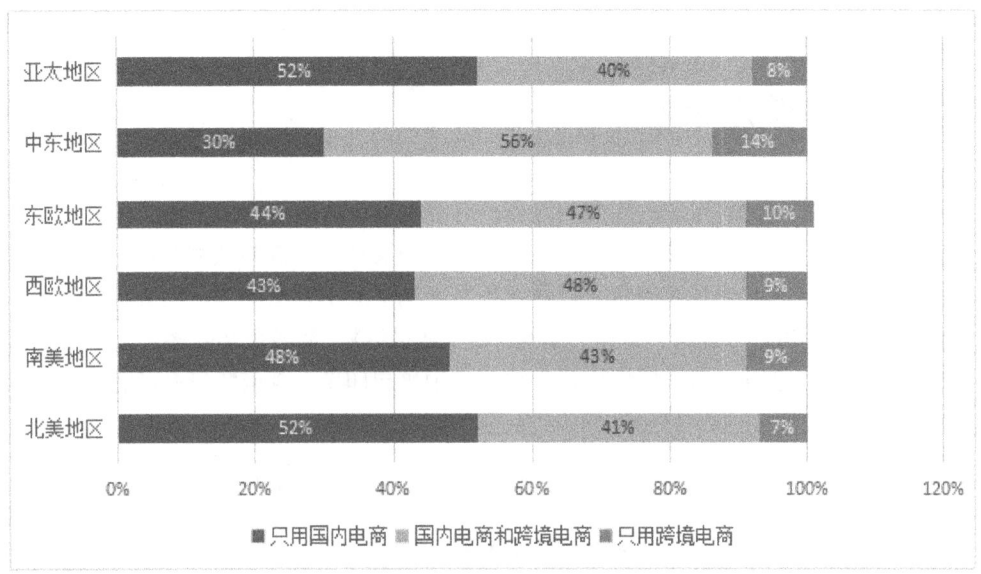

资料来源：《2019全球跨境电商市场与发展趋势研究报告》，艾媒咨询。

图1-4　2018年全球消费者在最近一年网购使用电商平台的类别

中国虽然拥有最多的互联网用户数，但就跨境电商市场而言，欧洲是全球最大的电子商务市场，而西欧又是欧洲最大的电子商务市场，主导着欧洲的跨境电商市场。其拥有高品质、高技艺的产品，先进的基础设施及较高的消费者网购率，推动着本地电子商务市场的蓬勃发展。欧洲电子商务协会的数据显示，2018年西欧电子商务市场份额占整个欧洲的68.22%，而南欧的电子商务市场的份额仅占11.96%，二者相差甚远。

此外，发达地区与欠发达地区差异明显。根据eMarketer的统计数据，2019年全球互联网普及率超过50%，虽然在前几年，部分发达国家和地区的网络普及率就已经超过了50%，而且网购率普遍较高，但是非洲大部分地区的网购率还处在低水平增长的状态，互联网普及率仅为35.2%。整个非洲的B2C电子商务占全球B2C电子商务的不到1.0%，线上渗透率仅为22%。而且因物流运输所配备的基础设施欠缺，许多国家尚未出台与电子商务相关的法规政策，加之网民整体购买力有限，非洲大部分地区跨境电商的发展水平处于落后状态。而拉丁美洲跨境电商的发展水平虽远不及欧洲和亚洲，但是以巴西和墨西哥为代表的地区近年来在跨境电商市场的崛起展示了拉丁美洲不俗的发展潜力和发展空间。

目前，知名度排在世界前列的电商平台有北美的eBay、Wish，欧洲则有德国乐天（Rakuten.de）

和法国的电商平台 Cdiscount。在亚洲，中国的全球速卖通（AliExpress）、日本的乐天 Rakuten 和韩国的 Gmarket 都深受消费者喜爱。而在非洲，电商平台 Jumia 覆盖了 11 个国家。南美洲和大洋洲也分别有 Linio 和 GraysOnline 两家超大型电商平台。

据艾媒咨询 2018 年全球消费者跨境购物对跨境电商平台的选择情况调查，24% 的买家在亚马逊上购物，16% 的买家选择全球速卖通，14% 的买家通过 eBay 交易。

1.1.4 跨境电商的发展趋势

1. 买家地域扁平化

虽然就贸易规模而言，美国、德国、英国、日本等发达国家依然是贸易大国，但随着跨境电商对各个行业的覆盖，全球买家都可以通过各类跨境电商平台从全球各地买到自己需要的商品。根据阿里研究院的《2018 中小企业跨境贸易发展报告》，全球有 200 多个国家和地区的买家在阿里巴巴注册，全球买家数同比增长 28%，其中来自印度、越南和尼泊尔的活跃买家数增长最快，增幅分别达到 87%、75% 和 74%（见图 1-5）。

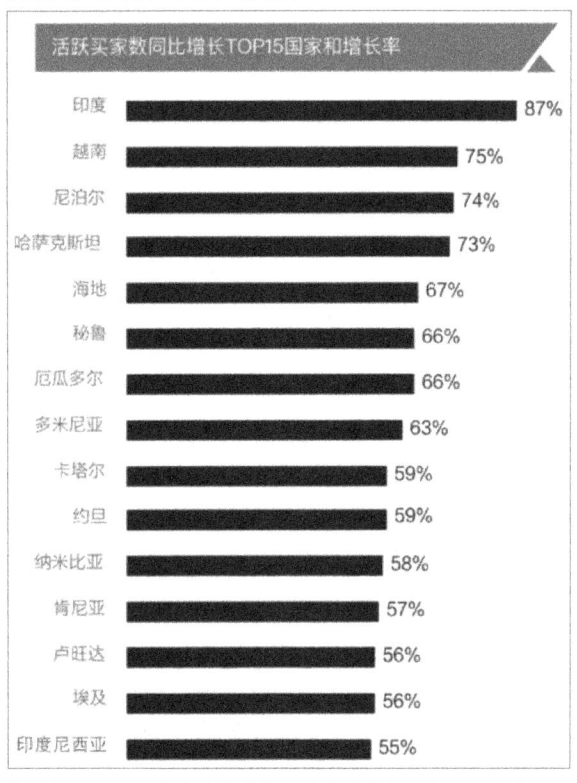

资料来源：2018 中小企业跨境贸易发展报告，阿里研究院。

图 1-5 阿里巴巴上活跃买家数同比增长 TOP15 国家和增长率

2. 采购碎片化

受全球经济大环境的影响，市场需求变化快，如果大量订单在运输和仓储的过程中被耽搁，就会给跨境采购的买家带来较高的风险和较大的资金压力，而高频的小单采购方式则有望规避此类风险。从阿里巴巴和一达通出口的数据可以看出，碎片化采购模式已经出现。2017年，一达通的订单价值的平均数额为4.6万美元，比2016年减少了22%；2017年信用保障订单价值的平均数额为8300美元，比2016年减少了13%。虽然信用保障订单价值的平均数额减少了，但采购数量却在增加，2016年每个买家的平均采购数量为1.87单，2017年上升为2.04单，增长率为9%。

"90后"买家追求独特、充满个性的商品，因此国际市场消费需求趋向个性化。零售商的购买行为受其影响最直接，他们在购买过程中更注重多样性、独特性和快速进入市场的可能性，另外是否允许小批量采购、交货时间是否足够快等也是他们决定是否下单的影响因素。

3. 使用移动终端的买家增多

以阿里巴巴为例，其境外买家的平均年龄为39岁，其中31%的买家年龄在25岁至34岁之间。他们偏向于通过移动通信、即时消息和网络连接的方式来处理事务。只通过PC端访问阿里巴巴的买家数量逐渐下降，更多买家使用PC和移动两个终端或者只使用移动终端来访问阿里巴巴。

4. 各环节协同发展，产业生态更加完善

随着跨境电商的不断发展，代运营公司、软件公司、在线支付公司、物流公司等配套企业也都开始涉足跨境电商生态圈，并提供网店装修、商品翻译和描述、网店运营、跨境运送、退换货、金融服务、商标专利注册等方面的业务服务，使整个行业分工更细、更清晰，也更具规模。

5. 导购内容化、运营垂直化

随着境外买家数量的增长和订单的碎片化，买家购买需求开始走向细分化和垂直化。一方面，跨境电商平台依靠人工智能技术和大数据分析，为买家提供个性化的商品推荐和匹配的供应商链接；另一方面，不同行业的买家在采购时有不同的关注点、不同的采购周期和对供应链服务的差异化需求，这也促使跨境电商平台开始分化，往垂直化精细运营的方向深耕。

6. 贸易服务集约化

数字贸易新业态巧妙地融合了互联网高效、无界、透明的特性与分散、复杂、量大的外贸市场需求，以集约化、透明化、在线化的服务，使全球贸易价值链得到优化。宏观上，外贸服务分工更加细化，真正做到了"让专业的人做专业的事"；微观上，中小型企业将部分业务，如结算、物流、税务、融资等外包给生态圈中的服务商，降低了成本，提高了效率。买家不仅会通过商品的质量来评价卖家，也会通过卖家表现出来的互联网服务专业度、网络沟通水平和售后服务能力来综合筛选卖家。

7. 中国制造业品牌化

长期以来，中国拥有许多小型制造业企业，它们依赖劳动力成本优势，占领了中国对外贸易的"半壁江山"，为中国成为"世界工厂"奠定了基础。但随着中国的劳动力成本持续增加及资源日益稀缺，"大进大出"模式已经难以维持，应转向"优进优出"模式，形成开放型经济的新格局。

基于以上七大趋势，未来全球将有更多的买家和卖家通过各种终端接入跨境电商平台，高效地完成碎片化的贸易订单。中小型企业应抓住机遇，顺应跨境电商的发展趋势，自主创新、深化服务，实现贸易品质和贸易效率质的飞跃。跨境电商平台也应有"买全球，卖全球"的大格局，扩展供应商资源，实现导购内容化、运营垂直化和服务集约化，深挖互联网和大数据技术，推动对外贸易模式转型，促进世界贸易更加繁荣。

1.1.5 跨境电商和数字经济时代的国际贸易新格局

1. 跨境电商将成为数字经济时代主流的贸易方式

全球互联网用户数突破 40 亿大关，全球超过一半的人在线，说明数字经济时代已经到来，全球经济将发生深刻的变革。

进入数字经济时代后，数字技术被广泛应用，信息和商务活动逐渐数字化，产品数字化和数字产品化成为常态，整个经济环境和经济活动由此发生了根本性的变化。

跨境电商将成为数字经济时代主流的贸易方式，其极大地降低了国际贸易的成本和门槛，使中小型企业因而得以参与国际贸易，并与其他国家的客户和供应商联系。跨境电商推动全球贸易更加普惠，推动传统产业转型升级，推动贸易主体、贸易形态、商业模式、企业组织方式不断创新，推动全球贸易规则和公共政策持续调整。

2. 中小型企业将成为数字经济时代的贸易主体

从企业结构角度分析，中小型企业在大多数国家占据主体地位，提供了大量就业机会。在我国，有近 1200 万家中小型企业，近 4400 万家个体工商户，中小型企业（包括个体工商户）占比高达 94%。

然而，即使在发达国家，中小型企业的出口形势也不容乐观。极度缺乏的贸易信息、烦琐的海关程序、困难的信用甄别、不足的贸易融资等阻碍了中小型企业的出口贸易活动。

进入数字经济时代后，中小型企业可以通过电子商务以更低的成本接触客户、获得订单、积累信用、提升参与全球贸易的能力。中小型企业将取代大企业成为数字经济时代的贸易主体。

3. 新兴市场崛起，国际贸易出现新业态、新格局

数字技术让全球贸易网络互联互通，"买全球，卖全球"的全新外贸模式初步形成。借助数字技术，不同国家和地区能够快速地将自身的独特产业和优秀的商品推向全世界。

新外贸具有四大特征，即利用新技术实现买卖双方高效互动、贸易全流程走向在线化、注重沉淀信用数据、全球贸易网络互联互通。与传统外贸相比，新外贸也更加灵活、更加具有包容性，能根据全球市场实时多元的需求来实现高效的全球化供应，依托跨境电商平台，依托专业贸易服务商，形成一个网状的全球生产和贸易服务协同的大生态。

传统外贸向新外贸转型的基础条件就是技术的变革。人工智能、物联网、虚拟现实（VR）、增强现实（AR）等前沿技术对人们的生活方式、工作方式和工作效率产生了极大的影响。电商平台应用了这些新兴技术，使时间、空间和文化距离不再是买家和卖家的制约因素，使双方的沟通更密切、更高效。

整个贸易的链路都要实现线上化和数字化，这是传统外贸向新外贸转型的主要手段。跨境采购的后端服务从线下迁移至线上，线上可查看、可预定、可追踪。物流服务商也被接入平台，从物流信息的查询、预定、实施，到物流过程的追踪，整条服务链路都实现了线上化。买家和卖家可在线查看服务和费用，可即时追踪订单的交付和运送情况，有利于卖家及时安排后续工作和处理突发情况。

数据被普遍应用是传统外贸向新外贸转型的核心特征。买卖双方的身份信息、需求、偏好及交易订单详情，都由平台掌握，并沉淀为买卖双方的信用数据，这种信用数据使买卖双方的信任得以建立。

伴随着新外贸业态的产生，新兴市场开始崛起，国际贸易出现了新格局。根据联合国对世界经济形势的展望，东亚、南亚的经济增速将在全球保持领先。

世界贸易组织发布的《2019世界贸易报告——服务贸易的未来》显示，近十年来，发展中经济体在世界服务贸易中所占的份额增长超10个百分点，2017年占世界服务出口贸易的25%，占世界服务进口贸易的34.4%。但是，服务贸易集中性极强，其中五个发展中经济体成为领先的服务贸易出口国和进口国，2017年合计占发展中经济体服务贸易总额的50%以上。同时期，不发达国家分别占世界服务贸易出口和进口的0.3%和0.9%，尽管贸易份额较小，但相比2005年已经取得了大幅增长。

海关总署数据显示，2019年前10个月，我国货物贸易进出口总值25.63万亿元人民币，比去年同期增长2.4%。其中，出口13.99万亿元，增长了4.9%；进口11.64万亿元，减少了0.4%；贸易顺差2.35万亿元，扩大了42.3%。

4. eWTP倡议

为创造一个更加开放、自由的经济环境并制定普惠的国际商业规则，国际社会应该与时俱进，改革贸易体系、规则和标准，以适应全球互联网经济和跨境电商的快速发展。

2016年3月，马云提出了世界电子贸易平台（Electronic World Trade Platform，简称eWTP）的倡议，呼吁世界各国顺应数字经济的发展潮流，降低贸易投资门槛，助力中小型企业发展，孵化新贸易规则。2016年9月，作为20国集团工商界活动（B20）的一项核心政策建议，eWTP倡议被写入《二十国集团领导人杭州峰会公报》，获得了国际社会的高度认可和积极支持。

1.1.6 跨境电商发展的意义和挑战

1. 跨境电商发展的意义

（1）有利于促进我国外贸的稳定发展。

受世界经济回暖速度缓慢、贸易摩擦增加、用工成本提高、人民币汇率上升等因素的影响，近几年我国传统外贸企业受到了严重打击。跨境电商不仅可以降低进出口企业的成本，提高进出口效率，提升外贸公司的利润，也在企业和最终消费者之间建立起更加通畅的信息交流平台，使企业能够及时根据市场需求对产品结构进行调整，继而提高产品品质，打响产品品牌，增强我国国际贸易的整体竞争力，促进外贸的稳定发展。

（2）有利于促进产业结构的升级。

跨境电商直接促进了物流配送、移动支付、信息服务等现代服务业的发展，催生了一批电商平台、物流快递、第三方支付等本土企业。面对全球市场多元化和个性化的消费需求，企业必须围绕消费者的需求，开展合作创新，完善服务体系，加强产品研发和品牌打造，优化价值链和产业链，促进资源优化配置。

（3）有利于中国制造业应对全球贸易新格局。

跨境电商帮助中国出口型制造企业扩展了外贸销售渠道，一方面改变了新产业链的利润分配格局，另一方面帮助企业从微笑曲线底端向两端拓展，转变了产业模式，实现了品牌升级。未来，在国家政策的支持下，相关外贸环节将日趋成熟和完善。具有短、平、快特征的电子商务模式必将使中国制造业与发达国家制造业之间的差距进一步缩小，实现向"中国智造"的转变。

2. 跨境电商给传统外贸业务创造了新的机会

（1）减少了外贸的中间环节，为中小型企业创造了新的机会。

跨境电商打破了进口商、批发商、分销商甚至零售商对外贸链条的垄断，减少了外贸的中间环节和产品流转成本，使中小型企业有机会直接面对消费者，提升了企业的获利能力，也使消费者获得了实惠。

（2）帮助企业管理客户资源。

传统外贸企业的运作方式是业务员掌握着从客户的选择、合同的签订、货物的组织、海关的检查和报关，直到货物交付的全过程及客户资源，这使企业无法了解客户的真实情况与需求。在这种情况下，业务员极大地影响了企业的生存和发展，一旦人才流失，企业的竞争力将大大降低。在电子商务模式下，企业的信息化建设意味着业务员的日常工作和行动都会被详细记录，所有细节一目了然，这就意味着由企业掌握了信息的主动权。

（3）降低了交易和采购成本，使交易更加透明。

企业在互联网上购买产品，可以更广泛地选择供应商，降低购买成本，同时保证购买质量。

企业可以随时在线查找信息，其营销和采购部门对市场的反应也将更加迅速，使交易更加透明。

（4）越过贸易壁垒，扩大贸易机会。

跨境电商推动了生产和服务的全球化，打破了世界各地区之间的地理障碍，使供应商与客户之间的联系更紧密。外贸企业可以全天 24 小时为客户提供产品和信息服务，使贸易机会大大增加。

（5）减少或消除外贸企业对物理基础设施的依赖。

如果企业使用电子商务开展国际贸易业务，其在贸易基础设施方面的投资将会低得多。一些信息产品，如电子版的报纸杂志、视听娱乐、计算机软件及信息咨询服务，支持在线交易和在线支付，那么销售柜台、存储设施等都将是多余的，整个销售链路从开发订单、付款到交付产品，都可以在线完成。这就减少或消除了外贸企业对物理基础设施的依赖，同时也可为客户节省大量成本。

3．跨境电商发展面临的挑战

（1）外贸企业信息化程度低。

电子商务要求以信息技术为基础。我国许多企业信息基础薄弱，缺乏资源和人才，网站功能单一，管理不到位，营销推广效果不明显。许多企业的网站只能提供信息查询服务，缺乏在线洽谈、签订购货合同、支付等功能，更不用说对整个外贸流程的支持了。

（2）信息网络安全体系有缺陷。

电子商务运营涉及财务安全、信息安全、货物安全、商业机密等安全问题，特别是财务安全和信息安全。网络上存在病毒，商业机密被窃取，商务诈骗、单据伪造等行为频发，致使很多外贸企业轻易不敢在网上签订贸易协议，这严重影响了跨境电商的发展。

（3）法律及制度不完善。

跨境电商业务不仅涉及买卖双方，还涉及各个国家和地区的业务管理、海关、保险、税务等部门。为了确保公平仲裁并在商业冲突中保护买卖双方的利益，需要有统一的法律和政策框架以及强有力的跨国、跨地区、跨部门的综合协调机制。但是，当前国际上关于跨境电商的法律并不完善，许多问题，如电子合同的有效性和执法等问题都没有统一的规定，而且跨国、跨地区、跨部门之间的协调问题也需要加强。

（4）缺乏复合型人才。

电子商务涉及技术、经济、管理、法律等领域，需要既掌握计算机网络知识，又熟悉外贸业务操作流程，同时还具备外贸和法律知识的复合型人才。但是，目前高校电子商务专业过于侧重某个单一层面的培养，没有考虑电子商务的整体性，这与跨境电商企业对人才的实际需求存在着很大的差距。复合型人才的短缺将直接影响跨境电商企业的竞争能力。

4. 跨境电商发展的应对之策

（1）积极寻找合适的第三方平台。

企业需要重塑市场营销观念，采取新的营销方式，拓展新的营销渠道，并从消费者的角度出发制定市场营销策略。

一个好的第三方平台应具有良好的信誉和一定的影响力。外贸企业应根据自身定位、产品特点和市场需求，选择合适的第三方平台开展跨境电商业务。目前，eBay、敦煌网、兰亭集势、阿里巴巴等都是非常优秀的跨境电商平台。

（2）积极开发新的细分市场。

劳动密集型的中小型外贸企业的产品技术含量一般不高，要想搭上新外贸的快车，它们必须改变经营思路，开发细分市场。例如，某家用衣架企业地处世界木制衣架主要产地之一的桂林，虽然家用衣架生产属劳动密集型产业，但是该企业通过市场调研，进一步细分市场，将其产品定位为品牌服装店和酒店用的高端衣架，成功将衣架的出口售价从 4～5 元提高到 200 多元。

（3）提高产品的技术含量，实行多元化的经营策略。

由于不同国家有不同的绿色贸易壁垒和不同的检验标准，企业应有意识地找寻一些检验标准不太高的国家，从而在遭遇绿色贸易壁垒的时候，尽快为自己的产品找到新市场，降低市场风险。大型外贸企业可以通过直接投资的方式来规避进口国的绿色贸易壁垒；技术水平相对薄弱的中小型外贸企业更要实行多元化的经营策略以应对绿色贸易壁垒。

（4）提升企业管理能力，建立专业的跨境电商团队。

不同国家和地区的海外客户在业务往来时往往会碰到不同的问题，产生不同的需求，但企业的工作人员因为一些因素，如不熟悉业务流程或企业产品时，就会出现回应延迟和答非所问等问题，导致失去许多潜在客户。

企业应针对不同的目标市场建立专业团队，团队成员不仅需要掌握网站运营方面的知识，还需要具备专业的产品知识和业务知识，以便更好地与客户沟通，也便于利用客户提供的信息了解国际市场的需求以进一步改进产品。

1.2 跨境电商的商业模式

1.2.1 跨境电商的常见模式

1. 按交易主体属性分类

（1）B2B 跨境电商。

B2B 跨境电商的最终客户一般是企业。在跨境电商市场中，B2B 跨境电商长期居于主导地位，占总交易额的 80% 以上。

代表企业：敦煌网、阿里巴巴国际站、环球资源等。

（2）B2C 跨境电商。

B2C 跨境电商的最终客户是个人消费者。近几年，B2C 跨境电商所占的市场份额持续上升，并将会迎来强劲增长（见图 1-6），其中 2020 年的预期因为新冠肺炎疫情的影响，可能不准确，但整体的发展趋势不变。

B2C 跨境电商在不同的垂直类目上各有侧重，如 FocalPrice 主营 3C 产品，而兰亭集势在婚纱产品销售上具有优势。

代表企业：全球速卖通、Wish、亚马逊、DX、兰亭集势、米兰网、大龙网等。

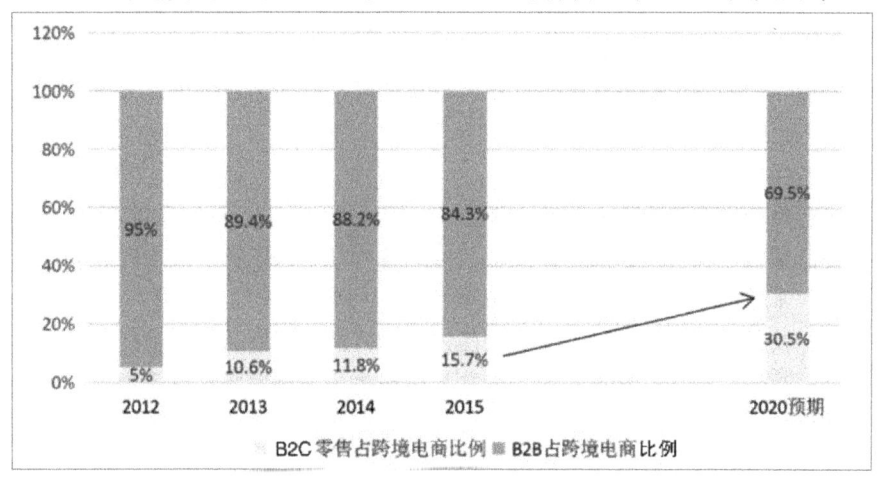

资料来源：中国跨境电商发展报告（2016 年），阿里研究院。

图 1-6　B2C 跨境电商与 B2B 跨境电商所占的市场份额

（3）C2C 跨境电商。

和 B2C 跨境电商一样，C2C 跨境电商的最终客户也是个人消费者，不同的是，C2C 跨境电商中的供应商也是个人。首先，个人供应商发布其销售的商品和服务的信息及价格；其次，由个人消费者进行筛选，然后在跨境电商平台上下订单，支付货款；最后，跨境物流将商品送达，完成交易。

代表企业：eBay、Wish 等。

2. 按服务类型分类

（1）信息服务平台。

信息服务平台的功能主要是传递供应商和采购商的商品和服务信息，提供网络撮合服务，促成供应商和采购商完成交易。代表企业有环球资源等。

（2）在线交易平台。

在线交易平台的业务比较全面，不仅提供企业、商品和服务等各方面的信息，还覆盖了整个购物链环节。采购商可以在平台的线上完成搜索、洽谈、下单、支付、物流、评价等一系列环节。代表企业有阿里巴巴国际站、敦煌网、全球速卖通、炽昂科技、米兰网、大龙网等。

3. 按平台运营方分类

（1）第三方平台。

第三方平台搭建线上购物商城，吸引商家入驻从事跨境电商交易，整合物流、支付、运营等服务资源，为商家提供服务。平台的主要收入来源是向商家收取佣金和增值服务费。代表企业有全球速卖通、敦煌网、环球资源、阿里巴巴国际站等。

第三方平台自身不从事商品买卖活动，而是吸引国外品牌商、制造商、经销商、零售商等入驻平台从事商品的展示和销售等活动，平台上商家云集，商品种类丰富。

商品货源广泛、种类繁多，支付方式便捷，平台规模较大，网站流量较大是第三方平台的优势。跨境物流、通关与商检等环节缺乏稳定渠道，商品质量无法保障，消费者信任度偏低，这些是第三方平台的劣势。

（2）自营型平台。

自营型平台整合供应商资源，以较低的进价采购商品并备货，然后以较高的价格出售商品。平台涉及从商品采购、销售到售后的整条供应链的各个环节，盈利主要来自商品差价。代表企业有兰亭集势、米兰网、大龙网、炽昂科技等。

由于平台与商品都是自营的，平台掌控能力较强，能保证商品的质量；商家信誉度好，消费者信任度高；货源较稳定；跨境物流、通关与商检等环节渠道稳定；跨境支付便捷。这些是自营型平台的优势。整体运营成本高，运营风险较大，资源需求多，资金压力大，需及时处理商品滞销、退换货等问题，这些是自营型平台的劣势。

（3）跨境电商代运营服务商。

跨境电商代运营服务商的主要业务是为运营经验不足的中小型企业提供各类跨境电商服务，如市场调查、平台建设、海外营销方案等。跨境电商代运营服务商根据中小型企业的实际情况，帮助其建立合适的跨境电商网站。作为跨境电商服务的提供商，其为中小型企业提供全方位的跨境电商营销方案，帮助中小型企业将商品直接卖给外国零售商或消费者。跨境电商代运营服务商的盈利是向中小型企业收取一定的服务费。

4. 按涉及的行业范围分类

（1）垂直跨境电商。

垂直跨境电商可按品类或地域归类，一般都是针对某一个行业或细分市场深化运营。品类垂直跨境电商主要专注于某一类商品的运营，如母婴类商品。地域垂直跨境电商则是专注于某一地域的商品运营。

（2）综合跨境电商。

综合跨境电商不像垂直跨境电商那样专注于某些特定的地域或某一品类的商品，而是展示与销售多种商品，涉及多个行业，代表企业有全球速卖通、亚马逊、eBay、Wish、兰亭集势、敦煌网等。

5. 按商品流动方向分类

（1）跨境进口电商。

传统的跨境进口模式是海淘，我国消费者直接在国外 B2C 电子商务网站上购买，然后商品通过转运或直邮被送到我国。拥有海外转运仓库的转运公司代消费者收货，然后通过跨国物流将商品运送到我国港口，再通过快递公司等第三方运输公司送到消费者手中。

跨境进口的主要模式是直购进口模式和保税进口模式。直购进口模式是指消费者在跨境进口平台上下单购买后，平台将电子订单、支付凭证、电子运单等实时传输给海关，商品通过海关跨境电商专门监管场所入境，按照个人邮递物品征税。

保税进口模式是指先将大批来自国外的商品运到保税区，消费者下单后，商品直接从保税区运出，通过快递送到消费者手中。

与传统的海淘模式相比，直购进口模式符合国家海关的相关政策，其清关过程更为透明，消费信息也更阳光，同时商品来源和服务也更加安全。

保税进口模式具有保税区特殊监管的政策优势，采取"整批入区、B2C 邮快件缴纳行邮税出区"的方法，大大降低了进口商品的价格，最后一程走国内快递的运输方式也缩短了从下订单到收货的时间。

直购进口模式和保税进口模式是电子商务进口的两种平行模式，适用于不同类型的电商企业。其中，直购进口模式更适合代购及品类较宽泛的电商企业，可直接从国外发货，具有品类多样的优势。保税进口模式在价格和时效上具有优势，适用于品类相对集中、备货量大的电商企业。两种模式之间的差异如表 1-2 所示。

表 1-2 直购进口模式和保税进口模式的差异

对比项目	直购进口模式	保税进口模式
模式类型	进口 B2C 模式	进口 B2B2C 保税备货模式
海关监管	电子订单、支付凭证、电子运单实时传输，实现阳光化清关	货物存放在海关监管场所，可实现快速通关
适用企业	代购、品类宽泛的电商企业	品类相对集中、备货量大的电商企业
发货地点	国外	保税港、保税区
时效	7～10 天	5 天以内
商品种类	更丰富	有限制

（2）跨境出口电商。

跨境出口电商是指跨境电商企业在跨境出口平台上达成出口交易，进行支付结算，并通过跨境物流送达商品，完成交易的一种国际商业活动。其可分为跨境一般贸易和跨境网络零售。

1.2.2 主要的跨境电商第三方平台

跨境电商第三方平台的优势在于跨境电商平台的开发和运营，其不参与商品的采购和销售，重点放在网站流量的挖掘、前期招商、关键辅助服务环节上。

跨境电商第三方平台关键的业务流程在于建立平台网站，吸引流量，以及进行招商。日常业务重点在于对买家、卖家、商品及平台自身的管理，保证平台能正常运行，帮助卖家建立良好形象，帮助把控商品质量，举行各类促销活动以推动商品销售，持续与买家沟通，进而提升卖家和买家对平台的满意度。此外，第三方平台还会开发一些相关服务，弥补入驻平台的卖家在支付、客服、物流、监管等方面的短板与劣势，这些服务对扩大平台流量、增加卖家入驻数量、确保商品质量与提升买家满意度具有重要作用。表 1-3 列出了跨境电商第三方平台的业务内容。

表 1-3 跨境电商第三方平台的业务内容

建 站	跨境电商网站的开发与建设；网站域名、名称、Logo 等；网站布局与风格；语言开发与设置
引 流	利用广告、市场活动扩大知名度，提升品牌形象
招 商	严格把控卖家资质审核，确保商品质量；增加入驻的卖家数量，扩大商品种类
平 台	平台管理是日常重点工作；对卖家与商品进行日常管理；约束卖家不良行为，确保商品供应与品质；开展促销活动，推动商品销售
物 流	多使用直邮方式，搭建物流系统；自建物流资源，服务卖家；搭建物流信息系统，提供物流信息对接服务；自建保税仓、境外仓等，服务卖家
服 务	针对卖家服务短板，补充售后与客服环节；提供在线信息沟通工具，扮演客服角色；监督卖家的服务质量，处理买家投诉；承办部分退换货工作

eBay、全球速卖通、亚马逊和敦煌网占领了全球跨境交易平台 80%以上的市场份额，同时一些新的跨境电商平台也陆续出现，如非洲 Jumia、东南亚 Lazada、日本乐天等，每个平台都希望在众多平台中占有一席之地。其他市场占有率和知名度较高的跨境电商平台还有环球资源、兰亭集势和焦点科技等。随着移动互联网的快速发展，移动购物也开始挑战传统的跨境电商平台，逐步改变人们的消费观念和生活方式。

阿里巴巴主要从事 B2B 和 B2C 业务，敦煌网、环球资源和焦点科技主要从事 B2B 业务，兰亭集势、Jumia、Lazada、乐天等则主要从事 B2C 业务。下面简单介绍几个跨境电商第三方平台。

1. 阿里巴巴

阿里巴巴的跨境电商平台分为两部分：一部分是国际站，另一部分是全球速卖通。阿里巴巴国际站连续七年被《福布斯》杂志评为全球最佳 B2B 网站。该网站提供广泛的在线服务和工具，如店铺装修、商品展示、营销推广、贸易谈判和商店管理，以帮助企业低成本、高效率地拓展外贸市场。在阿里巴巴国际站，外国买家可以找到卖家并发布购买信息，卖家可以找到买家并发布有关公司和商品的信息。

全球速卖通是阿里巴巴的全球市场在线交易平台，大多数人认为它是国际版的淘宝网。2010年4月，全球速卖通正式启动，目前业务范围覆盖220多个国家和地区。截至2019年，全球速卖通是深受俄罗斯人喜爱的跨境在线购物平台之一，其贸易额占俄罗斯跨境在线购物市场总量的35%。

2. 敦煌网

以中小额外贸批发业务为主的敦煌网是中国国内首个实现在线交易的跨境电商B2B平台。其创建了"成功付费"的佣金收取模式，即卖家免费注册，在买家和卖家交易成功后，才会向卖家收取相应的服务费用。敦煌网实现了由传统的外贸电子商务信息平台向真正的在线交易平台的转变。

中国卖家通过商店装修和商品展示吸引外国买家，外国买家可以选择直接批量购买或先少量购买样品，然后再批量购买两种模式。

3. 环球资源

环球资源是一家B2B媒体公司，于2000年在美国纳斯达克股票市场上市。环球资源为行业提供广泛的媒体及出口市场推广服务，同时提供广告创作、教育项目和网上内容管理等支持服务。公司的核心业务是通过一系列英文媒体，如环球资源网站、印刷及电子杂志等，促进亚洲各国的出口贸易。

4. 焦点科技

1998年成立的焦点科技是一个基于B2B业务的跨境电商平台，是较早从事电子商务开发和应用的科技企业之一。其主要业务是为中国供应商和全球买家提供信息发布和搜索服务。它已成为全球买家购买中国生产的商品的重要线上渠道之一。

2015年，焦点科技开通了境外仓储和物流系统，可以直接提供外贸综合服务。焦点科技还积极建立海外仓储，设立互联网科技小额贷款公司，为中国企业提供供应链金融服务。这一方面使企业的产品服务线得以完善，增强了客户黏性，另一方面，也使公司的盈利能力得到了有效提升。

5. eBay

eBay是一个强大的在线交易平台，其依托全球一流的支付工具PayPal，为全球商户提供在线零售服务。eBay向卖家收取发布费，即卖家在eBay网站上发布商品信息所缴纳的费用。此外，eBay还收取手续费，即卖家和买家交易成功后，eBay将向卖家收取一定比例的佣金。eBay的优势在于其国际影响力，它覆盖了全球市场，而且与PayPal支付合作密切。在物流方面，eBay和中国邮政速递合作，使中国供应商的跨境电商物流服务更加方便、快捷。正因如此，eBay逐步从美国、澳大利亚和德国等发达国家扩展到新兴市场，如俄罗斯。eBay通过大数据技术及买家质量评估，加强对卖家的支持，助力卖家业务的快速发展。

6. 亚马逊

亚马逊以其优质的仓储系统、物流系统和售后服务系统而闻名。作为一个第三方平台，亚马逊除部分业务自营外，主要是为第三方卖家提供服务。在北美市场，亚马逊可以提供 Fulfillment By Amazon（FBA）服务，货物将在下订单后 2~3 天送达，最快可在第二天送达；在欧洲市场，亚马逊可以为供应商提供 5 个欧洲国家（英国、法国、德国、意大利、西班牙）的统一存储和物流服务，并且可以送货到其他欧盟国家，以便供应商可以通过亚马逊向欧洲买家提供本地化的服务和快速交付服务。亚马逊平台的卖家可获得亚马逊提供的免费站内推广服务，以及面向买家的精准商品推荐服务。

7. Wish

Wish 是跨境移动电商平台的一匹黑马，其只用了短短几年时间就成为北美最大的移动电商平台。平台 95% 的订单来自移动设备，其中 89% 来自中国。Wish 的优势在于追求简单直接的风格，其通过技术算法将买家与他想要购买的商品相匹配。与传统的电子商务平台相比，卖家具有较低的准入门槛、较大的平台流量、较高的单一费率和较高的利润率。

1.2.3 主要的跨境电商自营平台

跨境电商自营平台不同于跨境电商第三方平台，反而与传统零售公司相似，只是将商品交易场所从线下转移到线上。跨境电商自营平台充分参与整个商品供应链，包括所销售商品的选择、供应商的开发、电商平台的运营等，还要深入参与物流服务、客户服务和售后服务。表 1-4 列出了跨境电商自营平台的业务内容。

表 1-4 跨境电商自营平台的业务内容

建 站	电子商务网站的开发；网站域名、名称、Logo 等；网站布局与风格；语言开发与设置
引 流	需要借助广告、市场活动扩大知名度，提升品牌形象
供 应 商	开发供应商，供应商包括制造商、品牌商、零售商、经销商等；获取境外品牌授权
选 品	选品追求要准确、要有前瞻性，避免商品滞销；追求商品畅销，选择爆款或热销款；挖掘未被开发的优质商品；还要避免商品滞销、积压
运 营	负责商品运营与销售，以多种方式推动销售；以社交网络、品牌营销、价格补贴、大数据推荐等多种方式提升运营效果，促进商品销售
物 流	自建或租赁保税区、自贸区、境外仓等；承担跨境物流组织，与第三方物流商合作；自建或租赁各种类型的仓库
服 务	自建服务团队，提供标准化服务；售前、售中、售后服务统一管理；自建采购、运营、客服、售后团队，提供退换货服务

跨境电商自营平台又可分为综合型跨境电商自营平台与垂直型跨境电商自营平台。前者的商品来源与品牌商类似，有较强的商品包装能力和促销能力，加上省去了中间环节的诸多成本，

具有明显的价格优势。后者的最大优势在于可以精准挖掘利基市场，了解目标群体，提供深入的服务，具备出色的选品能力与良好的销售转化率。但由于其将市场定位于利基市场，决定了其商品品类单一，并受政策性因素的影响较大。再加上垂直型跨境电商自营企业在规模实力、流量与管理水平等方面均表现较弱，与商品供应商，尤其是一些大型品牌商合作存在一定的难度，因此其和综合型跨境电商自营企业相比，在商品价格上的优势要弱一些。

下面介绍几个主要的跨境电商自营平台。

1. 兰亭集势

2007年，兰亭集势成立，它是一个整合了供应链服务的在线B2C平台，与其合作的供应商较为广泛。兰亭集势的主营商品有婚纱、家装、3C产品，利润主要来自低成本制造。企业的目标是通过创新商业模式，凭借精准的网络营销技术和一流的供应链体系，为全球中小型零售商提供一个基于互联网的全球整合供应链。

2. 网易考拉

2015年成立的网易考拉是一家主营跨境进口业务的综合性电子商务公司。其为我国消费者提供了大量的海外购买渠道。其商品品类众多，包括母婴品、营养保健品、环球美食、美容彩妆、服饰箱包、数码家电等。网易考拉的理念是自营直采，在美国、德国、日本、意大利、韩国、澳大利亚等商品原产地直采，直接从原产地运抵国内，储存在保税区仓库。

3. 大龙网

2014年，大龙网推出跨境电商B2B商机平台，将线上移动App和线下海外体验馆联动，实现"移动互联网+外贸"的转型升级。大龙网整合了海外零售终端和大小批发商联盟，解决了对方国家"最后一公里"快递的问题。在国内，其基于18985速卖宝平台联合国内的优秀供应商，解决了国内供应链的本土化资源管理问题。

1.2.4 跨境电商平台的选择

各类跨境电商平台都有自身的特点和长处，也各有其不足。卖家应对自身的业务范围、平台优势、平台收费模式、信息流操作模式、资金流动模式和物流模式进行深度分析，根据自己的优势选择最适合自己的跨境电商平台。

1. 企业目标市场和产品定位

首先，卖家应充分了解和分析目标市场，如美国市场、欧洲市场或者非洲市场。其次，应该熟悉自身商品的种类、数量和特点。入驻综合型跨境电商平台还是入驻垂直型跨境电商平台，卖家必须根据自己的特点做出合理的决策。专业性较强的企业不宜选择综合型跨境电商平台，而应选择垂直型跨境电商平台。

2．跨境电商平台的规模和影响力

启动早、规模和影响力都很大的跨境电商平台，在平台运营方面具有丰富的经验，在会员管理、信息管理、网站推广等方面具有丰富的资源，可以为卖家提供更好的服务。

3．跨境电商平台的宣传推广能力

为了让更多的海外买家和采购商熟悉和了解继而吸引他们在平台上采购，跨境电商平台必须通过各种渠道，如参加国际著名展览、搜索引擎推广、投放广告、对外合作等进行宣传和推广。卖家在选择跨境电商平台时要考虑平台的宣传推广能力和投入的力度。

4．跨境电商平台提供的附加值

如果跨境电商平台提供的附加值很大且优惠很多，卖家就能充分利用附加值和优惠来降低成本以获得更高的收益。

5．跨境电商平台服务项目的收费情况

我们在购买商品时，大多会考虑价格因素。同样，卖家在跨境电商平台上购买各种收费服务也要考虑价格因素。虽然平台也会提供一些免费的服务，但对照片、认证、排名等服务有各种限制。卖家应根据自己的需求和购买力选择合适的平台服务项目。

1.3 跨境电商职业发展

1.3.1 跨境电商的职业岗位

跨境电商典型的职业岗位（群）及对应的工作内容具体如下。

1．初级岗位

初级岗位要求从业者初步掌握跨境电商的一般技能，懂得"如何做"跨境电商。岗位主要有以下几种。

（1）客户服务。该岗位从业者需要通过邮件、电话等和客户沟通，要能熟练运用英语、法语、德语等和客户进行交流。售后客户服务还需对不同国家的法律有一定的了解，以便必要时能够处理知识产权纠纷。

（2）视觉设计。该岗位从业者需要掌握一定的设计美学和视觉营销的知识，能拍出优质的商品图片和视频，能设计出美观的页面。

（3）网络推广。该岗位从业者需要熟练运用信息技术，能上传、发布商品，能利用搜索引擎、各种数据分析方法等进行商品推广。

2．中级岗位

中级岗位要求从业者熟悉现代商务活动，掌握跨境电商运营的技术知识，该类从业者是懂得跨境电商"能做什么"的专业人才。岗位主要有以下几种。

（1）市场运营管理。该岗位从业者不仅要是互联网专家，还要是了解海外当地消费者思维方式和生活方式的营销和推广专家。他们要精通如何利用在线营销工具来推广商品，包括活动策划、商品编辑、大数据分析及用户体验分析等。

（2）供应链管理。供应链管理的成功是电商平台成功的关键，跨境电商需要专业人才来进行供应链管理。

（3）国际结算管理。该岗位从业者要能灵活掌握和应用国际结算中的各项规则，能确保卖家国际结算的安全。

3．高级岗位

高级岗位要求从业者能洞悉数字经济前沿理论，能从战略角度理解跨境电商的特征和发展轨迹。他们对未来有远见，可以引领跨境电商行业的发展。高级岗位的从业者主要包括熟悉电子商务企业管理的高级职业经理人和推动跨境电商产业发展的领军者。

处于早期阶段的跨境电商企业，一般需要客户服务人员、视觉设计人员、网络推广人员。随着企业的发展和竞争的加剧，精通跨境电商运营的中级人才需求会越来越迫切。而有3～5年跨境电商企业管理经验，能引领企业向国际化发展的战略管理型高级综合人才则是一将难求。

1.3.2　跨境电商从业者的职业素养

1．素质要求

（1）严格遵守国家有关互联网信息传播的相关法规，具有较高的网络文化素养和网络文明素质。

（2）具有良好的道德素养、人文素养、科学素养和职业素养。

（3）具备良好的人际沟通能力和团队合作精神。

2．能力要求

（1）具有Office工具使用、PPT制作、图片处理技术及英语听、说、读、写能力。

（2）具有应用互联网思维处理网络商务活动的能力。

（3）具有跨境电商业务操作能力和市场拓展能力。

（4）具有商务大数据分析能力。

（5）具有跨文化管理与沟通的能力。

（6）具有创造性地开展科学研究的能力和基于多学科知识融合的创新能力。

3. 知识要求

（1）掌握现代企业管理和网络经济学的基本理论和知识。
（2）掌握跨境电商的基本理论和方法，了解跨境电商新动态。
（3）熟悉我国电子商务政策、对外贸易政策和法规。
（4）熟悉各国法律、惯例和准则，了解各国的经济发展、风俗习惯和消费习俗。

4. 跨境电商从业者的七项修炼

第一项修炼：英语交流。

英语是当今世界上主要的国际通用语言。全球有 10 多个国家以英语为母语，45 个国家将英语作为其官方语言，世界三分之一的人口讲英语。外贸行业也把英语作为通用语言，外贸交往、国际礼仪、书信函电、进出口文件、银行文件等，都将英语作为标准通用语言。因此，跨境电商从业者应有能力与买家通过英语进行交流。

第二项修炼：贸易实务。

跨境电商从业者首先要了解国际贸易术语的含义，了解外贸的操作流程，了解信用证和清关业务，善于处理复杂的客户投诉。另外，跨境电商从业者还必须知道如何设计企业的国际推广计划，如何快速提高出口绩效，如何创建和管理企业外贸团队。

第三项修炼：行业背景。

跨境电商从业者应研究与企业商品相关的信息资料、说明书、广告等。同时，要收集和分析竞争对手的信息资料、说明书、广告等，以便知己知彼，采取对应的措施。另外，从业者还应阅读更多有关经济学和销售的书籍和杂志。每天阅读报纸，了解社会消息和新闻事件，这通常是访问客户的最佳话题。

第四项修炼：国际营销。

跨境电商从业者必须了解电子商务的方法和技巧，如如何在阿里巴巴国际站发布高质量的商品信息、如何提高搜索引擎排名、如何优化关键词、如何提高询盘转化率、如何做外贸直通车等国际营销技能。

第五项修炼：法律规定。

随着跨境电商的蓬勃发展，全球贸易规则正在发生巨大变化，因此跨境电商从业者必须及时了解国际贸易体系、政策、商业规则等的变化，必须对进出口形势有深入的了解和分析，以避免跨境贸易中的违规行为。

第六项修炼：人文地理。

做好跨境电商需要深入地了解如何引入国际流量、如何开展国际营销和如何建立本土品牌。跨境电商从业者需要深刻了解海外贸易、互联网、分销体系和消费者行为，对世界各国的风土人情和人们的购买习惯也要有一定的了解。

第七项修炼：人际沟通。

跨境电商从业者应具备良好的心态和性格，要善于沟通和处理各种纠纷，在工作中要具有坚持不懈的品质并保持激情。

1.4 eWTP

1.4.1 eWTP 的提出背景

1. 传统贸易方式正在发生变化

传统的国际贸易价值链上存在众多的中介机构，广泛分布在采购、分销、物流、海关、支付等环节上，中小型企业的利润被这些中介机构瓜分了许多。中小型企业由于缺少信息渠道、难以符合各类进出口标准认证及法规要求、难以获得金融支持，面对复杂的法律监管环境，其只能在自由贸易和经济全球化的边缘徘徊。跨境电商使全球中小型企业和个人都可以"买全球，卖全球"，成为新一轮全球化的重要驱动力量。

2. 社会治理方式变革的内在要求

不同于传统的垂直式和金字塔式的管理，互联网的发展是横向的，它具有更加透明、更加公平的特点，这也能够让更多的人参与其中，发挥不同的作用。这意味着传统的管理方法和贸易规则必须具有创新性和发展性，以和时代的发展需求相适应。但是，现行的国际贸易规则已经严重滞后于互联网和电子商务的高速发展，对于中小型企业和消费者来说，他们的需求很难在目前的国际贸易规则中得到很好的体现和满足。在国际贸易中，一些发展中国家和贫穷国家越来越被边缘化，导致世界贫富差距越来越大。实现普惠贸易和共同发展是全世界人民的需要，世界各国必须团结起来，用创新的思维和方法，来解决这些棘手的问题。

3. 世界各国对于推动中小型企业发展的重视

中小型企业是一国经济中的活跃部分，在创造就业、推动创新、稳定社会等方面具有独特的优势。世界各国都十分重视中小型企业的发展，采取了一系列政策措施，为中小型企业的健康发展创造了良好条件。

1.4.2 eWTP 的主要内容

1. eWTP 的概念内涵

eWTP 是以私营部门为牵引、以市场为驱动，由不同利益方参与的国际合作平台。它主要通过公私对话和机制性合作，探讨全球电子商务的发展趋势、遇到的问题、商业实践等。同时，通过对话和合作，孵化全球电子商务的规则和标准，为全球互联网经济和电子商务的长足发展营造更加友善、有效、充分和普惠的政治和商业环境。eWTP 不会止步于一个开放的国际交流合作平台，它将发展为一个全球的、欣欣向荣的电子贸易生态体系，囊括全球所有的中小型企业和消费者，使其在其中发挥重要作用，并从中获益。届时，全世界人民都将成为全球化的参与者和受益者。

2．eWTP 的特点

eWTP 具有开放透明、共创共享、创新发展等特点。它是一种新的国际合作平台，其运行模式和由政府主导的传统国际经贸合作机制不同，主要区别在于以下几点。

（1）该平台由市场驱动，并由私营部门引领。

（2）政府机构、各种企业、国际组织、智库、专家学者、各种社群等各利益攸关方平等参与，其中更多关注中小型企业、普通消费者、发展中国家的诉求。

（3）该平台是开放透明的，只要有兴趣就可以了解和参与其中。

（4）该平台的决定和政策建议需要国际社会广泛传播、积极倡导和实践，并不具有强制性的法律效力。

eWTP 的定位、特点和宗旨使其成为联合国机构、世界贸易组织等多边和区域性国际机构的合作伙伴，使世界各国能够相互促进、补充和发展。

3．eWTP 的主要价值

（1）促进全球电子商务领域的合作与交流，促进业务规则创新，实现电子商务的快速发展。

（2）帮助中小型企业和消费者成为全球化的参与者和受益者。

（3）以"市场驱动、商业实践、先行先试"的发展方式来促进贸易新模式的转变、新规则的制定和新标准的传播。

（4）帮助落后国家和地区通过数字贸易连接全球市场，实现"弯道超车"和普惠式发展。

（5）eWTP 具有重新塑造国际产业链、加快外贸发展方式转变、增强国际竞争力等作用。

（6）随着 eWTP 的实施，中国在世界商业中的地位将大幅提升。

1.4.3　eWTP 的进展和挑战

虽然 eWTP 从提出到推广的时间不长，但它在基础设施建设的程度及全世界各界人士的认可度方面呈现出快速增长的趋势。原因在于世界各国对中小型企业在全球贸易中所能发挥的重要价值，以及对电子商务所能发挥的普惠作用的认可。

（1）2017 年 3 月 22 日，马来西亚第一个 eWTP "试验区"项目宣告落地。马来西亚数字经济发展机构（MDEC）与阿里巴巴集团达成战略合作，双方将致力于帮助马来西亚乃至整个东南亚地区的年轻人和中小型企业参与全球贸易。马来西亚 eWTP "试验区"将被打造成集物流、支付、通关、数据为一体的数字中心，并将成为该国数字经济发展的基础设施。

（2）2017年4月，在世界贸易组织日内瓦总部，总干事阿泽维多表示，eWTP倡议符合世界贸易组织的理念。电子商务相关议题之前并不在世界贸易组织的讨论日程上，但因为电子商务具有普惠性，所以有必要把电子商务放到世界贸易组织的谈判议题中，以此缩小各国在电子商务方面的差距，推动电子商务的发展。

（3）2017年12月12日，世界贸易组织第11次部长级会议在阿根廷布宜诺斯艾利斯举行。会议期间，eWTP与世界贸易组织、世界经济论坛共同宣布，要建立一项以"赋能电子商务"为主题的长效合作机制，用以汇聚来自政府、企业和其他各方的意见，为全球电子商务提供一座连接政策和实践的桥梁。与此同时，三方还宣布，将共同建立长期对话机制。这也意味着eWTP的建设成果正式获得了另外两大国际贸易组织的认可，世界贸易组织和世界经济论坛正式成为eWTP的全球合作伙伴。

推行eWTP，首先要解决中国模式与外国当地模式的融合问题，其次还会面临不同国家之间在文化、制度、法律及监管等方面差异的挑战，另外，贸易壁垒很难轻易消除，推进此设想的实施将面对诸多考验和挑战。

 案例分析

案例1-1　跨境电商改变了我们的生活

美国东部时间上午9点，纽约进口贸易业务员朱迪打开电脑。一周前她在阿里巴巴国际站发布了采购需求。目前，已有超过10家中国供应商向她发出了报价，并提出可以提供商品。当她看到两家供应商有很高的信用担保时，她立即提出了进一步的要求和付款条件。不久之后，一个名为"阿里巴巴一达通"的综合服务部门将对这批货物进行清关、货币结算、退税，并安排物流。如果供应商备货需要周转资金，甚至可以向一达通申请贷款。

此时的杭州已是深夜。刘老板对他经营的小型便利店进行了盘点，发现食品、酒类、母婴类等进口商品最近很受欢迎，但通过传统的进口渠道很难以合理的价格获得第一手商品，而且还很容易买到高价商品。而通过批发市场采购，则能以低廉的价格拿到优质的商品。因此，他关注了1688网站上的进口商品区，并获得了来自好几个国家的商品。

与此同时，在莫斯科，刚刚下班的娜塔莎正在浏览全球速卖通的俄文页面。她想为自己和家人购买一些中国深圳产的手机壳。如果下单成功，她将在半个月内收到货。她使用了国际支付方式，用她的信用卡为账户充值。在俄罗斯人经常访问的购物网站中，大多数人更喜欢中国的全球速卖通。娜塔莎可能不知道，此时亚洲和欧洲的许多华人正在国外直接访问中文页面的海外淘宝网。

与此同时，在上海，陈女士正在访问天猫。她看到页面上有一个"天猫国际"导航栏并点了进去。她发现美国Costco品牌商的混合坚果和蓝莓在预售。这些商品在过去需要几天甚至几周的

清关时间，现在这个时间大大缩短。

也就是在今天，小莹从韩国首尔回到了中国。在韩国的旅途中，她发现在韩国的许多商店都可以使用支付宝付款，而且在付款后，可以直接使用支付宝收取国外购物的退税。对于国外购物达人小莹来说，在机场排队退税的情景再熟悉不过，但今年她发现不再需要等待了，支付宝可以直接解决这个问题。

所有的这些故事都有一个共同的主题，即跨境电商。朱迪参与的是跨境电商B2B及相应的综合外贸服务，刘老板体验的是跨境B2B进口服务，娜塔莎和陈女士的网购行为则涉及了跨境电商零售业务，小莹则体验了跨境电商中的跨境支付服务。如今，这些故事发生在世界许多地方，我们的生活已与跨境电商密不可分。

思考：

1. 随着跨境电商的发展，我们的生活发生了哪些变化？
2. 当前，跨境电商一般有哪几种商业模式？

案例1-2　一家传统安防公司向跨境电商的转型

深圳某科技有限公司是一家典型的传统对外贸易公司，经营报警器、网络摄像机等安防类商品。2008年金融危机时，该公司曾一度陷入绝境。如今，其已转型为跨境电商，获得了新的生命力，并成为敦煌网上安防类商品的大卖家，店铺重复购买率接近30%，月销售额高达50万美元。

诀窍：细节服务是留住客户的关键。

很多国外电商平台上的卖家会在该公司的店铺中进货，并要求将商品直接寄给终端消费者。对于这部分订单，该公司会单独处理。他们会以客户的名义给消费者写一封感谢信，夹在包裹中并附带一份小礼物。包裹的内外包装上不会标注公司的任何标志和信息，以避免消费者发现商品并非来自该客户。

曾经有一位工程师在该公司的店铺购买了报警器，并转卖到俄罗斯。双方合作一年后，工程师提出希望该公司帮助采购相关商品。这笔交易几乎没有利润，但该公司还是答应了。经过一个多月的时间，该公司终于通过淘宝、eBay、实体店等多渠道凑齐了客户需要的商品，再次获得了客户的好感。后来，网络摄像机在俄罗斯热卖，这位工程师就从该公司大量采购此商品。到目前为止，双方已经合作了三年多的时间。

对服务细节的持续完善使该公司25%的老客户创造了70%的营业额。

未来：持续加大对电商业务的投入。

该公司的电商部从7个人增加到19个人，而公司传统的外贸部门也只有十几个人。未来，公司会持续加大对电商业务的投入，如将电商部门独立成子公司入驻第三方平台，以及在其他国家建立垂直型B2C网站。

来自巴西、俄罗斯、印度等新兴市场的订单越来越多。特别是来自巴西的订单月增长幅度达到20%，巴西市场的销售额已占到整体销售额的30%。未来，公司还将考虑在巴西、俄罗斯等地设置海外分支机构。

据该公司电商部负责人介绍，未来，该公司计划将电商业务分拆。传统外贸与电商的理念完全不同，传统外贸业务是先收到货款再发货，如果商品有问题，补发货就可以了。但是，在电商中，零售客户对购物体验有更高的要求，因此必须将电商业务分拆来做。

抉择：毅然转型为跨境电商。

促成公司转型的重要原因是国际采购形势的转变。由于经济发展速度放缓，采购商的采购化整为零，从过去的一次采购上千单，变成小批量、高频次采购，而跨境电商所擅长的就是这种形式的采购。从传统外贸转型为跨境电商后，公司的销售利润率从5%上升到了近30%。

该公司在转型过程中遇到的最大问题就是上游供应商的不支持，上游供应商对这种采购形式不屑一顾。但近两年，这种情况有所改善。随着该公司采购量的不断加大，上游供应商会来了解市场上哪些商品卖得好。能够接触到终端消费者，是该公司的优势。消费者的反馈经由该公司传达给上游供应商，上游供应商再对商品做出调整。

思考：
1. 中小型企业开展跨境电商的优势和劣势有哪些？
2. 分析该公司向跨境电商转型的成功因素。

思考与实训

一、思考题

1. 跨境电商和传统国际贸易的区别在哪里？
2. 跨境电商和国内电子商务的区别在哪里？
3. 当前背景下传统外贸企业向跨境电商转型面临哪些挑战？
4. 跨境电商的内涵和特点是什么？
5. 当前跨境电商有哪些商业模式？

二、操作任务书

1. 找几个从传统外贸向跨境电商转型的例子，分析做好跨境电商的要素。
2. 登录阿里巴巴国际站，了解国际站的业务流程。

第 2 章
跨境电商交易流程

学习目标
- 掌握如何利用谷歌搜索引擎寻找和分析客户
- 掌握如何利用展会寻找和分析客户
- 了解网上交易磋商的方式与基本过程
- 掌握常用贸易术语的内涵

关键术语
谷歌搜索引擎、交易磋商、询盘、发盘、还盘、接受

2.1 国际市场调研与客户开发

2.1.1 国际市场调研

在跨境电商中,卖家一般通过互联网进行国际市场调研,主要包括对目标市场的调研和对市场中潜在客户的调研。

1. 对目标市场的调研

对目标市场的调研主要是对经济环境、政治与法律环境和社会文化环境 3 个方面进行调研。

经济环境主要包括人口、收入、消费、自然条件和经济基础设施等方面。人口不仅是市场的基本要素,也是确定市场容量的重要依据。一般来说,需要结合人口和收入两个要素来分析市场。消费也是影响市场的一个重要因素,如果不存在消费需求,市场也就不复存在。一个国家或地区的自然条件一般包括该国家或地区的自然资源、地理结构和气候 3 个方面,市场特点的形成受自然条件的影响较大。经济基础设施包括能源供应、交通运输、通信设备、金融机构和广告公司等方面。一般情况下,一个国家或地区拥有的经济基础设施数量多、质量好,其国

际贸易的开展就相对稳定。

在现代国际贸易中，各国政府都会制定不同程度的贸易保护政策来保护本国的进出口交易，维护市场的经济秩序，一般通过政治与法律手段实现。了解国内外的政治和法律环境，可以在贸易中避免这方面的风险。

社会文化环境对国际进出口交易也会造成很大的影响。举例来说，出口产品的设计，包括商标，包装的颜色、图案和文字，广告及促销方式等要尽可能适应出口当地的社会文化环境，这样有利于产品的销售，否则可能会阻碍产品的销售。

2. 对潜在客户的调研

详细调查海外客户，尤其是潜在客户的经营情况，建立健全客户档案，避免草率签约。例如，卖家应多渠道调研客户的政治背景、文化背景、资信情况、经营范围、经营能力，特别是要重点考察客户的支付能力。除此之外，还要了解客户的信用和经营作风，判断其是否能够严格按照合同履行约定。这不仅可以提高经济效益、降低交易风险，还可以使卖家更好地选择优良客户，以便建立长期的客户关系。

2.1.2 巧用谷歌搜索引擎寻找和分析客户

在寻找和分析客户方面，谷歌搜索引擎为我们提供了很多方便。例如，我们可以通过已知的邮箱、网址、公司名称等信息搜索出客户的全面信息，了解客户的销售网络、销售产品的类型、公司实力，来决定下一步的应对方式、报价策略等，为拿下订单打下基础。我们也可以利用谷歌地图，查看客户的公司所在地，是中心区还是郊区，是工厂还是中央商务区，来帮助判断客户公司的性质，如是生产型的公司还是贸易型的公司。我们可以以地图测量功能为辅助，推断客户公司的规模和实力；可以在谷歌上搜索客户公司的名称和客户的名称，来了解其过往询盘及求购信息；可以在 YouTube 频道搜索客户公司的名称，查看与其有关的视频，如产品广告、公司宣传视频等，进一步了解客户；还可以通过谷歌新闻频道，了解客户公司近期或曾经发生的事情。

那么怎样使用谷歌搜索引擎来得到这些信息呢？首先，我们要了解谷歌搜索逻辑符和搜索语法的含义。

1. 谷歌搜索逻辑符和搜索语法

对于从事对外贸易的人来说，用谷歌搜索引擎或必应（Bing）搜索引擎（见图2-1）来搜索客户资料是很重要的工作，其中也有很多技巧。

在使用谷歌搜索引擎以前，首先要了解谷歌搜索逻辑符及搜索语法。这些逻辑符和搜索语法适用于谷歌但不全部适用于 Bing。

图 2-1 必应（Bing）搜索引擎

（1）逻辑符及其含义如表 2-1 所示。

表 2-1 逻辑符及其含义

逻辑符	用途	例子
空格键	表示"与"	A B
"-"	表示"非"	A -B
大写字母 OR	表示"或"	A OR B
"*"	通配符，表示任何文字	客户*源
英文引号""	搜索包含与引号中的文字完全一样的内容的结果	"阿里巴巴培训课程"

① A -B，在"A"和"-B"之间要打上一个空格，如"socks -supplier"，表示搜索到的结果中，无论是页面还是网址或者标题中要有"socks"这个词但不能有"supplier"这个词。

谷歌用"-"表示"非"，"A -B"就是搜索包含 A 但没有 B 的结果。如果搜索海外客户时希望排除国内厂家的信息，就可以用这个语法。例如，使用"产品名字 -factory manufacturer"搜索出来的结果就排除了部分工厂的信息。但是，在这之前，必须先总结出不想搜索的那部分信息的特征。

② A OR B，在"A"和"OR"之间及"OR"与"B"之间要有一个空格，以防计算机将"A"与"OR"误以为是一个词。谷歌用"OR"表示"或"，"A OR B"表示搜索有 A 或有 B 或既有 A 又有 B 的结果。这个语法与在"A"和"B"之间加一个空格不同，后者表示搜索既有 A 又有 B 的信息，相比较而言，前者得到的信息更加宽泛。使用这个语法同样是为了减少工作量，无须用 3 个（A、B、AB）关键词分别搜索，如"socks OR shoes"表示搜索到的结果中有"socks"或"shoes"，或二者都有。

③ 英文引号" "，表示搜索包含与引号中的文字完全一致的内容的结果，如"baby socks"，

搜索出来的结果中"baby"和"socks"必须连在一起。而如果"baby socks"两边没有加英文引号，就代表无论连在一起还是不连在一起都可以被搜索出来，也就是说，这个地方有个"baby"，那个地方有个"socks"，但只要二者在一个页面上就可以被搜索出来。我们在 Bing 中输入不加英文引号的"baby socks"，得到的结果是 33 700 000 条，如图 2-2 所示。

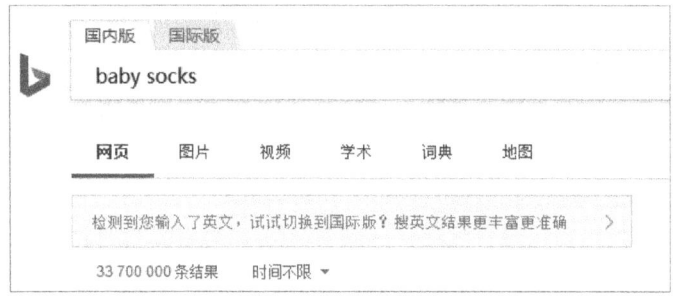

图 2-2　输入"baby socks"得到的搜索结果

而加上英文引号，得到的结果只有 594 000 条（见图 2-3），大大提高了精确度。

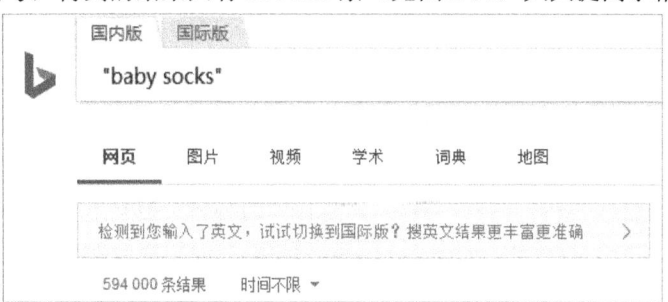

图 2-3　输入""baby socks""得到的搜索结果

（2）搜索语法及其含义如表 2-2 所示。

表 2-2　搜索语法及其含义

格　式	用　途	用　法	例　子
site:	在指定的网站内进行搜索	关键词（空格）site:网站网址	skirt site:alibaba.com
related:	搜索相似的网站	related:网站网址	related:alibaba.com
intitle:	搜索的是网页标题中包含关键词的网页	intitle:关键词	intitle:skirt
inurl:	搜索网址中包含该关键词的网页	inurl:关键词	inurl:skirt
filetype:	限制所搜索的文件的格式	关键词（空格）filetype:doc 关键词（空格）filetype:xls 关键词（空格）filetype:pdf 关键词（空格）filetype:ppt	skirt filetype:doc skirt filetype:xls skirt filetype:pdf skirt filetype:ppt
intext:	搜索包含该关键词的网页的正文（正文检索）	intext:关键词	intext:skirt

需要注意的是，搜索时冒号的前后是没有空格的，而且所有的字符都为英文字符。

① 关键词（空格）site:网站网址，如"kids wear site:alibaba.com"指的是搜索出来的结果都是 Alibaba.com 上的信息。

② related:（网站网址），如"related:alibaba.com"指的是寻找与这个网站相似的网站，这样我们就可以通过一个客户的官网来寻找其他可能的客户。

③ intitle:关键词，搜索出来的是网页标题中包含关键词的网页。标题中包含了关键词的网页绝对是相关度极高的网页。使用这个方法搜索国外的客户可以节省很多时间，当然使用这个方法找到的很可能是国内的厂家。对于外贸公司来说，可以顺便了解竞争对手或是供应商的情况。

例如，"intitle:kids wear"，搜索出来的结果如图 2-4 所示，网页标题中都包含"kids wear"。

图 2-4 搜索"intitle:kids wear"的结果

又如，"intitle:kids wear site: JP"，其中 JP 是日本的域名，搜索出来的就是日本域名网页的标题中包含"kids wear"的网页，如图 2-5 所示。这里"site"前面要有一个空格。

图 2-5 搜索"intitle:kids wear site: JP"的结果

再如，"Clothing intitle:distributor locator"，搜索出来的是网页标题中含有"distributor locator"的服装经销商的网页，如图 2-6 所示。

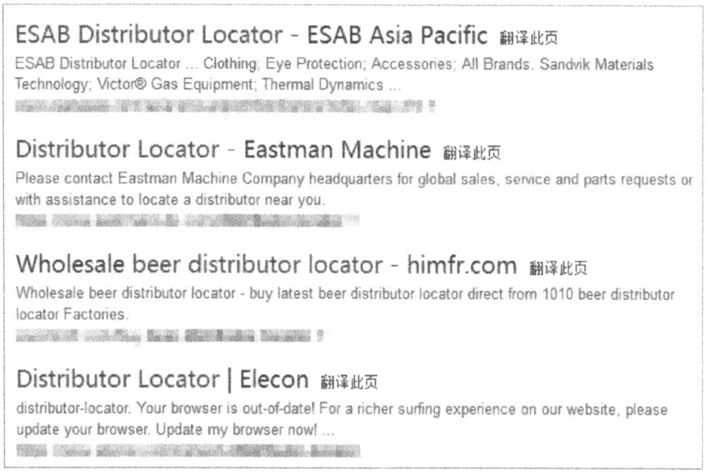

图 2-6 搜索"Clothing intitle:distributor locator"的结果

④ inurl:关键词，搜索出来是网址中包含该关键词的网页。例如，"Projection screen inurl: dealers"，搜索出来的是网址中包含"dealers"的网页。

⑤ intext:关键词，搜索出来的是包含该关键词的网页的正文。

⑥ 关键词 filetype:doc、关键词 filetype:xls、关键词 filetype:pdf、关键词 filetype:ppt，意思是限制所搜索的文件的格式。在这里，关键词和"filetype"之间要有一个空格。例如，"kids wear filetype:pdf"意思是寻找关键词包含了"kids wear"的 PDF 格式的文件。如图 2-7 所示，搜索出来的都是 PDF 格式的文件。

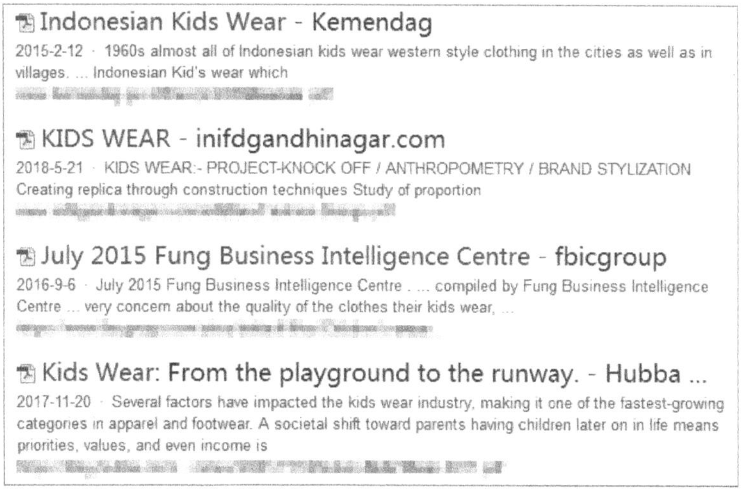

图 2-7 搜索"kids wear filetype:pdf"的结果

又如，我们为了寻找客户并写邮件给客户，就会希望搜索出来的结果中含有邮箱，于是我们可以键入"kids wear email filetype:pdf"，这意味着搜索关键词包含"kids wear"和"email"的 PDF 格式的文件，搜索结果如图 2-8 所示。如果想搜索 xls 格式的文件，就键入"kids wear email filetype:xls"，搜索结果如图 2-9 所示。

图 2-8　搜索"kids wear email filetype:pdf"的结果

图 2-9　搜索"kids wear email filetype:xls"的结果

再如，我们想搜索广交会上的客户的邮箱，就可以键入"广交会 email filetype:pdf"，搜索结果如图 2-10 所示。

图 2-10　搜索"广交会 email filetype:pdf"的结果

2．关键词该如何选择

（1）关键词=产品名称+搜索指令（搜索指令有 site、intitle、inurl、related 等）。

（2）关键词=不同语言的产品名称。

许多客户习惯用自己本国的语言来发布求购信息。在一些并不以英语为母语的国家，如一些小语种国家，用当地语言的关键词搜索客户能搜索到更多信息。例如，在日本，用日语搜索比用英语搜索搜到的客户更多。

（3）关键词=产品名称+买家特征符号（如 importer,exhibitors,buyers）+email（或@）。

例如，"产品名称+importers+email""产品名称+distributors+email""产品名称+wholesaler+email""产品名称+buyer+email""产品名称+dealers+email""产品名称+retailer+email""产品名称+purchaser+email""产品名称+supplier+email"。

一般，email 还可用@代替。

（4）关键词=产品名称+邮箱后缀。

美国的邮箱一般为@aol.com、@netzero.net、@twcny.rr.com、@comcast.net。例如，kids wear @aol.com 就是寻找美国的 kids wear 产品。

（5）关键词=产品名称+企业邮箱习惯前缀。

企业邮箱前缀有 info@、admin@、sales@、buyer@等。

很多国家的买家都使用一些公共邮箱系统，如印度的 rediff.com，这时我们就可以将"@"标志连同要找的产品名称都写到搜索栏中。这样可以找到很多买家，最少也有一两个。如果我要搜索使用移动端的印度买家，就可以输入"mobile @rediff.com。"

下面列举了一些常用的邮箱系统。

- 印度：@vsnl.com @indiatimes.com @wilnetonline.net @cal3.vsnl.net.in @rediffmail.com @sancharnet.in @NDF.VSNL.NET.IN @DEL3.VSNL.NET.IN
- 巴基斯坦：@cyber.net.pk
- 阿曼：@omantel.net.om
- 意大利：@libero.it
- 南非：@webmail.co.za
- 埃及：@rawagegypt.com
- 新西兰：@xtra.co.nz
- 新加坡：@pacific.net.sg @pacific.net.sg @FASTMAIL.FM
- 阿拉伯联合酋长国：@emirates.net.ae @eim.ae
- 土耳其：@ttnet.net.tr @superonline.com @mynet.com
- 希腊：@otenet.gr
- 澳大利亚：@BIGPOND.NET.AU
- 泰国：@ADSL.LOXINFO.COM

- 墨西哥：@prodigy.net.mx
- 西班牙：@terra.es
- 科威特：@QUALITYNET.NET
- 日本：@candel.co.jp
- 印度尼西亚：@dnet.net.id
- 巴西：@sinos.net
- 阿根廷：@amet.com.ar　@infovia.com.ar
- 德国：@t-online.de　@gmx.net
- 法国：@wannado.fr　@mindspring.com　@excite.com
- 越南：@hn.vnn.vn　@hcm.fpt.vn　@hcm.vnn.vn
- 俄罗斯：@yandex.ru　@MAIL.RU
- 美国：@aol.com　@netzero.net　@twcny.rr.com　@comcast.net　@warwick.net，@comcast.net　@cs.com　@verizon.net

最常用的还是@yahoo.com、@hotmail.com、@aol.com、@gmail.com等。

（6）关键词=产品名称+公司名称后缀+email。

一般每个国家的公司名称后缀都不同，如中国习惯使用 Co.，Ltd，美国习惯使用 Inc.及 LLC 等，意大利习惯使用 S.R.L。我们把需要的产品或者其属于的产品大类名称连同该国习惯使用的公司名称后缀一起输入进行搜索，从而找到客户。

（7）关键词=竞争对手的公司名字。

（8）关键词=产品名称+各国网站域名特征符号。

例如，"exhaust header.fr"。

（9）关键词=网址后缀+email。

（10）关键词=产品名称:pdf。

这种语法可能找到关于该关键词的专业文档介绍，可能找到关于该关键词的产品说明书，也可能找到潜在客户。

3. 更多的搜索语法

更多的搜索语法及其含义见表2-3。

表2-3　搜索语法及其含义

格　式	用　途	用　法
allinanchor:	限制搜索的词语是网页链接中包含的关键词（可使用多个关键词）	allinanchor:keyword1keyword2
allintitle:	限制搜索的词语是网页标题中包含的关键词（可使用多个关键词）	allintitle:keyword1keyword2
allinurl:	限制搜索的词语是网页网址中包含的关键词（可使用多个关键词）	allinurl:keyword1keyword2
allintext:	限制搜索的词语是网页内文中包含的关键词（可使用多个关键词）	allintext:keyword1keyword2

4. 通过搜索客户公司来了解更多信息

假如我们收到一封询盘,从询盘里知道了一个公司的名称是 Redcloud enterprise corp,在谷歌搜索引擎或者 Bing 搜索引擎中输入"Redcloud enterprise corp",就会搜索到很多关于该公司的信息,如官网、黄页、姓名、电话等。

(1)公司官网。

通过搜索"公司名称 entitle:email"可以找到这家公司的邮箱及该公司的官网。在公司官网中,我们可以得到该公司的创办历史、主营产品、联系信息、公司邮箱等信息,然后我们可以用@后缀来查找其他的联系方式。另外,官网中可能还会发布一些产品,由此我们就会知道产品的一些信息,有些产品纯粹是用来展示的,有些是可以在线订购的,在线订购页面中会有产品评价。公司官网可能也会列出代理商、经销商的信息。

(2)黄页。

通过公司名称,我们可以找到黄页,在黄页中可以得到这个客户的联系信息,如姓名、邮箱、电话等。

另外,我们还可以通过搜人引擎搜索客户的姓名、住处、学校、工作、兴趣等信息。

(3)外贸邦网站。

进入外贸邦网站首页,在网站搜索栏输入拟检索的关键词,如"stroller",就会搜索到很多与此相关的公司信息,其中可能就有目标公司,点进去就可以看到目标公司的海关数据。

(4)B2B 网站。

现在有一些网站会统计各国 B2B 网站排名及网站流量排名,如 Alexa 和 b2bsiteranking,可以在上面查找需要的公司信息。另外,还可以通过客户的公司名称,查出对方所在国家的 B2B 网站,继而去这些网站查找其他相关信息。

(5)社交媒体。

通过客户网站地址找到客户在 Facebook 的店铺:

www.××××.com　site:facebook.com

通过客户网站地址找到客户在 Twitter 的店铺:

www.××××.com　site:twitter.com

通过客户网站地址找到客户在 Google+的店铺:

www.××××.com　site:plus.google.com

通过其他公司网站中出现的该网站的 Facebook 页面寻找更多商机:

www.××××.com　site:facebook.com –inurl:××××

同时满足指定两家网站关键词:

关键词{ site:facebook.com　OR site:globalsorce.com}

Yelp 是美国最大的点评网站,我们可以通过 Yelp 来了解用户对该公司的评价。

5. 谷歌搜图功能在外贸中的运用

当客户发来一款产品,我们不知道名称时;当客户发来一款产品要求报价,我们需要查找供应商时；当客户发来一款产品，我们需要了解产品在国外的售价时，我们就用到了谷歌搜图功能。

谷歌搜图功能是通过图片内容、透视和颜色等要素来帮助用户搜索需要的相似图片，该功能是将图片自动识别技术和元数据技术应用于实践。用户不仅可以通过添加图片网址来搜索图片，也可以通过上传图片来搜索。另外，在使用谷歌或火狐浏览器的情况下，用户还可以通过直接拖曳的方式快速上传图片，然后进行搜索。

这样可得到一系列不同尺寸的相同图片，它们整齐排列在页面最上方。与图片相关的网页信息会罗列出来，并且会给出哪些网页使用了相同的图片，供用户参考。

6. 更多的搜索技巧

（1）任何领域都有名牌企业，尤其是 500 强企业，这时候我们可以搜索其分销商企业等。500 强企业或名牌企业一般都会在自己的官网上罗列出本企业在全世界不同地区所有的分销商信息。

（2）一般来说，客户也会在一些商务网站注册。用谷歌搜索引擎来搜索该客户的公司名称，一般会显示出他所注册过的网站。打开这些网站，我们又会发现很多信息。

（3）通常来说，每个国家都会有各自比较知名的搜索引擎，我们可以在各国知名的搜索引擎上用该国的语言来搜索产品的关键词，然后可以发现很多大客户。

（4）搜索本行业的展会。这里指的是一些并不出名的、区域性的展会，如一些在欧洲很知名，但是在全世界的影响力比较一般的展会，这类展会中也会有很多大客户。搜索方法就是搜索"产品大类名称+Show Or Fair"，找到网站后，可通过复制展商列表中的商户信息到谷歌搜索引擎中搜索其邮箱。其中，有一些公司已经把自己的邮箱放在列表中，这样可以节省很多时间和精力。

（5）各国的黄页网，如巴基斯坦黄页、澳大利亚黄页、英国本地商业搜索引擎、康帕斯全球企业数据库、西班牙引擎、比利时引擎等，在这些黄页网上输入产品名称进行搜索，可以搜索到很多客户，之后再逐个深入搜索，部分可以找到公布在网上的邮箱，如果没有也可继续在谷歌搜索。

（6）有的网站只有提交表单而没有邮箱，可以输入"www.×××.com email"搜索邮箱。

（7）一个产品可以套用很多关键词，如产品是 Projector，可以叫 Electronics，还可以归为 Home Cinema 或 Home Theatre。当我们使用不同的关键词进行搜索时，可以找到不同的公司，然后再将这些关键词加上不同国家的公司名称后缀，如中国的是 Co.,Ltd，德国的是 GmbH 等，就又可以搜索到很多不同的公司。

2.1.3 巧用展会寻找和分析客户

国内外大型的、固定办展的进出口商品展览会或博览会往往都有本展会的官方网站，网站内一般会有参展企业的名单，使用这些网站搜索信息可以拓展业务范围，同时获得更多的客户信息。我们只需在搜索引擎中输入要查询的展会名称,就能找到其官方网站。例如,输入"广州进出口商品交易会"就能找到该交易会的官方网站。同理,输入"中国—东盟自由贸易区博览会",也能找到该博览会的官方网站。

搜索国外展会的官方网站也可以使用类似的方法,在搜索引擎中搜索展会关键词即可。例如,"产品+exhibition、fair 或 conference"。在这些展会的官方网站里,通常可以找到展会的概况、参展企业的名称及数量、参展企业来自的国家或地区、展馆及大类产品参展的动态,尤其是新产品参展的动态等信息。

1. 境内国际性展会

(1)广交会。

大家熟知的广交会全称为中国进出口商品交易会(英文为 The China Import and Export Fair)。其创办于 1957 年,每年春秋时节在广州举行,是我国迄今为止历史最久远、水平最高、规模最大、商品品种最全、与会企业最多、交易效果最好的综合性国际贸易活动。每年都有非常多的跨境贸易公司、企业及科研院所等参与进来,广交会从 2007 年 4 月也就是第 101 届开始,由中国出口商品交易会改名为中国进出口商品交易会,正式从纯粹的出口平台升级为进出口贸易平台。

(2)义乌博览会。

义乌博览会全称为中国义乌国际小商品博览会,创办于 1995 年,博览会展品类型涵盖五金机电、日用品、电子电器、针纺织品、饰品及饰品配件、工艺品、文体及户外休闲用品七大品类,期间还会组织中外采购洽谈会等活动。目前,义乌博览会已经成为我国最大、最具影响力、最具效益的日用品博览会,同时也是商务部举办的三大出口商品博览会之一。

(3)中国浙江商务服务交易博览会(浙交会)。

值得关注的是,跨境电商展会近些年来也纳入政府的展会规划中,给跨境电商注入了新的内涵和活力。例如,由浙江省商务厅主办的中国浙江商务服务交易博览会就是其中一项,它也是浙江省第一个以商务服务为重要展览内容的展会,主要为浙江企业提供市场拓展、商务信息咨询、企业价值提升、海外投资等方面的服务,截至 2018 年已成功举办了 9 届。

2. 境外国际性展会

国际性展会一般由专业的会展机构来举办,如德国的慕尼黑国际博览集团,它成立于 1964 年,位列世界十大展览公司,每年都会在全球范围内举办涵盖资本货物、高科技和消费品等品类的近 40 个博览会,每年都会有来自世界各地的上万家企业来参展。慕尼黑电子展就是其主要的展会。

美国的拉斯维加斯也是全球展会的聚集地。每年将于此地举办各种国际性展会,如国际消费类电子产品展览会(CES)、国际改装车及配件展(SEMA)、国际服装展览会(Magic)、国际五金工具及花园用品博览会(NHS)等。

对于此类展会，一般企业搜索展会网站并与组委会直接联系就可以参展。

我国国内各省的商务厅每年会于年底发布次年的展会目录，并对列入目录的展会参展企业提供不同程度的资助。报名参加一般是由企业先报名至当地的商务局，再逐级上报。同时，如果参加境外展会，则常有指定的会展机构协助办理参展手续和展品的托运及布展事宜。

3．网络黄页（企业名录）

通过搜索网络黄页，可以获得企业邮箱、产品动态、数据库空间、买卖信息、企业简介、即时留言、短信互动等信息。黄页会将企业按地区和所属行业进行划分，我们可以筛选查找相关企业，也可以通过查找关键词来查询所需企业的信息。

4．行业协会网站

行业协会网站是行业领域内（业内）有关国内及国外生产、销售、市场状况的行业性网站，是外贸行业人士了解国内外商务行情的便利渠道。通过搜索引擎查找所需行业协会名称后，即可找到其官方网站。例如，通过百度搜索"中国食品土畜进出口商会"，可立即找到其官方网站。同样，在国外网站搜索时，也是在搜索引擎处输入关键词进行搜索。例如，输入"产品名称+association"就能找到相关的行业协会网站。

5．我国各级商务组织的外派机构

驻各国大使馆经济商务处属于国家级的驻外机构组织，贸易办事处、商务小组、商务代表则属于地方外派的商务组织，如上海某集团驻澳大利亚悉尼商务代表处，该代表处的主要工作就是负责处理该集团在悉尼的贸易活动，包括介绍和引荐上海与悉尼两地的商家结识交流，并帮助双方进行业务往来，同时提供一些当地信息的咨询帮助。

我国有些驻外大使馆经济商务处设立了官方网站，必要时，可以向其咨询其所驻国家的宏观领域的情况。而对于贸易业务层面的事项，更适合向本地外派的商务代表处求助。企业只需通过国内外派组织获得该商务代表处的通信方式，与其联系即可。

2.1.4 巧用网络发布信息

我们可以通过各种方式在网络上发布信息，但这些方式各有利弊，企业在发布信息时，应根据实际情况选择恰当的方式。常用的方式有以下几种。

1．网站形式

建立企业自己的网站，它如同企业的名片，不但包含企业信息，还能更好地树立企业在市场和行业内的形象，是企业的广告宣传载体。企业网站办得好会增加企业的无形资产。

2．网络服务商

企业可向国内外专业的网络服务商购买相关服务，如产品发布、客户寻求等网络服务。国

内一些成熟的网站访问量巨大、信息涵盖范围广、网站知名度高，是企业可以关注和选择的网络服务商，如搜狐、网易、新浪、百度、腾讯等。

3. 供求信息平台

供求信息平台是目前比较普遍和有效的信息发布途径之一。对于跨境电商企业而言，供求信息平台主要指各种 B2B 及 C2C 平台。企业可以注册成为平台免费会员或收费会员。免费会员可以免费发布各种供求、合作、代理信息，能够上传图片、联系方式等；收费会员则能享受到更多的服务，如发布更多的信息、上传更多的图片等。

4. 黄页网站和企业名录

每天会有很多客户浏览黄页网站和企业名录，因此黄页网站和企业名录也是信息的重要发布渠道，一般允许免费发布信息。发布的信息可以较长时间地保留，且分门别类，便于客户查询。

5. 网络报纸和网络杂志

互联网的发展改变了大众"纸面"形式的阅读方式。国内外一些著名的报纸、杂志纷纷建立了自己的网络主页，发行网络报纸、网络杂志。采用这种阅读方式的人群也在不断地扩大，因此网络报纸和网络杂志也是信息的重要发布渠道。

2.2 网上交易磋商

2.2.1 网上交易磋商的途径

在跨境电商中，交易磋商的基本方式有两种：口头磋商和书面磋商。口头磋商是交易双方利用互联网洽商，其主要方法有网络在线服务（如 Skype）、跨境电话、微信语音等。书面磋商是交易双方通过电子邮件、传真、信函等往来磋商交易。有时口头磋商和书面磋商两种形式也可以结合使用。

现阶段，跨境电商常用的网上交易磋商的途径有以下几种。

1. 电子邮件

利用电子邮件进行业务联系在国际贸易中较为普遍。发电子邮件不但操作容易，而且不受时间、地点的限制，可随时收发，符合国际贸易的需要；其通信成本低廉；还可以收发多媒体文件，如照（图）片、链接、PDF 文件等。它是书面磋商的主要途径。

2. 即时通信软件

（1）WhatsApp（WhatsApp Messenger）。

WhatsApp 是一款应用于智能手机的即时通信软件，可以即时发送和接收文字信息、图片信息、音频和视频文件。用户可以组成各个小组，在小组内发送文字、图片、音频和视频等。

（2）Skype。

Skype 也是一款网络即时语音沟通工具。通过 Skype，用户可以视频聊天、多人语音会谈、发送及接收文件等。通过 Skype，用户可以免费通话、免费视频。Skype 是现阶段跨境电商贸易人员进行口头磋商时的首选方式。

3. 传真与网络传真

文字、图表、照片等静止画面信息可以通过传真的方式传递。

2.2.2 网上交易磋商的基本过程

网上交易磋商的一般程序包括询盘、发盘、还盘和接受 4 个环节。

1. 询盘

询盘又称为询价，是指买方当事人向卖方当事人咨询订购和出售商品的交易条件，包括价格、规格、品质、数量、包装、交货期限、索要样品、商品目录等。询盘在法律上对交易双方没有约束力，也不是达成交易的必要条件，另外询盘也没有固定的行动规范。

2. 发盘

发盘也称报盘、发价，是指当事人一方向另一方提出自己希望在交易过程中获得的条件，并且肯就这些条件与对方达成协议并签订合同的行为。在交易过程中，发盘可以在一方接到另一方通知的情况下进行，也可以在未接到通知的情况下直接进行。

发盘的起止是指从受盘人收到信息至有效期结束，《关于电子通信的意见》[①]指出，发盘的"到达"时间是指信息进入受盘人的服务器的那一时刻。

发盘的撤回是指发盘人在发盘生效前，采取行动阻止其生效的行为。《联合国国际货物销售合同公约》规定："一项发盘，即使是不可撤销的，也可以撤回，只要撤回的通知在发盘送达受盘人之前或同时送达受盘人。"根据该公约，在当前电商环境下，发盘一旦发出则立刻到达受盘人处，随之生效，所以撤回发盘基本没有可行性。而撤回通知同时或更早到达受盘人处的原因一般是系统故障耽误了受盘人收到发盘的时间。

撤销通常发生在发盘已经生效之后，一般是由发盘人通过一些途径将发盘解除。《联合国国际货物销售合同公约》也明确表示发盘是可以撤销的，但只有撤销通知在受盘人发出接受通知之前送达的情况下，撤销才可实施。

受盘人也有不接受发盘的权利，当受盘人将拒绝通知送至发盘人处时，原发盘失效，也意味着发盘人不再受受盘人制约。

---

① 联合国 2003 年 8 月发布《联合国国际货物销售合同公约咨询委员会意见——关于电子通信的意见》，简称《关于电子通信的意见》。

3. 还盘

还盘又称还价，是指受盘人不接受发盘并对发盘提出修改意见的行为，还盘可以认为是拒绝发盘，也就是说，还盘一旦发出，原发盘即刻失效，也意味着发盘人不再受受盘人制约。

还盘一旦发出即可视为一个全新的发盘，只是发盘、收盘双方对调，之后还可再还盘。在实际交易过程中，业务的完成是经过多次讨价还价，直到最后交易双方对条件一致认可为止。

4. 接受

接受是指受盘人对于接收到的发盘或还盘没有异议，在有效期内表示全盘接受并发表声明，法律上将这种行为称为承诺。

接受有效的条件一般是受盘人在有效期限内接受，假如接受通知在有效期后才到达发盘人处，则为逾期接受，一般情况下视为无效。除非发盘人在接收到逾期通知后依然不延迟地通知受盘人，则可认为该逾期接受有效，并享有接受的同等效力。

2.2.3 常用贸易术语

贸易术语，又称为贸易条件、价格术语，通常用来确定交易双方的责任、义务及风险等。贸易术语有两项内容，一是表示产品的价格构成，是否存在除成本之外的其他费用，一般指保险和运费；二是明确交货过程，也就是明确交易双方在交接货物时各自的责任、义务及可能遇到的风险。

在我们学习贸易术语时，应善于将学习到的贸易术语应用于交易过程中，明确交易双方在交货过程中的责任、义务及风险。同时也要注意，交货过程中的所有事项都包括责任和费用两个部分。对于责任，我们要明确由谁来办理手续；对于费用，我们要明确由谁来承担办理手续所需的费用。

1. 6种常用贸易术语

《2010年国际贸易术语解释通则》贸易术语分类表如表2-4所示。

表2-4 《2010年国际贸易术语解释通则》贸易术语分类表

术语类别	贸易术语	含义
适用于各种运输方式	EXW（Ex Works）	工厂交货
	FCA（Free Carrier）	货交承运人
	CPT（Carriage Paid to）	运费付至目的地
	CIP（Carriage and Insurance Paid to）	运费及保险费付至目的地
	DAT（Delivered at Terminal）	运输终端交货
	DAP（Delivered at Place）	目的地交货
	DDP（Delivered Duty Paid）	完税后交货

续表

术 语 类 别	贸 易 术 语	含 义
适用于水上运输方式	FAS（Free alongside Ship）	装运港船边交货
	FOB（Free on Board）	装运港船上交货
	CFR（Cost and Freight）	成本加运费
	CIF（Cost Insurance and Freight）	成本加保险费加运费

（1）FOB。

FOB表示在指定装运港口的船只上完成货物的交付。例如，"Free on Board Shanghai"，意思是在上海港口的船只上交货。在FOB术语下，卖方只需将货物装运到指定港口的船只上即可完成自己的义务，后面的所有费用和风险均转移至买方，这也就意味着从货物装上船的那一刻起，风险就被转移了，买方需要承担丢失和损坏的所有风险及后续运费等。FOB术语适用于水上运输方式。

卖方应承担以下义务。

①在规定时间内将货物送到指定港口的船只上，并通知买方。②负责货物装上船之前的所有费用，同时承担相应风险。③负责办理出口清关手续，提供出口许可证或其他官方批文，支付出口关税及其他相关费用。④提供正规的商业发票，以及可以证明货物是合乎合同规定的正确无误的单据凭证，或具有相同效力的电子凭证。

买方应承担以下义务。

①租赁船只并承担相应费用，及时将港口、船只、时间等交付信息通知卖方。②负责货物运上船后的一切事宜，包括应当履行的责任、义务和应当承担的风险，以及货物上船后的运费。③办理保险手续，支付保险费。④办理进口清关手续，包括获取进口许可证和其他官方证件，并支付相关税费。

FOB术语中涉及两个充分通知：第一，买方在租赁船只之后需要将港口、船只和时间等交付信息及时通知卖方；第二，卖方在将货物装上指定船只之后要及时通知买方。如果前者买方未及时通知，或者租赁船只出现问题不能按计划装载货物，这期间造成的产品丢失、损坏和其他费用均需要由买方承担；如果后者卖方未及时通知，致使买方没有为货物及时投保，期间造成的产品丢失、损坏和其他费用均需要由卖方承担。

（2）CFR。

CFR术语表示运送到目的港口的成本和运费，如"Cost and Freight London"，意思是运送到伦敦港的成本和运费。在CFR术语下，卖方需要将货物完好地运上指定船只，并承担将货物运送到目的港口的费用，而从货物装上船的那一刻开始，货物丢失、损坏的风险即转移给买方。CFR术语适用于水上运输方式。

卖方应承担以下义务。

①认可将货物从出发港口运送到目的港口的条款并签订合同；并且依照合同条款在约定好的时间和港口将货物装上船只，并支付到目的港口的运费；将货物装好后及时通过电子邮

件、电话等方式通知买方。②当货物还未交付到目的港口前，货物丢失，损坏的风险由卖方承担。③取得官方出口证件并承担办理出口证件过程中产生的费用，办理货物出口海关手续，支付出口关税及其他相关费用。④需要提供正规的发票、单据等凭证，或具有同等效力的电子凭证。

买方应承担以下义务。

① 为货物投保。②办理进口清关手续，支付进口税费。③自货物由卖方装上船之后，货物丢失、损坏的风险就转移由买方承担。④按合同条款对货物清点查收，确认无误后向卖方支付货款。

按 CFR 术语交易时，装船后的通知也非常重要，卖方在将货物装上买方规定的船只后要立即与买方取得联系，并告知其货物已经上船以便买方及时为货物投保。如果出现因卖方未及时通知而导致买方没有及时为货物投保进而导致货物丢失、损坏的情况，无论货物是否在船上，卖方都应当承担相应损失，而不应以货物已经装上船为由来推脱。

（3）CIF。

CIF 术语表示运送到目的港口的保险费和运费，如"Cost Insurance and Freight London"，意思是运送到伦敦港的保险费和运费。在 CIF 术语下，卖方只要将货物送到指定港口的船只上就相当于完成了他在交付过程中的任务，后续产生的风险都一并转移给买方。但卖方不仅要承担运送至目的港口的费用，还要为货物投保并承担相关费用。CIF 术语适用于水上运输方式。

卖方应承担以下义务。

① 认可将货物从出发港口运送到目的港口的条款并签订合同；并且依照合同条款在约定好的时间和港口将货物装上船只，并支付到目的港口的运费；将货物装好后及时通过电子邮件、电话等方式通知买方。②当货物还未交付到指定港口前，货物丢失、损坏的风险由卖方承担。③卖方为货物投保。④取得官方出口证件并承担办理出口证件过程中产生的费用，办理货物出口海关手续，支付出口关税及其他相关费用。⑤需要提供正规的发票、单据等凭证，或具有同等效力的电子凭证。

买方应承担以下义务。

① 查收卖方交付的货物和提供的收据凭证，确认无误后，按合同条款支付给卖方约定好的费用。②自货物装上船的那一刻起，就要开始承担货物丢失、损坏的风险。③取得官方进口证件并承担办理进口证件过程中产生的费用，办理货物进口所需的海关手续，支付进口关税及其他相关费用。

按 CIF 术语交易时，卖方应当按照合同规定在指定港口的船只上装卸货物，并支付从指定港口到目的港口的运费，还要为货物投保并支付相关费用。这里所说的运费是指按照正常路线和运输方式产生的运费，不包含其他费用。需要强调的是，自货物被装上船的那一刻起，货品丢失、损坏的风险即转移给买方承担，这一点与上述两种术语相同。一般情况下，卖方只需为货物购买最低级别的保险，除非买方额外提出并愿意承担额外保费时，可加保战争、罢工、暴乱和民变险。卖方投保的保险金额应按 CIF 价格加成 10%。

（4）FCA。

FCA 术语表示卖方将货物交付给指定的托运人即完成货物的交付，如"Free Carrier Shanghai"，意思是将货物交付给上海的托运人。在 FCA 术语下，卖方办理出口清关手续，之后只需在指定的时间和地点，将货物装运到指定托运人处即完成自己的义务，货物后期的看管和运输均由托运人负责。FCA 适用于包括多式联运在内的各种运输方式。

卖方应承担以下义务。

① 在指定时间内将货物送到指定的托运人处，并通知买方。②负责货物交给托运人之前的所有费用，同时承担相应风险。③取得官方出口证件并承担办理出口证件过程中产生的费用，办理货物出口所需的海关手续，支付出口关税及其他相关费用。④提供正规的商业发票，以及可以证明货物是合乎合同规定的正确无误的单据凭证，或具有相同效力的电子凭证。

买方应承担以下义务。

① 找到合适的托运人，承担相应费用，并且及时将港口、船只、时间等交付信息通知卖方。②按时查收货物，确认无误后及时向卖方支付应付款项。③负责托运人收到货物后的一切事宜，包括应当履行的责任、义务和应当承担的风险，以及货物上船后的运费。④取得货物进口所需的进口许可证或其他官方文件，承担办证过程中的风险和费用，并办理进口手续。

（5）CPT。

CPT 术语表示将货物运送至目的地的成本和运费，如"Carriage Paid to London"，意思是将货物运送至伦敦的成本和运费。在 CPT 术语下，卖方需要将货物完好地交到托运人手上，并负责将货物运送到目的地的费用，而从货物交付给托运人的那一刻开始，货物丢失、损坏的风险即转移给买方，后续额外费用也由买方承担。CPT 术语适用于包括多式联运在内的各种运输方式。

卖方应承担以下义务。

① 认可将货物从出发地运送至目的地的条款并签订合同，支付一直到目的地的运费。②将货物交付至托运人手中后要及时通过电子邮件、电话等方式通知买方。③当货物还未交付到目的地前，货物丢失、损坏的风险由卖方承担。④取得官方出口证件，承担办证过程中的风险和费用，办理货物出口海关手续，支付出口关税及其他相关费用。⑤提供正规的发票、单据等凭证，或具有同等效力的电子凭证。

买方应承担以下义务。

① 按合同条款清点查收货物，确认无误后向卖方支付货款。②自货物交付给托运人之后，货物丢失、损坏的风险就转移由买方承担，买方需为货物投保。③取得货物进口所需的进口许可证或其他官方文件，承担办证过程中的风险和费用，办理进口手续。

按 CPT 术语交易时，从卖方将货物转交至托运人开始，货物丢失、损坏的风险即刻转移至买方，卖方只承担货物交付之前的风险。在多式联运的情况下，卖方承担的货物丢失、损坏的风险从将货物交付到第一个托运人手上时就转移由买方承担了。

（6）CIP。

CIP 术语表示将货物运送至目的地的保险费和运费，如"Carriage and Insurance Paid to

London",意思是将货物运送至伦敦的保险费和运费。在 CIP 术语下,卖方只要将货物送至托运人处就算是完成了他在交付过程中的任务,后续产生的风险和费用都一并由买方承担。但卖方不仅要承担货物运送至目的港口的费用,还要为货物投保并承担相关费用。CIP 术语适用于包括多式联运在内的各种运输方式。

卖方应承担以下义务。

① 将货物安全送达托运人处,并支付货物到目的地的运费,还要为其投保。②在约定好的时间和地点将货物交给托运人,并及时通过电子邮件、电话等方式通知买方。③当货物还未交付给托运人前,货物丢失、损坏等所有风险由卖方承担。④取得官方出口证件,承担办证过程中的风险和费用,办理货物出口所需的海关手续,支付出口关税及其他相关费用。⑤需要提供正规的发票、单据等凭证,或具有同等效力的电子凭证。

买方应承担以下义务。

①查收卖方交付的货物和提供的收据凭证,确认无误后,按合同条款支付给卖方约定好的费用。②自货物交付给托运人的那一刻起,就要开始承担货物丢失、损坏的风险。③取得官方进口证件,承担办证过程的风险和费用,办理货物进口所需的海关手续,支付进口关税及其他相关费用。

按 CIP 术语交易时,货物投保的相关费用需由卖方承担,但是自货物交付至托运人手中起,整个运输过程中的风险则由买方来承担。所以,卖方的投保属于代办性质。

2. 其他几种贸易术语及其运用

《2010 年国际贸易术语解释通则》中的 EXW、FAS、DAT、DAP 和 DDP 贸易术语,与 FOB、CFR、CIF、FCA、CPT 和 CIP 相比,实际应用少了很多,但也不能全盘否定,有一些在特定场合中还是比较常见的,如 DAT 对于实行共同关境的国际区域经济组织内的国家和内陆国家来说是常用的贸易术语。因此,我们还是要学习和掌握这些术语,以备不时之需。

(1) EXW。

EXW 表示在卖方的工厂交付货物,也就是说当卖方在自己的工厂或自己指定的地点把货物交付给买方后,交货行为随即完成。卖方不负责货物出口和货物运输。

按 EXW 术语交易时,卖方承担的责任最少,承受的风险也最小,而买方从收到货开始就承担了交易过程的全部风险。《2010 年国际贸易术语解释通则》也提出,该术语只适用于国内交易。

卖方应承担以下义务。

①将货物在合同约定的时间、地点交付到买方手中。②在货物未交付之前,承担货物可能产生的所有风险及费用。③提供票据凭证或具有相同效力的电子凭证。

买方应承担以下义务。

①查收卖家交付的货物和提供的单据,在合同规定的时间和地点受领货物,确认无误后,按合同条款支付给卖家费用。②自受领货物后即承担可能出现的风险,且需要自行运输和投保。

（2）FAS。

FAS 是指卖方将货物送到买方指定的港口船只边即可完成交付，之后产生的风险和费用均由买方负担；另外遇到船只无法靠岸的情况时，由卖方承担将货物从岸边运送到船边所需的费用及可能产生的所有风险。FAS 术语适用于水上运输方式。

卖方应承担以下义务。

①在约定好的时间，将货物送至买方指定的港口船只旁边，并立即告知买方。②货物还未交付前的运费和风险均由卖方承担。③取得官方出口证件，承担办证过程中的风险和费用，办理货物出口所需的海关手续，支付出口相关税费。④需要提供正规的发票、单据等凭证，或具有同等效力的电子凭证。

买方应承担以下义务。

①订立从指定装运港口运输货物的合同，然后将时间、地点和船只等信息告知卖方，并支付运输所需的费用；②按照合同约定的时间地点等信息查收货物，确认无误后支付给卖方约定好的费用；③自卖方交付货物开始，货物产生的费用和风险均由买方承担，买方还要及时为货物投保。④取得进口许可证等官方进口证件，承担办证过程中的风险和费用，办理货物进口所需的海关手续。

（3）DAP。

DAP 表示在目的地交付货物，是指卖方只需将货物送到买方规定的地点，不用卸货，只需将其交付于买方手中即代表交货完成。货物在交付至买家手中之前，货物产生的所有费用和风险都应由卖方承担，买方在收到货物后自费卸货。DAP 术语适用于包括多式联运在内的各种运输方式。

卖方应承担以下义务。

①在约定好的时间，将货物送至买方指定的地点，并立即告知买方。②制定货物运输合同，并承担运费。③货物还未交付前所需的费用和风险均由卖方承担。④将货物运输出口并承办相关手续，缴纳相关费用。⑤需要提供正规的发票、单据等凭证，或具有同等效力的电子凭证。

买方应承担以下义务。

①自买方交付货物开始，货物产生的费用和风险均由买方承担。②取得进口许可证等官方进口证件，承担办证过程中的风险和费用，办理货物进口所需的海关手续。③查收卖方交付的货物和提供的单据，在指定地点接收货物，确认无误后，按合同条款支付给卖方约定好的费用。

（4）DAT。

DAT 表示在目的地或买方指定港口的运输终端交付。与 DAP 术语不同，在 DAT 术语下，卖方将货物送至买方指定港口或目的地的运输终端后，需要将货物卸下之后交付买方，才代表交货完成。目的地可以选择任意地点，且无论是否提前有约定。和前面所有术语相同的是，在货物未交付之前，卖方承担货物运输途中的所有风险和费用。DAT 术语适用于包括多式联运在内的各种运输方式。

卖方应承担以下义务。

①在约定好的时间，将货物送至买方指定的地点，并立即告知买方。②制定货物运输合同，并承担运费。③货物还未交付前产生的运费和风险均由卖方承担。④将货物运输出口并承办相关手续，缴纳相关费用。⑤需要提供正规的发票、单据等凭证，或具有同等效力的电子凭证。

买方应承担以下义务。

①自卖方交付货物开始，货物产生的费用和风险均由买方承担。②取得进口许可证等官方进口证件，承担办证过程中的风险和费用，办理货物进口所需的海关手续。③查收卖方交付的货物和单据，在指定地点接收货物，确认无误后，按合同条款支付给卖方约定好的费用。

（5）DDP。

DDP 表示在目的地缴税交货，是指卖方将货物送达目的地之后，帮货物办理入境手续，并缴纳相应税款后，再将未卸货的货物交付给买方，即为交货完成。在货物未成功交付之前，货物产生的所有风险和费用均由卖方承担，其中包括但不限于办理海关手续的责任和风险，以及交纳手续费、关税、税款和其他费用。DDP 术语适用于包括多式联运在内的各种运输方式。

卖方应承担以下义务。

①买卖双方应签订合同，规定货物从卖方仓储所在地运全买方指定目的地的路线，且卖方承担全程运费。②在约定的时间内将货物运送至买方指定的某一国家的目的地，并交由买方处置。③货物还未交付前产生的运费和风险均由卖方承担。④取得官方出口和进口证件，承担办证过程中的风险和费用，办理货物出口和进口所需的一切海关手续，支付出口和进口关税及其他相关费用；⑤需要提供正规的发票、单据等凭证，或具有同等效力的电子凭证。

买方应承担以下义务。

①查收卖方交付的货物和提供的单据，在约定好的地点接受货物，确认无误后，按合同条款支付给卖方约定好的费用。②自卖方交付货物开始，货物产生的费用和风险均由买方承担。③在卖方获取官方出口证件及为货物办理入境手续时给予帮助。

2.3 合同的签订和履行

2.3.1 合同的签订

现在的跨境贸易企业多使用电子邮件来签订商务合同，目前主要有 3 种方法：第一种是直接将合同写在邮件正文处；第二种是在邮件中附上合同文档，将其作为附件发送；第三种是由发送方在邮件中附上合同文档将其作为附件发送给接受方，然后接受方将其下载打印为纸质合同，并在合同上签字盖章后，再通过扫描和发送电子版或传真的方式将已经签好的合同传回给发送方，合同经发送方打印并签字盖章后即可生效。因为第三种方法更加规范且安全性更高，所以更多的跨境贸易公司会选择第三种方法。

1. 合同

合同的特点在于它可以将交易双方所拥有的权利和应当履行的义务，以及可能遇到的各种突发情况和解决方法等都非常全面详细地展示出来，督促双方遵守。合同常应用于大宗、复杂或成交额较大的商品交易。卖家制定的合同叫作销售合同（Sales Contract）；买家制定的合同叫作购货合同（Purchase Contract）。

2. 确认书

确认书属于一种简式合同，常应用于数量比较少或者涉及金额较小的商品交易。

与合同相比，确认书通常只将一般贸易条件列出，对于基本贸易条件一般采取不列出或不完全列出的形式。

3. 协议

协议或协议书在法律上与合同具有同等效力。当交易双方进行一宗比较复杂的交易时，经过一段时间的商议，并确定了一些交易条件，但还没有到制定合同的地步时，就可以拟定一个"初步协议"或者"原则性协议"记录已经谈好的交易内容，以便后面继续洽谈。

4. 订单

订单通常是买方的货物购买清单，一般情况下，会在双方达成交易后，由买方寄来提醒卖方要完成的具体事项，卖方可根据订单内容进行接下来的备货和交付工作。部分买方会寄来两份订单，并要求卖方签字确认后寄回一份，以保证交易的顺利进行。类似这种在双方商讨成功后寄来的订单，一般视为买方的购货合同或购货确认书。

2.3.2 合同的履行

下面以 CIF 术语和出口合同为例来阐述合同如何履行。在以信用证支付方式成交时，出口合同履行流程可分解为货、证、船、款 4 个板块。其中，"货"就是落实货物，涉及备货和报检；"证"就是落实信用证，涉及催证、审证和改证；"船"就是货物出运，涉及租船订舱、报关、投保、发装运通知；"款"就是制单结汇，涉及制单、审单、交单、结汇、核销和退税。这 4 个板块相互配合，缺一不可，且每一环节都要正确完成才可成功履行出口合同。

1. 落实货物

落实货物就是卖方在约定期限内将货物准备至可以随时进行运输的状态，具体包括备货、报检。

离境货物检验检疫工作一般是先由商户报检，相关部门再进行检验检疫工作，合格后放行过关。

法定的出境货物检疫申请人，应该在规定的期限内持有关证件向检验检疫机构申报。检验检疫机构应当查验有关证件，对符合要求的接受检验检疫申报，并收取费用，然后转交施检部门进行检验检疫。

一般来说，出口货物最晚要在报关或装运 7 天前申报，而一些检验检疫复杂的货物则需要更长的时间；需要隔离检疫的出境动物，则需要在离境前 60 天向有关部门预报，隔离前 7 天报检。

申报人应填写并提交出境货物报检单，还要将出口合同或订单、商业发票、装箱单、信用证复印件或相关函电、生产单位出具的厂检单原件等一并提交。凭样品成交的，还须提供样品。

2. 落实信用证

在信用证支付方式下，卖方既要落实货物，又要落实信用证。卖方只有在看到信用证正本实物并加以审核确认无误后方可为买方发货，否则不要轻易为买方发货，以免使自身结汇陷入被动。

落实信用证包括催证、审证和改证 3 项内容，其中审证是最为重要的，也是必不可少的。

一般来说，买方要在约定期限内办理信用证，但在实际中常常会出现一些意外情况导致信用证不能及时办理，所以为了交易的顺利进行，卖方需要催促买方开立信用证，一般通过发送主题为"合同所需货物已经准备完毕，请尽快办理信用证"的电子邮件的方式进行。

审证包括通知行审证及卖方审证两个环节。这两个环节同样重要，但侧重点不同，无法互相替代。

在实际业务中，较为常见的信用证修改是"展期"，是指卖方无法在约定期限内向买方交货时，需要买方向有关部门申请延长货运时间和信用证的有效期。

3. 货物出运

货物的出口运输既可以由卖方自行找运输公司办理，又可以委托货运代理公司（以下简称货代）代为办理。货代办理方便简单，卖方一旦将货物转交给货代，后续包括租赁船只或舱位、报检换单、报关、产地装箱等一系列工作全部由货代负责，完全不需要卖方操作。不仅如此，货代还可以提供给卖方非常优惠的运输价格，所以实际交易过程中有 75%的卖方会通过货代来运输货物。在买方不指定承运人或货代的情况下，卖方应根据货代的等级、优势航线、所提供运价的竞争力和综合服务能力选择货代。

4. 制单结汇

卖方将货物出口装运后，就要根据信用证的要求缮制各种单据，并在信用证规定的有效期和交单期内，及时提交单据给银行结汇，之后还要及时办理出口收汇核销和退税手续。

2.4 制单与结汇

2.4.1 主要的单据

制单是指依据买卖合同、信用证、货物的原始资料、国际惯例、国外客户要求等缮制单据。常用出口单据见表2-5。

表2-5 常用出口单据

单据名称	出单人	出单时间
商业发票	出口商	报检或报关时
装箱单/重量单	出口商	与商业发票同时
订舱委托书	出口商	委托订舱时
托运单	出口商/货代	订舱时
出境货物报检单	出口商	报检时
出境货物通关单	检验检疫机构	完成报检时/报关前
客检证	进口商或其代表	货物出运前
出口收汇核销单	出口商	报关前
出口货物报关单	出口商/货代/报关行	报关前
货物运输投保单	出口商	订舱后集港前
货物运输保险单	保险公司	接受投保后
海运提单	承运人或其代表	货物上船后
装运通知	出口商	一般货物上船后48小时内
原产地证明书申请书	出口商	货物出运前3天
一般原产地证书	检验检疫机构/贸促会/出口商/生产厂商	货物出运前后
普惠制产地证明书申请书	出口商	货物出运前3天
普惠制原产地证书	检验检疫机构	货物出运前后
汇票	出口商	交单前

（1）信用证。

信用证（Letter of Credit, L/C），是国际结算中的一种书面文件。它是由付款人（申请人）向银行（开证行）申请，银行根据相关信用证条款和有关规定，向第三方（受益人）或其他指定方付款的重要凭证。也就是说，信用证是一种由银行开具的向卖方有条件地承诺付款的凭证。

（2）商业发票。

商业发票（Commercial Invoice）简称发票，是出口企业开给进口企业的含有货物名称、规格、单价、数量、金额、包装尺寸等内容的票据，它是买方和卖方的财务进行打款记账的依据，也是国外买方办理进口报关、纳税、收货等过程的必须材料，它是对一笔交易最全面和真实的记录。因此，商业发票是整个出口过程中所有单据中的核心单据，为此在制单的过程中，其余单据都应该根据商业发票进行缮制。同时，商业发票上面的内容必须与交易合同和信用证的规定相符，不能有不符的地方。

厂商发票（Manufacturer's Invoice）是制造商在出口货物时所开具的以所属国货币计算的出厂价格的发票，它是用来说明出口国国内市场货物价格的凭证。厂商发票是检查出口国所出口的货物是否存在价格倾销行为的依据，是进口国海关进行估价、核税及征收反倾销税的凭据。

（3）海运提单。

海运提单（Ocean Bill of Lading）是货物承运人在收到货物后所开具的货物收据，它是承运人和卖方签订货物运输合同的凭证。海运提单也是证明所载货物所有权的凭证，具有物权特性。

（4）保险单。

保险单（Insurance Policy）又可简称为"保单"，它是保险方与被保险方所签订的保险合同中具有法律效力的证明文件。保险单的内容如下：保险双方当事人的详细信息，包括姓名、金额、期限、保费等；保险双方当事人的权利、义务及责任；其他附加条款，如保单变更、转让和注销等事宜。保险单是保险双方当事人履行合同的依据，是具有法律效力的证明文件。同时，在 CIF 条件下，保险单是卖方提交结汇的必需凭证。

（5）原产地证明书。

原产地证明书（Certificate of Origin）是出口企业根据进口企业的要求所提供的证明货物原产地或制造地的一种证明文件，它是由公证机构或政府相关部门或出口公司卅具的文件。原产地证明书是买卖双方交接货物、货款结算、索赔理赔、进口国通关验收、关税征收的有效凭据。除此之外，它不仅是出口国享受关税配额待遇的凭证，也是进口国对货物的不同出口国实行不同贸易政策的依据。

（6）商品检验证书。

商品检验证书（Commodity Inspection Certificate）是一种包括出口货物的品质、数量、重量、卫生条件等信息的证书，是由相关检验机构在对进出口货物进行检验和鉴定后开具的证明文件。其可以作为卖方提交银行办理议付的凭证，也可以证明卖方供货是否与合同约定一致，同时它还可以作为索赔和理赔的依据。商品检验证书一般由具有相关检验资质的国家检验机构开具，如中国进出口商品检验检疫局。

（7）汇票。

汇票（Bill of Exchange）一般由出票人开具，是一种规定付款人见票即付或在规定时间内向持票人或收款人无条件付款的信用工具。汇票在国际结算中使用最为广泛，是托收方式下付款必备的重要单据。

2.4.2 交单

交单是指持单人根据合同，按信用证上所规定的时间和地点，以合适的方式，将符合要求的单据交给正确的当事人的行为。交单通常以托收和信用证支付方式进行，交单需要到银行，以汇付方式将单据直接交给当事人。

1. 信用证方式下的交单

在信用证明确规定交单日期的前提下，受益人需要在期限内交单。若信用证没有规定，受益人最迟向银行交单的期限是不迟于装运日后的 21 天。需要注意的是，任何情况都不能成为迟于交单期限交单的原因，一旦延迟则不被受理。在条件允许的情况下，受益人越早交单越好，这样可以为发现问题留出补救时间，即使没有问题，也可以尽快收汇。

2. 托收支付方式下的交单

出口方在装运货物后，如果选择 D/P（付款交单）或 D/A（承兑交单）支付方式，应该向进口方托收行交单并办理托收服务。因托收交单形式不单一，出口方可根据合同和自身情况自行选择单据的种类、份数、内容及交单时间。

3. T/T（电汇）支付方式下的交单

根据付款时间不同，T/T 分为前 T/T 和后 T/T 两类。其中，前 T/T 又分为装运前 T/T 和装运后见提单传真件 T/T。

（1）出口方在装运货物之前就已经收到进口方电汇的全部合同金额，这是装运前 T/T 支付方式。这样，在装运货物之后，出口方就可以直接把包括海运提单在内的所有单据邮寄给进口方，或者是指示货船公司把提单电传给进口方。

（2）出口方在装运货物之后，把海运提单传真给进口方，进口方在收到海运提单传真件之后，随即把合同规定金额电汇给出口方，最后出口方在收到货款后，把包括海运提单在内的所有单据邮寄给进口方，这是装运后见提单传真件 T/T 支付方式。

（3）出口方在装运货物之后，把包括海运提单在内的所有单据邮寄给进口方，进口方可以在收到单据或者货物之后的一段时间内，采用电汇方式把合同规定款项打给出口方，这是装运后 T/T 支付方式。

2.4.3 结汇和退税

结汇是指出口方在货物装运完之后，按照信用证规定，把已准备好的所有单据，在信用证规定的交单期限内送交到银行。银行在审核无误后，向出口方发放货款。

出口退税是指货物出口国对出口货物免征该货物在本国境内消费时应缴纳的税金或退还其按本国税法规定已缴纳的税金（包括增值税、消费税）。通过免征或者退还出口货物在本国内缴纳的税金的方式，使本国货物可以以不含税的成本价进入国际市场。

 案例分析

案例2-1　中国C公司与法国巴黎F公司的网上交易磋商

2019年8月16日,中国C公司收到法国巴黎F公司的一份发盘,发盘内容为"马口铁600吨,每吨645美元,CFR中国口岸,9月份装运,即期信用证支付,限25日复到有效"。C公司于17日复电:"若单价为600美元,CFR中国口岸,可接受600吨马口铁,履约中如有争议在中国仲裁。"法国F公司复电:"市场坚挺,价格不能减,仲裁条件可接受,速复。"此时马口铁价格确实趋涨。C公司于19日复电:"接受你16日发盘,信用证已由中国银行开立,请确认。"但F公司未确认并退回信用证。

思考:

(1) 合同是否成立,为什么? (2) 我方有无失误?

答:(1) 合同不能成立。理由:经过C公司17日的还盘后,F公司16日的发盘已失效。(2) 我方有失误。具体失误有两点:C公司不应接受F公司16日的发盘,但考虑到F公司17日的还盘坚持其16日发盘的价格不变,但明确接受我方的仲裁条件,因此可以接受F公司17日的复电;在"接受"时,不应用"请确认"的字样或文句。

案例2-2　贸易术语的选择

我国甘肃省的文县盛产花椒。当地生产商非常希望能将生产优势转化为经济效益优势。韩国釜山的进口商对文县花椒很感兴趣,并有意进口。但是,甘肃省地处内陆,远离沿海港口岸。双方经过实地调研后认为,可以将甘肃文县的花椒在相距较近的甘肃省天水市海关(无水港)履行清关手续后,通过铁路运输经陕西省西安运至江苏省连云港,经连云港办理中转手续后,即可装箱或将原装的集装箱装船出口运至韩国釜山港。

问:在上述条件下,文县花椒出口到韩国釜山选择哪个(些)贸易术语是合理的?为什么?

分析:甘肃省的文县地处内陆地区,当地的花椒如果出口到韩国釜山,可采用陆海联运的方式从当地将花椒运输到韩国某港口或内地,可以选用适合各种运输方式的贸易术语FCA、CPT或CIP。我国一些港口的海关将进出口报关延伸至包括甘肃省在内的一些内陆地区(从海关对货物进出口通关的角度,形象地称之为"无水港"),方便内地进出口企业办理进出口海关手续后,将货物以合适的运输方式出口或进口。

 思考与实训

一、思考题

1. 在交易磋商前,交易双方应该进行哪些准备工作?

2. 列举主要的谷歌搜索逻辑符及搜索语法的含义。

3. 列举利用网络发布信息的主要途径。

4. 在 CIF 术语下，买卖双方分别承担哪些义务？

二、操作任务书

1. 假设我们需要购买运动类童装产品，请按照寻找客户信息的途径，上网寻找产品提供商（出口企业），选择的提供商（企业）数量不少于 2 家。

2. 上网搜集至少 3 个黄页网站，并与你的贸易合作者（同学）交流所找到的企业的情况，包括产品名称、规格（型号）等与贸易相关的具体信息。

3. 请帮助你所熟悉的进出口企业按照网上发布信息的途径，试着为企业在网上发布一些信息。

第3章 跨境电商客户沟通

学习目标
- 了解海外采购者的类型
- 了解海外采购者选择供应商的渠道
- 了解海外采购者所重视的供应商的特质
- 掌握撰写优质的客户开发信的方法
- 掌握询盘的分析与回复

关键术语

海外采购者、客户开发信、询盘分析、询盘回复

3.1 海外采购者行为分析

3.1.1 海外采购者的类型

1. 根据采购者的身份分类

（1）海外批发商：综合实力低于进口商，经常从海外大型进口商处进货或者通过互联网和展会选择部分产品从中国供应商处采购。

（2）知名进口商：海外规模以上的零售商，都会配备各自的采购商到中国采购，国内也会提供采购平台，如文博会、厦洽会、广交会等。国际商业零售三大巨头沃尔玛、麦德龙、家乐福的采购特征则是范围广、数量大，对相关供应商和合作伙伴的要求非常严格。

（3）经销商：经销商通常采购某一类型的产品，一般以互联网为载体通过跨境电商的方式从中国供应商处采购部分产品，其采购特征是看重信用、关注售后，但资金实力相对较弱。

（4）海外的生产制造商：考虑到我国原材料的价格更加经济实惠，海外的生产制造商会首

选到我国大量采购原材料，如日本优衣库、印度的制鞋厂 Action Shoes 等，其采购特征是要求价格低、交易条件较严。

（5）小零售商：类似于国内的百货小店、小连锁超市等，通常也只在某一区域开展业务。目前跨境电商平台上较活跃的采购商就是这些小零售商，他们的采购特征是每次采购数量少但是频率高，产品收益好。

（6）邮包客户：邮包销售模式在欧美有比较久的历史，在电子商务发展之前，欧美有很多客户都通过邮包的方式销售。邮包客户对于包装和产品的品质要求非常高。

（7）个人采购商：以自用为目的，在互联网上发现目标产品进而采购的群体，其采购途径主要包括速卖通、Wish、阿里巴巴等，采购特征是数量少、周期不定。

（8）采购代理商：采购代理商替买主寻找货源，采购所需物资，俗称"买手"。采购代理商熟悉市场、消息灵通，对于采购的产品要求质量高、价格低。

2. 根据采购者的意向分类

（1）希望开发新产品的采购者。

由于希望开发新产品，需要做一些市场调查，这些采购者在熟悉了大致情况后因为短时间内缺少采购需求，会选择停止与供应商联系。

（2）有稳定供应链的采购者。

此类采购者通常不愿意放弃已构建的完善的供应链体系，但为了进一步获取产品价格、销量等信息及掌握市场的变化情况，他们也会寻找相关供应商进行产品价格、产品质量及服务方面的对比或转向物美价廉的替代产品。

（3）手中有订单，急于寻找产品供应商的采购者。

此类采购者的特征是需求量大且急迫，其要求与前两类采购者相比较为苛刻。

如果是第三类采购者，一般就会比较关注以下几点。

① 供应商是否是合规正当的企业？是否值得信任？供应商的银行信用记录如何？

和供应商怕被骗取货物一样，采购者也担心自己付了钱拿不到货物或者货物出运时间和质量无法保障，所以供应商通过展会或者网络展示自己企业的时候，适当地展示自身资信会非常重要。

② 供应商的实力如何？交货是否准确及时？产品质量是否达标？

如果供应商实力不够，当采购者需求迫切或者订单超出该供应商能力范围的时候，可能会造成产品无法及时送达，或者供应商为了及时完成订单偷工减料造成产品质量低下。无论是哪种情况，都会使采购者的利益受损。

③ 供应商对业务人员素质的要求是高还是低？

采购者在与供应商合作期间不仅对产品有要求，而且对其他的服务也有要求。如果供应商的业务员不具备专业的市场营销知识和良好的语言沟通能力，那么采购者还要耗费额外的时间和精力与业务员交流。这会让采购者认为供应商对业务员要求低，缺乏科学的考核制度和足够的实力招纳专业的业务员。另外，业务员没有吃苦耐劳的精神，无法做到时刻在岗解决问题，这些都会给采购者留下糟糕的印象，很可能会让他们转而选择其他供应商。

3.1.2 海外采购者选择供应商的渠道

1. 通过互联网选择供应商

借助互联网，通过谷歌搜索引擎、阿里巴巴等跨境电商平台搜索供应商目前是主流的选择供应商的渠道。通过互联网采购的优势在于信息量大、全面；沟通迅速；不受时间、地点限制；采购产品速度快，新款产品上市周期短；可供选择的供应商多；节约成本、时间、人力；提高了采购的效益。通过互联网采购的不足之处在于信息的真实性有待检验；信息内容过于丰富导致不易准确获取采购者关注的供应商信息，如产品生产周期、质量及企业信用等。

2. 通过展会选择合适的供应商

尽管数字贸易时代已经到来，但是传统的展会价值仍不可低估，如义博会、华交会、广交会等，无论是大采购商还是中小型企业都更愿意通过传统展会的方式选择合适的供应商。展会的亮点在于有直接的交流机会、信息来源可靠、采购过程快。展会的缺点则在于受时间、地点限制，会议和采购成本高，采购者费时费力却不能保证采购结果尽如人意；采购者参加的次数有限；展会提供的供应商选择有限。

3. 通过业界内的口碑选择供应商

国内有不少大型供应商既不选择敦煌网、环球资源这类互联网渠道，也不参加展会去争取订单，但在行业内这些供应商的销售业绩出类拔萃，原因就是这些供应商深耕商界多年，已经建立了良好的口碑。大部分的采购者尤其是海外采购者十分注重供应商在业界内的口碑，通常不考虑口碑较差的规模企业。

4. 通过行业杂志、年鉴、黄页、名录选择供应商

采购者会在行业杂志，如《文笔采购指南》《国际商报》等，以及年鉴、黄页、名录中寻找供应商信息。行业杂志的亮点在于提供的信息准确度较高，摆脱了时间、空间对采购者的限制，降低了采购成本，提供的供应商可信度高。但此类渠道搜集、整理信息的时间较长，针对性较差，采购者也难以将其提供的供应商与其他供应商进行比较。

海外采购者首先在自己的供应商数据库中寻找供应商，如果在数据库中没有找到合适的供应商，他们就会通过搜索引擎直接搜索。只有搜索引擎也没有找到合适的供应商时，他们才会到自己熟悉的平台上去搜索，最后才是在展会上寻找。海外采购者对搜索引擎的喜爱远远超过对 B2B 平台的喜爱，即使使用 B2B 平台，其对本国平台的熟悉度也远远超过对其他平台的熟悉度。

海外采购者的供应商的来源渠道一般会经过以下几个发展阶段。

第一阶段：现有的供应商，包括正在合作的供应商、曾经合作过的供应商、朋友介绍的供应商及主动来推销的供应商。

第二阶段：在各类搜索引擎中寻找供应商，如谷歌、Bing、雅虎等。

第三阶段：在 B2B 平台中寻找供应商，如国内 B2B 平台阿里巴巴、海外 B2B 平台康帕斯、行业 B2B 平台中国化工网等。

第四阶段：参加展会寻找供应商，如各类海外展会及中国国内的展会等。

3.1.3 海外采购者所重视的供应商的特质

1. 价格水平处于行业内中等偏下的供应商最容易受到采购者的青睐

外贸业务员收到最多的问题反馈就是采购者认为报价偏高无法承受。因此，为了吸引更多的采购者选择自己的产品，供应商只得忍痛降价，一些刚起步的小型供应商为了提高销量甚至选择在利润极低的情况下接受采购者的报价，否则他们便会流失大量订单。事实上，价格只是决定订单数量的重要因素，绝不是唯一因素，产品质量、服务态度和业务员的素质同样重要，也并非所有的采购者尤其是高端采购者都只看重价格。另外，不同国家和地区的采购者对产品价格的判断标准不同，像欧洲和日本的采购者，十分注重产品价格的合理化水平，同时关注供应商在技术能力、产品质量、售后服务等方面的综合素质。因此，供应商应该改变价格为王的生产观念，将更多的精力投入到展现企业的综合能力上。当企业的综合优势逐渐显现时，采购者自然而然会上门合作。

一般而言，优质的采购者认为合理的价格水平是处于整个行业中等偏下的水平，这也是他们易于接受的价格范围，但是考虑到产品质量和技术能力，他们也不会盲目要求价格在行业内处于最低水平，一般希望在保证交易稳定性的同时将价格控制在行业内中等偏下的水平。

2. 供应商的产品质量稳定可靠

从采购者的角度看，卓越的产品质量往往比低廉的价格更重要。一些小供应商经常宣称其产品物美价廉，但往往连产品质量的稳定性都无法保证，更有甚者，其产品无法通过质量检测，没有正规质检报告，从而致使消费者利益受损，也导致采购者失去信用、损失惨重。

采购者一般通过以下途径判断供应商的产品质量。

（1）通过样品确认产品的整体质量。

费心挑选高档优质或者不能代表企业真实生产工艺的样品发给采购者，以此获取他们的信任，增加订单数量的想法是错误的。这样操作意味着大量的产品与样品质量不符，由此引起的贸易纠纷案例数不胜数，因为采购者迟早会发现供应商提供的产品名不副实。唯一能够获得采购者信任的方法便是将那些既经过技术检验部门检验合格又能够代表整体产品质量的样品发给采购者，使其确认产品质量。

(2) 了解供应商在行业内的口碑。

采购者特别是大额订单的采购者，非常在意其他采购者对目标供应商的评价与态度，所以在下单之前通常会深入了解供应商在行业内的口碑，有些采购者还会了解供应商在国内、国外的其他客户，对目标供应商做一个整体的调研来评估供应商的信誉、口碑和实力。

(3) 亲自或者委托第三方上门考察。

不少采购者会亲自考察供应商的工厂，对供应商的生产能力、工作人员的整体素质进行初步判断以做到心中有数，知己知彼。采购者在受到时间、空间的限制时还会委托可靠的第三方上门考察，来检测供应商产品质量的优劣。供应商的企业管理能力和生产规范对于采购者而言是非常重要的。

3. 供应商的技术优势和研发能力较强

采购者不仅看重供应商的报价、产品质量，还看重供应商的技术优势和研发能力，尤其是新产品的研发能力。新产品的研发能力充分体现了一家企业的创新精神，这对于采购者尤其是优质采购者来说尤为重要，因为他们在本国的同类行业中也面临着激烈的市场竞争，而供应商的技术优势和研发能力无疑是产品创新的保证，这也意味着采购者竞争力的提高。因此，如果供应商具有较强的技术优势和研发能力，那么采购者当面对差异不大的报价和产品质量时会优先选择这类供应商。

4. 供应商业务员的专业素质较高

在与供应商的交易过程中，与采购者直接接触的业务员的表现就代表了他们所在企业的专业素质。因此，一名业务员的专业素质间接决定了采购者是否会青睐业务员所在的企业以及后续是否会选择与其合作。采购者一般要求供应商的业务员具有以下专业素质。

(1) 诚实守信的品质。

合作的顺利开展离不开业务员与采购者的反复沟通，采购决断依靠的信息更多来源于业务员，如产品信息、交期等。此时，业务员是否具有诚实守信的品质是能否成功交易的关键因素。甚至可以这样说，很多时候采购者下单在很大程度上是基于业务员诚实守信的品质而对供应商产生了信任。

(2) 流畅的口语表达能力和过硬的国际贸易专业知识。

流畅的口语表达能力和过硬的国际贸易专业知识在交易过程中至关重要，这些专业素质决定了业务员是否能顺利完成订单洽谈。业务员必须在这两点上不断提高对自己的要求。业务员还必须注意不同国家和地区的语言文化和习俗的差异。例如，人们在交谈过程中习惯用"差不多""大概""也许""可能"等词汇，但在采购者的商务词典里，他们需要的是实用而精准的信息：精确的产品规格、精确的交货时间、质量认证等。此外，大型企业的采购代理商大都受过专业的采购培训，他们对供应商的评估是量化的，如果业务员对他们说"我们的产品质量很棒，非常棒"，他们往往没感觉，因为这不是国际采购界的标准语言。业务员应告诉采购者：产品在欧洲的销量达到多少、通过什么认证、与对方国家的某某公司合作愉快。

(3) 积极争取的态度。

对于采购者来说，同时争取其订单的供应商可能有很多个。选择供应商时除了考虑价格水平、产品质量和研发能力，还会被业务员的态度所影响。积极争取的态度体现在业务员和采购者的沟通方式和沟通频率上。例如，积极地以邮件方式跟进，每隔一段时间写一封邮件，当然写邮件也要有技巧、有特色，不能千篇一律以免引起采购者的厌烦。在适当的时候，打电话更能拉近业务员与采购者的距离，加深感情。另外，业务员可以在节假日，利用 Skype、WhatsApp 向采购者发送问候，寄送小礼物等，都能收到不错的效果。

(4) 在行业内的专业度。

在采购者和业务员沟通交流的过程中，业务员对行业专业的分析及对产品技术深入的了解能给采购者留下深刻的印象。专业的业务员可以通过自己在行业内的经验给采购者一些专业的建议和意见。业务员对于行业和产品的理解越深入、专业度越高，越能吸引采购者。

5．稳定可靠的供应链

采购者通常希望尽可能减少交易的中间环节，以获得最优的价格和最佳的服务，所以在选择与自己合作的供应商时，供应链是否稳定可靠是采购者做出决定的重要因素之一。

业务员在与采购者沟通的过程中，经常会被询问所在企业是工厂还是贸易商。工厂的优势是有丰富的技术资源，能够及时响应客户的需求改进技术，对生产周期和成本的掌控力更好。贸易商的市场敏锐度一般高于工厂，其比工厂更了解市场变化、客户需求。另外，贸易商掌握的市场营销、外贸知识及对外贸的风险控制比较专业。在交易的过程中，无论是出现主观问题还是客观问题，贸易商都能及时利用专业知识帮助采购者解决。

6．规模化的生产能力

无论是经过互联网渠道还是传统渠道选择供应商，越是大型的采购者越会花费更多时间深入了解供应商的情况，包括销售规模、交货期、每月集装箱数量、硬件设备和员工数等，而这些都是为了判断供应商的生产能力。如果供应商的生产能力有限，无法满足采购者短时间的大额需求，致使延误交货期，会给采购者带来严重损失。

7．完善的认证体系

采购者很在意供应商的认证体系，如 ISO、SGS 认证等。完善的认证体系能使采购者在对目标供应商做出评估时得以节省大量的精力、物力。另外，我国市场的规范化程度越来越高，很多国内认证也得到了国际采购商的认可，如 CQC、CCIC、CCC 认证等。

8．及时的交货期

无论是中小型采购者还是大型采购者，都希望供应商能够缩短交货期，因为及时交货关系到采购者的资金链和销售计划。出色的供应商会通过精细化的管理，缩短交货周期，提升核心竞争力。

9．强烈的知识产权保护意识

随着跨境电商第三阶段的来临，行业内对知识产权的保护意识也有所增强。无论是海外客户的原创产品，还是供应商设计生产的产品，供应商都应该有保护知识产权的意识。

10．敢于承担社会责任

供应商是否具备责任感、是否勇于承担社会责任一直是采购者比较看重的品质之一。例如，生产工厂的污染指数，工厂是否对环境造成了不可挽回的破坏；对劳动者的权益保护，是否克扣工人工资等。

11．积极主动的心态，不断创新的精神

一些供应商在有了若干固定客户之后，就满足于客户的订单模式，客户给样，工厂下单，失去了主动研发新产品的意愿，这些供应商毫无疑问会被采购者抛弃。随着跨境电商市场的竞争日益激烈，供应商只有不断寻求新的竞争优势，提高技术门槛，才能不断提高竞争力。

3.2　撰写优质的客户开发信

3.2.1　什么是客户开发信

我们通过展会、黄页、行业网站、搜索引擎、朋友介绍等方式获得潜在客户后，接下来就需要给他们发送开发信。

什么是客户开发信？客户开发信就是业务员发送给客户寻求合作的邮件或信函。业务员通过把本公司的产品、服务、优势等简洁地写在邮件或信函中表达建立合作关系、共同发展的意愿。客户收到邮件或信函后，如果感兴趣，就会与业务员沟通和协商，最终签订合同。

以下是几篇优质开发信模板。

范文 1

Dear Mike Smith,

This is Sally from ABC Co., Ltd. We're pleased to know you and your esteemed company from Alibaba.com.

We supply Boy's pants with high quality and very competitive price for 10 years in China. Hope to find a way to cooperate with you.

E-catalogues and prices will be sent if needed.

Write me back or call me please, let's talk more in details. (Feel free to call me for any question or free samples.)

Thank you.
Best Regards.
Yours sincerely,
Sally

范文 2

Dear Mike Smith:

Are you looking for better supplier?

We supply Boy's pants to Walmart with high quality for 5 years and hope to find a way to cooperate with you.

After some research of your company, we find the following products might be of your interest:

Type1: ×××

Type2: ×××

Type3: ×××

Please feel free to call me for any question or free samples. Thank you.

More surprises at www.pandagarmentsandaccessories.coin.

Best Regards.
Yours sincerely,
Sally

3.2.2 怎样写客户开发信

根据收件人的看信习惯,我们需要从以下几方面着手写开发信。

1. 开发信内容

客户尤其是海外客户的时间观念很强,他们每天可能要收到数百封信件,如果信件又长又密,客户就不愿花费宝贵的时间去细看,通常会对这类信件置之不理或者直接删除。另外,越来越多的客户选择用智能手机来接收信件,处理业务,但是由于手机界面有局限性,冗长的信件会给客户留下不好的印象。

2. 标题

(1)标题明确。

邮件的标题如果不明确,会使客户不明白这封邮件和他采购的产品有什么关系,甚至可能会使客户误以为是垃圾邮件,结果邮件未打开便被客户扔进垃圾箱。

(2)用词精简。

邮件标题能显示出来的内容有限,如果标题用词啰唆,则客户能看到的文字可能无法使他正确理解邮件的主题。而且,客户每天都会收到很多邮件,我们需要让客户看到邮件标题就能马上明白它的意思，而不是让客户自己去概括归纳。

（3）吸引眼球。

吸引眼球是对邮件标题的一个重要要求。一个优秀的业务员必须掌握的技能就是怎样使自己的邮件在众多邮件中脱颖而出。吸引眼球的方式有很多，具体如下。

① 大买家鼓励法——假设你有一个大买家是 Walmart，那么组合方式可以选择"产品名称+大买家"，如 Re: Manufacturer of napkin/ Supplier of Walmart，这样就可能起到大买家效应。

② 认证吸引法——如果企业通过了一些比较难通过的认证，不妨直接将认证名称放在标题里。这样，那些比较看重认证的客户就很有可能跳过其他邮件而直接点击你的邮件了。

③ 指名道姓法——James, If You are interested in LED Bulbs, You have to read this。把客户名字写在标题中，客户在看标题时发现你知道他的名字，他会以为你们之间认识，这种标题会直接使客户产生亲切感。

④ 特低价吸引中小买家法——邮件标题中可以写上产品名称和型号，后面直接加上特低价，这对中小买家很有吸引力。

⑤ 赠送配件法——由于经销商客户也需要维护终端客户，如果能赠送配件就会非常受经销商的欢迎，这样无形之中就降低了经销商的维护成本。

3．称呼

写开发信时，如果不知道收件人的名字，那么称呼问题怎么解决呢？例如，TO：Purchasing Manager/Product Manager 或者 TO：Whom It May Concern。

（1）知道对方名字时，则可以这样称呼：Dear Jone；Hi, Jone；Good Day Jone。

（2）不知道对方名字时，则可以这样称呼：Dear Purchasing Manager/Product Manager；Dear Manager；Dear Director；Dear Friend；Dear Your Teams；Hi, Sir。

（3）学院派。Dear Sir/Madam，这种称呼较书面化，一般情况下采用前面两种方式即可。整体来说，只要能拉近与收件人的距离，让人感觉亲切的称呼就可以使用。

4．正文

正文需要具备以下几个特征。

（1）开门见山。

不要长篇大论地介绍自己及公司，只要简短提一下就可以以表示对客户的尊重。如果公司有独特的亮点，可以点明，但注意要简而概之。例如，公司与 Walmart 合作了 5 年，可以这样写：We supply Boy's pants to Walmart with high quality and competitive price for 5 years. Hope to cooperate with you!

（2）段落清晰，语言简单。

国外客户往往喜欢用简单的词汇来表达。因此，客户开发信及往来邮件的文字最好简单清晰。

（3）有礼有节，表达合作愿望。

对客户礼貌，有开头称呼、问候，有落款祝好，并且字里行间表达出对客户的尊重和诚恳合作的意愿。

（4）换位思考。

写完开发信后，自己可以站在收件人（客户）的角度来读开发信。如果连自己都不能满意，那么需要重新修改后再发送。

写客户开发信时，要把握"四不四少"原则：不长篇大论地介绍公司或工厂；不炫耀英文水平；不插入超链接或图片；不说无意义的话；少说从哪里得到的客户联系方式；少用第一人称；少用书面语；少用中国式英语。

5. 签名

如果是第一次给客户写信，签名用纯文本就好，可列举下列信息：姓名、公司名称、电话、传真、邮箱及网址。

业务员为了提高效率，发送开发信时常采用群发，但是群发称呼只能统一为一个，如 Dear Sir/Madam，而不能写具体的人名，且收件人可能达到几十个，一般客户对此比较反感，容易把邮件当作垃圾邮件。建议业务员对客户进行整理和总结，建立 Excel 的"潜在客户信息表"，再分别发送。

6. 避免被当作垃圾邮件

根据国际电子邮件协会的判定规则，未经收件人允许，在短时间内发送的频率高、重复性内容多的邮件，收件人未订阅但发件人发送附件的邮件，以及包含高频词（如 free、discount、opportunity、cheap、loan、profit、stock 等）的邮件都会被判定为垃圾邮件。

那么如何避免开发信被判定为垃圾邮件呢？

（1）首次向客户的邮箱发送邮件最好没有图片和附件，等客户回复后再发送具体内容。

（2）开发信中不要有超链接。它很容易被系统阻止，因为对邮件系统而言，这是潜在的威胁。

（3）使用常规的字体。虽然特色的字体更能吸引客户的注意力，但如果过于注重形式而被当作垃圾邮件，就因小失大了。

（4）朴实、正式的标题。朴实、正式的标题容易给客户留下踏实、务实的印象，花哨的标题可能会引起客户的反感。另类的标题和特色的字体一样，在吸引人的同时也加大了被拦截的可能性。

（5）避免群发，有针对性地发邮件。从系统判定垃圾邮件的标准可以看出，群发邮件的拦截率很高。供应商采取广撒网的做法是行业内通用的做法，但是一天发上千封邮件的效果并不一定比发几十到一百封有针对性的邮件好。

（6）要有合理的排版，使邮件有层次性。

（7）要避免 SPAM 高频词。例如，free, discount, opportunity, rate, profit, save, merchant, stock, all new, call now, subscribe now, million, win, winner, please read, don't delete, special promotion, cheap, deal, debt, income, insurance, loan, money, mortgage, price, compare, check, cash, bonus, credit, loans, buy direct, get paid, order now, specializing, specialized, offer, satisfaction guaranteed, you've been selected 等。

3.3 询盘的分析与回复

3.3.1 询盘的分析

掌握以下技巧会有助于对询盘的分析。

（1）详细记录与客户谈判的细节，判断此客户的合作意愿有多强烈，辨别出客户是"真买家"还是"打听行情的买家"。一些客户已经有了满意的供应商，只是把此次交谈当作报价的参照物。识别出这类客户，切忌直接报价。

（2）辨别真假客户，可通过沟通来辨别，包括邮件、面谈等。从对方对几个关键性问题的回答即可判断对方的类型。例如，产品的规格、品牌、质量，该品牌是否有特色，在当地的销量如何，和中国的哪些企业有过业务往来及合作情况大体如何等，通过这些信息大致判断出客户的"真"与"假"、"大"与"小"。

（3）从外商提供的名片来判断客户的实力。会展上，很多中国企业都会收到外商发放的名片，有的能收到上百张，要善于利用这些名片，如了解企业在所处城市的交通位置，是否开发了自己的网站，是零售商、批发商还是进口商等。

（4）了解客户询盘的内容。一般客户会从以下几个方面来了解产品：产品数量、颜色；产品规格；交货时间要求；包装要求；付款方式；贸易条件。

（5）查看客户的联系方式。查看客户是否留有电话号码，邮箱使用的是免费邮箱还是企业邮箱。如果客户留有电话号码，则方便电话跟进；如果没有留电话号码，说明客户不想公开，也不愿意被电话骚扰。如果客户使用的是免费邮箱则表明客户还没有自己的网站，或公司较大，不想公开太多信息；如果客户使用的是企业邮箱，则可以通过客户的网站了解更多的相关信息。

（6）了解客户是否使用电子商务。要了解客户是否使用电子商务，主要看其有无网站及其主要经营范围。可使用 whois 来查找客户所在公司使用电子商务的状况，了解该客户的网站是何时建立的，注册网站时的信息及该网站以前的缩略图等，如此可以了解更多的信息。

（7）了解客户的 IP 地址和地区。了解客户的 IP 地址，可以轻松地辨识客户来源，保证网上交易的安全。

3.3.2 询盘的回复

1. 回复客户的询盘要注意以下几点

（1）要第一时间回复客户（客户当地时间 24 小时内）。

（2）针对客户的问题做出专业回答，展现公司不俗的实力，在客户心中树立良好的形象。

（3）表示合作的诚意。

（4）在回复询盘前仔细核对询盘内容，尽量避免失误和遗漏。弄清楚客户的用意，有针对性地回复。同时，要调查与客户相关的信息（如通过客户的网站、客户国家的市场、客户感兴趣的产品来了解客户）。

2. 针对不同类型的客户进行回复

根据客户发出询盘的动机，可以把客户分为以下几类。

（1）寻找厂家型。

该类客户目标明确，需求已定。例如，询盘会列出产品品名、型号；给出订单数或咨询最少订购量、交货的相关条款等；有公司名称、地址、邮编、联系方式等。此类询盘的客户一般能够非常清晰地告知采购者看中了哪类产品，也可能要求采购者提供产品报价、样品或详细介绍产品功能等，有些客户还会问采购者是否有认证。

例　Subject: Inquiry about BAND SAW MACHINE WY-0428

Hi, I'm very interested in your WY-0428 band saw machine. How much for this item? What's the minimun order? How much of the freight to Thailand? What's the type of Payment term? Do you have ISO9000 certificate?

By the way, the diamether of the pipe we need cut down is 300mm.

Thanks a lot.

该类客户是供应商的重点客户。供应商应高度重视这类询盘，给客户提供准确、及时、专业的回复和有竞争力的报盘，这是促成交易成功的关键。在回复中，供应商要注明产品的价格、功能、运费、交货期等内容，并附上必要的图片。在客户需求已定的情况下，供应商要在 24 小时内回复客户邮件（最好是客户当地的上班时间）。在确保客户有时间的情况下，供应商应打电话给客户提醒必要的注意事项。

在交易的过程中，供应商应因势利导，引导客户，逐步培养信任感，为后续的跟进工作打下良好的基础。

（2）准备入市型。

这类客户一般在所属国家已积攒了经营经验，但对我国的产品还不够了解；或者他的客户已经到他那里询盘；或者进口我国的产品，他可以获得较高的利润。

总而言之，这类客户已经有了合作意向，但尚有不少问题未解决。供应商应及时、耐心、专业地给予答复，恰当地追踪，提高他们的信任感，尤其是提高他们的交易信心。

例　Subject: Inquiry about Barbies Collection Girl's Wear.

Dear Amy,

We are the importers and manufacturer of various Children's Wear in India. I am looking for the

Barbies Collection to be supplied in India on a regular basis.

Looking for Skirts and long pants. Kindly reply on an urgent basis.

Contact Name: Mr.Naresh Shukla

Company: i-care

Country/Territory: India

Busines E-mail: naresh.shukla@i-care.com

Telephone: 91-11-×××××××

Fax: 91-11-×××××××

回复如下。

Dear Mr. Naresh,

So glad receiving your enquiry for our Barbies Collection from Alibaba.com dated×××. Thanks a lot.

We are a leading manufacturer in children's wear in China and our products have been exported to customers all over the world such as×××. The Barbies Collection is the most popular style in our factory, selling fast.

However, detailed price list for the skirts and long pants will be sent to you based on your specific further product description such as color, specification, special design requirement etc. Please check the following styles photo which should be suitable for your Indian market and tell us more requirements on the exact skirts and long pants.

Please do not hesitate to contact us if any question and we are waiting for your reply.

Best regards.

Amy

对于这类客户应该分以下几种情况分别处理。

情况1：客户对这种产品有兴趣也有需求，但对供应商的报价还不满意。对于这类客户，供应商应事先收集类似产品的价格，并向客户告知产品的成本，以使客户对产品的价格有正确的认识。为了达成协议，供应商可以降低原来的报价。

情况2：客户对产品很满意，购买产品的意愿也很强烈，但目前由于资金不到位无法承受供应商的报价。对这类客户，供应商不应直接放弃，最好共同商议签订一份协议书，详细写明双方合作的事宜或者建议客户把购买产品的费用做进一步的预算。

情况3：客户对产品尚没有深入了解，态度不明朗，在买与不买之间犹豫。面对此类客户，供应商应竭尽全力将产品介绍给用户，并将产品所带来的利益量化，打消客户的顾虑。

（3）收集信息型。

这类客户可能是目前研发或生产同类产品的技术人员，需要了解市场、了解产品，以获得更多信息。这类人的询盘特点是十分专业，一般不需要多次询盘，他们便会汇来样品款。另外可能是已经选择好供应商，但是要判断供应商给出的价格是否妥当，因此要寻找同类品来了解市场。

（4）索要样品型。

这类客户的目的是得到免费样品。他们并不在乎产品的价格、品质等，他们所关注的只是给他们寄去样品。一旦要求他们付样品费和运费，他们便会自动放弃交谈。当然，也会有人想购买样品。

（5）同行打探型。

必须要分辨出此类"客户"，因为他们是竞争对手。他们非常了解行业，通常是有备而来，擅长利用网络假装海外客户打探价格、交易条款等信息，从而制定出更具竞争力的策略。

（6）网络诈骗型。

下面是一个典型的企图利用网络邮件诈骗的例子。

例 Dear Friend,

I am Moshod Sese Seko, son of the late President Mobutu Sese Seko of Congo Democratic Republic, former Republic of Zaire. Presently there is a war going on in my country, so my family members escaped to Morocco while I am presently at a refugee camp in Ireland monitoring events. Because of the present crises, my environment is not conductive for investment and more over, most of my father's properties and account have been frozen by the present government of Joseph Kabila.

Now, I want to set up a business overseas and I have about $50 million united state dollars set aside this project. I decided to contact you to help me in setting up a business, but would not want my name or family name to be used.

I am prepared to give you 20% of the total sum if you can assist me in claiming this fund from a security volt in Europe, where my father（Mobutu Sese Seko）deposited this fund before he died.

Please, do contact me immediately for us to discuss. As soon as I hear from you, and confirm your assistance every documents regarding to the claiming of this fund will be handed over to you as the family's foreign partner.

Best regards.

Moshod Seko

在商务谈判过程中，这类客户往往反复强调订单非常大，甚至强烈建议供应商亲自到他们公司进行谈判。他们经常使用钓鱼网站套取会员账号和密码。要分清真实客户和骗子客户并不难，真实客户对产品有需求，他们首先关注的是和产品相关的问题。骗子客户并没有太多耐心，也不想浪费时间和精力讨论与产品相关的问题。因此，在网络上确定客户的真伪主要靠观察和概括客户需要。冷静对待、克制冲动并慎重地观察是供应商发现客户需求的基础。

3.4 寄送样品

3.4.1 由寄样转订单

当客户需要样品时，意味着我们离签订订单已经不远了。

当我们收到客户以下这封询盘邮件时，应该怎样分析该邮件？

Dear Miss Candy,

How are you? Our customers are interested in your Kettle of 1203P and 1205P. Please advise me your best price. Otherwise, I'd like to know about whether you have approval for these models and supply samples for the models I have chosen. Your prompt reply will be helpful to us.

Best regards.

Benny

Treadspot Co., Ltd.

benny@treadspot.com.sg

16 Collyer Quay, Hitachi Tower #01-07，Singapore 049318

Tel: +65×××××××

Fax: +65×××××××

HP: +65×××××××

分析步骤如下。

1. 询盘内容

产品：Electric Kettles

型号：1203P＆1503P

价格：need best price

其他：need approval＆samples

2. 客户信息

Treadspot Co., Ltd.

benny@treadspot.com.sg

16 Collyer Quay, Hitachi Tower #01-07，Singapore 049318

Tel: +65×××××××

Fax: +65×××××××

HP: +65×××××××

第一步：打开客户的网站，查看客户历史、主营产品是否是该行业的；再看产品介绍（是否有类似产品）；最后看客户的联系方式（看是否与该客户信息相符），验证客户公司的真实性。

第二步：通过邮件回复。

Dear Benny,

Many thanks for your mail dated yesterday. And so happy you can supply samples to us and now answer your question in last mail as following:

1. sample model: Kettle 1203P
2. quantity: 3PCS
3. color: blue（we will send the color sample to you soon）
4. power plug length: use in Singapore，under 75cm
5. Need copy of CB certificates with samples.

Regards.

Candy

Sales Manager

ABC Co., Ltd.

E-mail: benny@abc.cn

MSN: borsche2@hotmail.com// Skype: abc.helen

Tel: 86-755-××××××××// Fax: 86-755-××××××××

Mobile: 86-159××××××××

Add: 6th Floor, Building A, ZhaoFeng Industrial Area,

SanWei, BaoAn District, Shenzhen, Guangdong, PR.China

第三步：样品寄出去后记得发送邮件，让客户跟踪邮件，回复如下。

Dear Benny,

Glad to inform you that I have well prepared the samples per our latest E-mail communication and arranged courier this afternoon.

Here with related information for your reference.

- electric kettles HP-1203P，total 3 pcs
- courier: by DHL, tracking no.：9520364580, you can track the parcel here: www.dhl.com
- The documents you need are attached, please check.

Please do keep me updated when receive the samples.

Any questions, please feel free to contact me.

Best regards.

Candy

3.4.2 样品费用处理

如果客户回复，要求寄样品，那么我们就会面临如下问题：寄不寄样品？样品收费吗？快递费多少钱？由谁来承担？

关于样品费，一般情况下，如果样品的价值不高，如小礼品、文具、低价值日用品等，不建议收取样品费。例如，某个文具价值 20 元，折合成美元不到 10 美元，若找客户收取 10 美元，看似理所当然，但考虑到客户在国外，汇一次款的手续费为 10~100 美元不等，也就是说收取的 10 美元样品费还比不上交给银行的手续费，建议将样品费和国际运费汇总后找客户收取，没有必要单独收取低价值的样品费用。此外，对于价值较高的样品，如电器、高档服装等，其费用也可以考虑和运费一起收取，待客户日后下单达到一定的金额时再返还。

若新客户有诚意进行交易，他们是愿意承担样品的快递费用的。所以，在无法辨别客户是否有意愿进行交易的情况下，建议还是由客户来承担运费。

国际快递运费计算方法如下。

（1）收费重量单位。

快递行业通常规定每 0.5kg 为一个计费重量单位。

（2）起重与续重。

快递行业以首个 0.5kg 为起重，规定每增加 0.5kg 为一个续重。

通常起重的费用会比续重的费用高一些。

（3）实重与材积。

需要邮寄的物品的实际总重量称为实重。当物品体积较大而实重较轻时，受运输工具（飞机、汽车等）装载货物的体积所限，需将物品体积换算成重量计费，即材积。

（4）计费重量。

比较整批货物的实重和材积，择高计算。

（5）包装费。

通常快递公司提供免费包装的服务，如为衣物、日用品、书籍等非易碎品提供纸板、塑料袋等包装材料。但一些贵重、易碎品因包装烦琐、耗费材料，快递公司会收取一定的包装费。

（6）通用运费计算公式。

如果物品的实重大于材积，运费计算公式：首重运费+［重量（kg）×2-1］×续重运费。

例如：7kg 货品按首重 20 元、续重 9 元计算，则运费总额为

$$20+（7×2-1）×9=137（元）。$$

如果物品的实重小而材积较大，运费就按材积收取，然后再根据上面的公式计算运费总额。材积的计算公式如下。

规则物品：长（cm）× 宽（cm）× 高（cm）÷6000 =重量（kg）

不规则物品：最长（cm）× 最宽（cm）× 最高（cm）÷6000 =重量（kg）

有时国际快件还会收取燃油附加费。

例如，如果燃油附加费为9%，那么在上述公式的结果上还需加上燃油附加费，即运费×9%。

（7）总费用。

从上面的公式可得出：总费用=（运费+燃油附加费）× 折扣+包装费用+其他不确定费用。

3.4.3 样品跟进

1. 发寄样通知

寄样通知的邮件写法，可以参考3.4.1节的第三步。寄样被发出后，商家客服要对样品进行跟进。

2. 快递跟踪

进入快递官方网站，输入快递单号就能跟踪样品的递送情况。

3. 样品反馈

在客户收到样品后一周内发邮件询问客户关于样品的反馈，争取尽快把订单拿下。写邮件时可以从以下几个方面进行旁敲侧击：原材料价格波动、汇率走势、报价有效期、下单的激励措施、情感攻势等。

 案例分析

案例3-1 分析如下询盘邮件

下面是一个重点客户询盘的案例：

From: feedback@service.alibaba.com [mailto:feedback@service.alibaba.com]

Sent: Monday, August 08, 2011 10:36 PM

To: daniel@hanxiong.cn

Subject: [lolita@apasdeget.de] I want to buy the product you are selling on Alibaba.com

询盘的回复如下所示：

Letter 1（给客户的第一封信）

Dear Barbara,

Best greetings for you.

I am Helen from Yinhan Co.,Ltd, which was founded in 2000 is a professional manufacturer of the promotion and gifts items.

As the we found there are some technical problem with the molding of this model, we recommend a similar item（#002）, which is very popular in European market.

See the attached quotation.

We are pleased to send you some samples for further perusal. Which color are you interested in?

As you know, the cost of raw material is advancing currently, price varies every other day, please confirm the order ASAP.

I'd like to call you tomorrow morning at 10:00AM at your time, does it work for you?

Looking favorable news soon.

Regards.

Helen Lee

Letter 2（客户回复的第一封信）

From: Barbara Balles[mailto:bballes@zeller-gmbh.com]

Sent: Wednesday, August 17, 2011 8:29 PM

To: Helen

Subject: RE: LED key light

Helen, how are you?

I'm finally somewhere near to close this order for 10,000pcs.

Please check I need some information from you.

① If we make the individual opp bag packing. How would the final packing be?

② I need to know the weight of each item?

Regards.

Barbara Balles

Letter 3（给客户的第二封信）

From: Helen

Sent: Thurday, August 18, 2011 10:49 AM

To: Barbara Balles [mailto:bballes@zeller-gmbh.com]

Subject: RE: LED key light

Dear Barbara,

I am glad to hear from you again.

According to your questions, our answers are follows:

① If we make the individual opp bag packing. How would the final packing be?

qty/ ctn: 3,000 pcs,

g/ w: 19.5 kg,

size of ctn: 42cm×39cm×29cm.

② I need to know the weight of each item?

Each item weighs about 7 g, include the opp bag.

By the way,

You can add my MSN, SKYPE,

We can give you information online.

Thank you.

Helen

Letter 4（客户回复的第二封信）

From: Barbara Balles [mailto:bballes@zeller-gmbh.com]

Sent: Thurday, August 25, 2011 3:05AM

To: Helen

Subject: RE: LED key light

Helen, how are you?

Please check we've closed this order!!! Please send me PI.

Regards.

Barbara Balles

案例 3-2　分析如下询盘邮件

姓名：Mr. Peiman Beigbabai

公司：JFP Corporation

地址：31 Hiram Rd

国家：Canada

邮箱：peiman@comecpact.com

电话：1-416-××××××××

传真：1-416-××××××××

From: peiman@comecpact.com

Send Time: 2008-03-06 13:48

To: sales@idoo.com

Subject: FW: I want to buy the product you are selling on Alibaba.com.

Hello,

Interested in importing CCTV Cameras to Canada for a security company doing many installs. Need company name and logo on Camera. Currently buying from China but need better price.

Please forward product list with pricing.

Thank you.

【分析】此客户群发邮件,到处收集产品信息,可能是想挖掘新供应商或者调查市场,建议先去该公司的网站看一看。

案例 3-3　分析如下询盘邮件

The buyer is interested in your below products:

BOY'S PANTS STYLE NO. 1422

Subject: I want to buy the product you are selling on Alibaba.com.

Dear Sir,

Hello, I would like to know more about your products and pricing please. Sender's contact information:

Contact person: Mr. Amir Butt

Country/Territory: Pakistan

Business E-mail: stylo_amir@yahoo.com

【分析】此邮件属于没有明确需求的询盘。

① 从询盘的内容来看,此邮件只要求发送一个价格单给客户,也没有针对任何产品的数量、颜色、交货时间、规格等进行询问。

② 从信息的详细程度来看,这封邮件只包含了联系人和国家,电子邮件中缺少公司名称和地址、电话等详细联系资料。

③ 邮件中未显示客户的 IP 地址,但通过他注明的国家,可知道他是巴基斯坦人。

④ 邮件中没有公司的网址。

⑤ 邮箱使用的是雅虎的免费邮箱。

经过以上分析,这种很难确定对方是否有购买意向的情况,被归为普通询盘。

案例 3-4　分析如下询盘邮件

Subject: Inquiry about Barbies Collection Girl's Wear.

Dear Amy,

We are the importers and manufacturer of various Children's Wear in India. I am looking for the Barbies Collection to be supplied in India on a regular basis.

We are looking for skirts and long pants. Kindly reply on an urgent basis.

Sender's Contact Information

Contact Name: Mr Naresh Shukla

Company: i-care

Country/Territory: India

Business E-mail: naresh.shukla@i-care.com

Telephone: 91-11-×××××××

Fax:91-11-×××××××

【分析】这个询盘比较正式,不仅有产品的需求,而且各方面的资料都很详尽。

① 从询盘的内容来看,邮件询问的是有关芭比系列女童装的产品,有明确的产品需求。

② 地址:印度。

③ 联系方式:邮件中有联系人、公司抬头、公司电话、传真。

④ 邮件中有公司的IP地址。

⑤ 邮件使用的是公司的邮箱,比较正式。

思考与实训

一、思考题

1. 海外采购者一般有哪些类型?
2. 海外采购者选择供应商一般通过哪些渠道?
3. 列举海外采购者所重视的供应商的特质。
4. 撰写一封优质的客户开发信需要注意哪些方面?
5. 列举发出询盘客户的主要类型。

二、操作任务书

1. 请找出下面这封开发信的不足之处并进行优化。

Dear Larry,

We know your company from Alibaba.com. Your company seems sell safety vests, right ? I want to know do you need ××× products?

We are Chinese professional manufacturer specializingsafety products, we can provide various types of safety vests with cheap prices.Hope it's a good opportunity to work with you.

Enclosed is thecatalog, please check it. If our products meet your need, please feel free tocontact me or call me. I will send you more details. FREE Samples can beprovided.

Thank you very much.

Best regards

Cliff

2. 假设你是一家配饰公司的业务员,公司的主营产品是腰带。今天收到一封询盘,内容如下。

Hello!

My company is in the business of selling punk and fashion accessories and our fastest growing line is leather goods. We currently buy belts, bracelets, wallets, and handbags from a manufacturer in China and we are looking to add another manufacturer in order to help with lead times, product quality and consistency, and new product designs.　Our monthly purchasing requirements are around $10k per month. Please send me your pricing and catalog and let me know if you can send me samples of specific items so I can compare your quality with my current manufacturer.

　　Thank you for your time.

　　请对该询盘进行回复。

第 4 章
跨境电商物流与保险

学习目标
- 了解常用的跨境物流运输方式和各自的优缺点
- 掌握合同中的装运条款的签订
- 了解跨境物流运输中常用的单据及其作用
- 掌握跨境物流运输保险的基本术语

关键术语
海运、陆运、空运、多式联运、装运条款、提单、保险

4.1 跨境物流概述

4.1.1 跨境物流的定义

跨境物流又被称为国际物流，即通过海、陆、空等运输方式将货物从一个国家或地区运至其他国家或地区，从而完成货物的跨境交易。跨境物流借助发达的全球物流网络、设备和技术实现货物在全球范围内的交换，以促进区域经济的发展与世界资源的协调。跨境物流不仅有助于国际贸易和国际合作的开展，还可打通全球的物流体系，其与各个国家内部相对简单的物流体系相比较，更具有全球性和繁杂性的特点。

案例 4-1　"义新欧"牵手 DHL

"义新欧"班列是指从浙江省义乌市出发，经新疆阿拉山口口岸出境，沿途穿过哈萨克斯坦、俄罗斯等国，最后到达西班牙马德里的一班列车，全线长 13 000 多千米。"义新欧"班列的发车时间固定，同时还能按照货量增长情况适时加大发运密度。

据《浙江日报》2015 年 10 月 10 日报道，2014 年 7 月 1 日，"义新欧"铁路国际内线列车

从义乌市出发，直达新疆的阿拉山口转关。列车上载有浙江省义乌市及其周边地区生产的小商品及机械电器制品。列车在新疆阿拉山口转关后，首站到达哈萨克斯坦的阿拉木图，然后再分拨中亚其他国家和俄罗斯。列车在5天内就能从始发站到达阿拉山口，比过去缩短了约3天的时间。另外，由于直接略去了之前通过宁波、上海再到俄罗斯转运的中间流程，物流成本削减了至少三分之一。

"义新欧"中欧铁路线是全球较长的铁路货运线路之一，其中途没有开设停靠点，因此"义新欧"班列多是直达车。

DHL是面向全球的物流公司，其服务范围涉及全球220多个国家和地区。目前，DHL已与"义新欧"班列合作开始运送整箱货物，接下来会按义乌市场货运小批量、多批次的特点，推出拼箱业务。到那时，"义新欧"班列到达沿线重要节点城市临时停靠点后，DHL会进行拆箱，借助其物流网络，将货物直接送到客户的仓库。

拼箱将在义乌市完成，然后送往国外的临时停靠点拆箱，用卡车送遍全欧洲，完成"门对门"运输。按照区域差异，铁路运费至少会比空运便宜30%，部分沿线城市优惠50%以上，大大降低了运送成本。

4.1.2 运输方式的选择

虽然货物可以通过铁路和汽车运输到国外，但一般而言国际运输还是会采用海运或空运的方式。另外，国际运输可采用多种运输方式联运，如陆运和空运、陆运和海运等多式联运。

跨境电商需要结合实际情况选择最佳的运输方式。交易双方应仔细斟酌各种运输方式在配送时间、可预测性、运输成本及非经济因素上的差异后再做出选择。

1. 运输时间

如果选择海运的方式，货物在途中耗费的时间远远长于空运的时间。例如，从海运转换成空运，时间可以从45天直接减少到12小时。运输时间的长短对企业的供应链管理有很大的影响。快速的运输能够延长货物在国外市场的销售时间。如果由于生产原因使货物无法在规定时间内送达目标市场，那么为了按时交货，企业会选择以空运来代替海运。

2. 可预测性

无论是海运还是空运，都会受到自然因素的影响从而导致延误。准确的预测有助于海外分销商为客户提供准确的到货时间。

3. 运输成本

选择国际运输时，成本是必须考虑的重要因素。国际运输的价格通常取决于货物的价值和运输服务的成本。为了降低成本，企业可以结成联盟，协商合作运输。同时，为了降低总成本、节约时间，企业也可以选择性地使用混合运输的方式。

4．非经济因素

非经济因素也会影响企业对运输方式的选择。政府在协助运输业发展时，可能会制定出不符合行业实际发展情况的政策，这样在对运输业的发展起到推动作用的同时也会给企业造成困扰。一些物流企业或被政府收购，或依赖政府补助。其他企业不得不服从政府的政策，即使有更好的选择也必须选择国内物流企业，尤其是在有政府货物需要运输时通常会采取这种政策。例如，在美国，政府官员和政府物资都必须由国家航空公司的航班运送。

4.2 主要跨境物流运输方式

当今，较为常见、较为普遍的跨境物流运输方式包括国际快递、邮政 EMS、国际专线、海洋运输、铁路运输、航空运输等。我国对外贸易使用较频繁的运输方式是海洋运输。

4.2.1 国际快递

国际快递一般由世界几家知名的快递公司来递送商品，其中 UPS 和 FedEx 的总公司设在美国，DHL 的总公司设在德国，TNT 的总公司则设在荷兰。国际快递网络以全球自建网络及国际化信息系统为支撑，其对信息的提供、收集与管理有很高的要求。

国际快递的优点在于简便快捷、整体服务质量高、很少出现货物损毁情况，一般 2～4 天就可把快递送到全球任何一个国家和地区。

国际快递的不足在于运输成本高。跨境电商 B2B 卖家一般只在给客户寄发样品时才选择国际快递，并且会向客户收取运费。

4.2.2 邮政 EMS

邮政 EMS 的主要业务是递送国际紧急信函、文件资料、金融票据、商品货样等各类文件资料和物品。其特点是快速高效、可追踪。

各国邮政、海关、航空等部门都会优先处理邮政 EMS 业务。邮政 EMS 的优点：有着其他物流方式没有的通关性能，尤其是在运输国际知名品牌的商品及电脑、手机、电器等电子产品方面优势显著；不需要考虑货物体积，适用于运输重量轻但占空间大的货物；其在全球范围内通邮，可发往世界两百多个地点；其价格在所有国际快递中较低。

邮政 EMS 的缺点在于有时不能够保证在 3～7 个工作日送达。

4.2.3 国际专线

国际专线（如互联易）是指通过整合全球资源，与海外的快递公司合作，在中国将货物分类，再通过直飞航班进行清关和送货。互联易目前开通的专线有中俄专线、欧洲专线、中美专线、Aramex专线等。国际专线具有快速、运行灵活的优点，其服务较稳定，整个物流信息可跟踪且通关能力强，适用于高价货物及易碎品的运输，且绝大部分地区不需要增收额外费用。国际专线一般在3~5个工作日即可送达。

4.2.4 海洋运输

1. 海洋运输的特点

海洋运输是国际货物运输中的常见方式。其运输的货物总量约占国际贸易货物总量的80%。海洋运输与其他运输方式相比，有以下3个优势。

（1）装载量大。海上船舶的装载量大大超过了陆运等运输方式。目前，油轮的装载量已超过60万吨，散装船的装载量已超过30万吨。

（2）运费低。因为装载量大，具有规模效应，燃料的经济性出色，所以单位货物的运费比其他运输方式的运费要低很多。海洋运输每单位货物的运输成本约占铁路运输运输成本的1/20，约占航空运输运输成本的1/30。

（3）通行能力强。汽车和火车会受到公路和铁路轨道的限制，而船舶利用的是四通八达的天然航道，其通行能力明显强于汽车和火车。

海洋运输有很多优点，也存在不少缺点。海洋运输容易受气象和自然条件的影响，航期无法固定。自然灾害、意外事故、海盗掠夺、军事冲突或经济制裁等也使航行中的风险提高。航行速度也相对较慢，运期较长。例如，大部分出海的杂货船和散货船，平均速度为10~15节（一节=1海里/时=1.852千米/时），从中国到欧美的货物运输需要20~30天。

2. 海洋运输的方式

海洋运输根据不同船只的不同经营策略被划分为两类。

（1）班轮运输。

班轮运输指承运人接受众多托运人的委托，在同一艘船上装载多个属于不同货主的货物，按事先约定的航期，沿着特定的航道，按港口顺序，航行于各港口之间的运输。这种运输方式一般承运的是价值较高的成品、半成品货物，又称为杂货运输，其运输的货物总量约占国际贸易货物总量的20%。

班轮运输具有以下特点。

① 四固定，即固定的航期、固定的航线、固定的港口、以固定的费率收取运费。

② 无论货物有多少，只要舱位可以利用，均可受载，托运量少的货物运输适合选取该方式。

③ 船公司负责装卸，并且承担费用，不计滞期费和速遣费。

④ 权利义务以提单为准，提单是海上货物运输合同成立的证据和代表货物所有权的法律凭证。

（2）租船运输。

租船运输是指船东和租船人签订租船（舱）协议，租船人向船东租赁船舶来运输货物的运输方式。

租船运输与班轮运输的差异在于：在运输过程中，时间、路线、港口及所有货物的运费（包括运费中是否包含装货和卸货费）由租船人和船东提前谈判决定。租船运输一般适用于大件货物的交易和运输。租船人和船东之间的权利和义务，应以双方签署的合同为准。

4.2.5 铁路运输

铁路运输也是国际货物运输的一种方式。海洋运输的进出口货物大部分是通过铁路运输来集中和分散的。铁路运输不容易受天气条件的影响，运输途中的风险小，可以保证常年运输。其具有容量大、成本低、快速、安全可靠的优点，并且具有良好的持续性，其与其他交通手段相结合，还可实现各种"门到门"的连续运输。另外，其办理托运和提取货物的手续简单方便。

1. 国际铁路货物联运

国际铁路货物联运需要经过两个或两个以上国家的铁路，但其运输的货物只使用一份运输单据。货物发出后，承运人负责货物的全程运输。在该运输方式下，货物在由一国铁路转向另一国铁路时，发货人和收货人无须参加移交，货物在国境站也无须重新办理托运手续，因此避免了换装货物的人力、物力支出，减少了货物损失，降低了运输成本，为国际贸易创造了有利条件。

国际铁路货物联运的步骤如下：首先，出口方将合同副本送达外运公司，商讨货运的相关事宜；然后出口方备货，外运公司准备安排具体发货事宜；接着铁路发送点的外运部门按照货源情况和运输条件，填写一式六份的国际联运计划用车表，向上级部门和铁路部门申请审批并备案；最后，外运公司根据合同副本的规定，制作国际铁路货物联运单和运单副本并交由铁路部门，再按照计划向车站托运、装车。

货物按货量可分为整车货物和零担货物。整车货物是指依据一份运输单据处理的经过单独货车配送的货物；零担货物是指依据一份运输单据办理的重量不超过 5000 千克，并且按体积计算达不到单独车辆运送要求的货物。

货物按运送的速度与时间可分为快运交送的货物和慢运交送的货物。快运交送的货物，铁路部门优先安排托运、发车、装车、编车和挂运。快运的运费比慢运的运费大约多一倍，如要求随旅客列车挂运整车货物，则其运费同样比慢运运费大约多一倍。

国际铁路货物联运的费用涵盖货物的配送费、押送人的乘车费及其他相关费用。国内铁路货物运输费用按我国《铁路货物运价规则》，由发货人支付给发送站；过境铁路运输费用按《国际铁路货物联运统一过境运价规程》（简称《统一货价》），由发货人向发货站支付，也可由收货人向目的站支付；到达国铁路的运输费用，则按到达国的规章，由收货人向终点站支付。国际铁路货物联运的运费是按照《统一货价》和《铁路货物运价规则》核算的。《统一货价》是国际铁路货物联运中非常重要的一部规章。该规章规定了统一过境运价规程及其修改和补充，以及本运价规程参加铁路的国家之间运送货物时办理运送票据的手续等基本信息。《铁路货物运价规则》是根据《中华人民共和国铁路法》第 25 条的规定，计算国内铁路货物运输费用的依据，承运人、托运人和收货人必须遵守本规则的规定。

发送国和到达国的铁路运输费用，按铁路所在国的收费标准计算。过境国的铁路运输费用，按照承运当日的运价计算，由收货人或发货人承担。我国出口的联运货物，一般都是在卖方车辆上交货，我方仅负责货物运至国境站一段的运输费用；我国进口的联运货物，则我方需要承担过境运输费用和我国铁路段的运输费用。

国际运输货物联运的运单一式五联，除运单正本和副本外，还包括运行报单、货物交付单和货物到达通知单。运单正本随货同行，在到达站连同货物到达通知单及货物一并交给收货人，作为交接货物和结算费用的依据。而运单副本则由发货人保管，作为证实货物已经发运并凭此结算货款的依据。收货人收到货物后，在货物交付单上签收，作为收妥货物的收据，并交还车站备查。运行报单则为铁路内部使用。

国际铁路货物联运的运输单通常还应随附出口货物报关单、出口许可证、商品检验证书等单证。另外，根据出口货物的不同，有些运输单还应随附装箱单、检疫证明书、兽医证明书等合同规定的文件。

2. 大陆桥运输

大陆桥运输是一种以横穿大陆的陆路运输系统为纽带，使大陆两侧的海洋相连的运输方式。大陆桥运输一般为海一陆一海的运输线路。

当前，世界知名的大陆桥主要有北美大陆桥、新亚欧大陆桥、西伯利亚大陆桥等。

（1）北美大陆桥包括美国和加拿大的大陆桥。一条是从西太平洋港到东部大西洋港，全长约 3200 千米的铁路（高速公路）运输系统，另一条是从西太平洋港到南墨西哥湾港口的铁路（高速公路）运输系统。

（2）新亚欧大陆桥东始连云港，西至鹿特丹，横跨亚欧大陆，穿过俄罗斯、哈萨克斯坦、中国，经过白俄罗斯、波兰、德国最后到荷兰，在中国境内全长约 4134 千米。

（3）西伯利亚大陆桥的配送线路，从符拉迪沃斯托克的纳霍特卡港，跨越亚欧大陆，至莫斯科，并延伸出三条道路：从莫斯科到波罗的海沿岸圣彼得堡港，转船向西欧、北欧的航线；从莫斯科到俄罗斯西边境站，转铁路直接运往欧洲其他国家；最后一条从莫斯科出发到达黑海附近，然后通过船舶转向地中海东部与南部区域。

大陆桥运输具有集装箱运输和国际多式联运的优势，其可以利用复杂的海运和陆运条件，形成适当的海陆联运路线，从而节省运输时间，降低运输成本。

4.2.6　航空运输

航空运输是通过飞机配送货物的运输方式，其不受海洋和道路的限制，速度快、效率高，特别适合配送应季、在高温天气下容易变质及短时间内需求迫切的货物。

1．航空运输的方式

航空运输的方式有以下 4 种。

（1）班机运输。

班机是航期固定的航班，且航班的出发站、目的站和中途站不变。通常航空公司配备的是既能搭载旅客，又能搭载货物的混合机型。在大型航空公司中，也有特定路线全货机的航班。

（2）包机运输。

包机运输有整架包机和部分包机两种。整架包机是指航空公司将整个飞机租赁出去，按照协议将货物从一个或多个出发站运送到指定目的站的运输方式。它在配送大件货物及散装货物上具有天然优势。部分包机是指几家航空货物运输代理公司或发货人将整架飞机联合包租下来，或者包机公司将整架飞机的舱位分租给几家航空货物运输代理公司。1 吨以上不足整机的货物运输适合采用部分包机的方式。部分包机的运送时间比班机运输的时间长，运费比班机运输的运费低。

（3）集中托运。

集中托运是指航空货物运输代理公司填写一份总运单，将几批单独出货但目的站相同的货物合并装运，由航空货物运输代理公司在目的站的代理人负责收货、报关，再把货物分别交给各收货人的运输方式。集中拖运的运费较低，在航空运输中使用较为普遍。

（4）急件传送。

急件传送是国际航空运输中最快捷的运输方式。这种运输方式的独特之处在于由专门经营此项业务的机构与航空公司密切合作，设专人在货主、机场、收件人之间以最快的速度传送急件，特别适用于紧急传送，被称为"桌到桌快递服务"。

2．航空运输的承运人

（1）航空运输公司。

航空运输公司是航空货物运输的实际承运人，其任务是将货物从出发站送至目的站，并对全程运输负责。

（2）航空货物运输代理公司。

航空货物运输代理公司是货主的代理人，代替货主承办订舱、交货、接货与进出口报关等事宜。航空货物运输代理公司也可以是航空公司的代理，办理接货，并作为承运人签发航空运单，对全程运输负责。

3．航空运单

航空运单是航空货物运输的基本依据，是承运人和托运人双方签订运输合同的凭据，同时还是承运人或其代理人签发的接收货物的收据。货物到达后，承运人给收货人发送到货通知，收货人凭通知提货。

航空运单可以分为由航空公司签发的主运单（Master Air Waybill）和由航空货物运输代理公司签发的分运单（House Air Waybill）。两者的内容和法律效力基本相同。

4．航空运费

航空运费是承运人承办了货物航空运输后所收的报酬，包括货物从出发站到目的站的费用，不包括提货、报关、仓储等其他相关费用。航空运费通常按照货物的实际重量（kg）和体积重量（6000cm³ 或 336cm³ 单位折算成 1kg）中的较高者计算。考虑到航空运输的货物种类不同，航空公司也分别制定了运送特殊货物、一般货物和集装设备的运费规则。

4.3 合同中的装运条款

合同中的装运条款根据所使用的交易条件和贸易术语不同而有所差异，但通常合同中的装运条款包括装运港口、日期、目的港、对转船与分批的许可、装运通知及滞期、速遣条款等。

4.3.1 交付时间

1．装运期与交货期

（1）装运期：指交易合同规定的卖方在始发地发出货物的期限。在 FOB、CFR、CIF、FCA、CPT、CIP 等术语中，装运期又被称作交货期。

（2）交货期：一是指卖方将货物送至承运人，同时将货运风险转移给买方的截止日期，这里的交货是指象征性交货；二是指卖方把货物交付买方的截止日期，而货物的风险责任在货物交付时与货物的所有权一起转移给买方。与实际承运人类似，这里的交货是指实际交货。

2．装运期的规定方法

交易合同中与装运期有关的规定有以下几项。

（1）详细清晰的装运期。

① "Latest date of shipment: Sept. 15, 2009"（最迟装运期：2009 年 9 月 15 日）。

② "Shipment: On Or before Feb. 15, 2009"（装运期：在 2009 年 2 月 15 日或之前）。这种规定方法和第①种规定所差无几，只在表述上有些许差异。

③ "Shipment: During Dec., 2009 and Jan., 2010"（装运期：在 2009 年 12 月至 2010 年 1 月之间）。这种规定方法同时规定了最早的装运期。

（2）规定在收到信用证后数日内装运。

例如，"Shipment to be effected within 45 days upon receipt of the relative L/C"。

3．规定装运期的注意事项

（1）要仔细斟酌货源供求情况。如果供大于求，则可提前设定装运期；如果供不应求，或工厂资金不足、很难购买原材料，则应推迟装运期以避免陷入被动。

（2）装运期的规定应明确、具体、规范。避免诸如 "06/07/05"、"Immediate Shipment"（即刻装运）、"Prompt Shipment"（快速装运）、"Shipment to be made as soon as possible"（尽快装运）一类模棱两可、含糊不清的规定方法。

国际标准化组织曾推荐使用 "2006-6-9"（2006 年 6 月 9 日）的格式，不过，到目前为止在国际商业领域，赞同者较少。为了避免买方和卖方之间由于理解不同而引起不必要的误解和纠纷，建议使用 "2006 年 6 月 17 日" 这样的日期表达方式。

（3）装运期的具体时长要恰到好处。装运期的设定应避免太短，否则容易手忙脚乱出现差错，尤其是当货源、商检、出口通关等方面的筹备工作可能来不及的时候。同时，装运期不能过长，以避免出现行情突变导致合同失效的情况。

（4）装运期不能定得太死板。例如，"Shipment: Oct. 15, 2010."（2010 年 10 月 15 日装运）。像这种比较死板的装运条款很难适应多变的运输环境，一旦中途出现意外情况，如工厂在生产的重要环节停电、机械出现故障无法正常运行、货车在送货途中抛锚等，条款就会变得难以执行。

（5）装运期尽可能避开节假日。货物装运往往在大型节假日会达到高峰，所以每逢节假日，商检、海关、运输公司等相关部门会特别繁忙，忙中易出错。为了尽可能做到零失误，在设定装运期的时候，应该主动避开繁忙的节假日。

4.3.2　交货地点

交货地点一般根据贸易术语来设定。参照 E、F、C 组术语，交货地点在装运港（地）；而参照 D 组术语，交货地点则在目的港（地）。

1．装运港（地）和目的港（地）条款

（1）装运港（地）和目的港（地）的定义。装运港又称装货港，即货物最先被装运的港口。目的港又称卸货港，即货物最终被卸下的港口。而对于非水上运输方式，其装货和卸货的地点，则分别为装运地和目的地。

（2）装运港和目的港的规定方法。因货物往往在卖方所属国完成装运，为了便于卖方安排货物的装运和转售货物，装运港往往由卖方提出，经买方同意后确定下来。同理，因为货物卸

载在买方所在国或其他已确定的第三国,所以目的港通常由买方提出,经卖方同意后确定下来。

规定装运港和目的港的一般方法如下。

① 装运港和目的港各规定一个,这是一种非常常见的规定方法。例如,"装运港 Port of Loading:中国青岛 Qingdao China;目的港 Port of Destination:荷兰鹿特丹 Rotterdam Netherlands。"

这种规定方法非常清楚,不会产生纠纷。所以,在国际贸易合同中,若无特殊情况,应尽可能采取这种方式。

② 规定多个装运港和目的港。当碰到特殊情况或者在交易过程中买方提出要求,装运港和目的港可以扩增至两个或更多。例如,"装运港 Port of Loading:中国厦门/宁波/广州 Xiamen/Ningbo/Guangzhou China;目的港 Port of Destination:美国奥克兰港/俄罗斯阿尔汉格尔斯克/英国曼彻斯特 Port of Oakland, USA/Arkhangelsk, Russia/Manchester, UK。"

③ 选择港。在交易谈判时,如果难以详细规定一个或多个港口,可以划定选择港,划定选择港的方法有两种。第一种方法是在两个或两个以上港口中选择,如"目的港:美国奥克兰港,选择港:德国汉堡/法国马赛港"。例如,"装运港 Port of Loading:中国天津/青岛/宁波 Tianjin/Qingdao/Ningbo China;目的港 Port of Destination:日本东京 Tokyo, Japan;选择港:德国不来梅港/法国勒阿弗尔 Bremerhaven, Germany/Le Havre, France。"

第二种方法是笼统规定某一航区为装运港,如"葡萄牙主要港口""荷兰主要港口""英国主要港口"等。例如,"装运港 Port of Loading:英国主要港口 England main Ports;目的港 Port of Destination:拉丁美洲主要港口 Latin America main Ports。"使用这种办法,需要限定港口数量(不超过 3 个),且这些港口应在同一个区域内。此外,要明确对方进行最终选择的期限(通常在货物抵达第一个卸货港 48 小时前会通知)。计算相关费用时,按照替代港的最高费率来计算。

2. 转运港(地)的规定

(1)合同中转运港(地)的规定方法。在国际货物运输过程中,由于地理因素或者按照有关人员的要求,货物必须在特定的港口或其他地方转运。这时,按照国际货物交易合同或者相关运输合同,有时会规定转运港(地)。转运港(地)是指运输途中用来转运货物的港口或地点。当合同中并没有详细规定是否同意转运时,偶尔要注明转运地点。

此时,合同中就要有对转运港(地)的规定条款。一般在目的港(地)后标明,用"VIA(经由、通过)"或"W/T(with transshipment at…,在……转运)"连接。例如,"装运港 Port of Loading:中国宁波 Ningbo China;目的港 Port of Destination:德国汉堡 Hamburg, Germany W/T Bremen Hafen。"

偶尔也会出现转运港(地)写在装运港(地)后面的情况,但这种情况在实际的交易合同中并不常见。

(2)在运输合同中对转运港(地)做出规定时应注意以下事项。

① 选定的转运港（地）应是适当的，避免合同规定的转运港（地）不能用于转运的情况发生。

② 选择的转运港（地）应明确具体，注意避免重名的情况。

③ 转运后的运输时间一般比直达班轮的运输时间长，运费也有变动的可能，因此需要关注成本计算，选择转运成本乃至全部运输成本偏低或其他条件合适的转运港（地），同时在合同中标注清楚。

3. 最终目的地的规定

有时，真正的收货人可能并不在卸货港（地）。此时，货物在卸货港（地）卸货后，还需要通过下一程的运输将其运往最终目的地。如果实际业务中有这种继续运输的需要，当事人通常也需要在合同中进行约定。相关的条款示例："货物于2010年5月装运，以海运方式由中国天津经由香港运往法国马赛，进而运往巴黎。Shipment during May 2010 From Tianjin China to Marseilles France via Hong Kong by sea, In transit to Paris。"

4. 货物交接程序

（1）FOB条件下的货物交接程序，如图4-1所示。

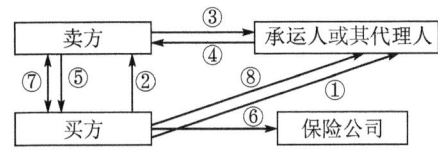

图4-1 FOB条件下的货物交接程序

① 买方与承运人或其代理人签订运输合同。②买方向卖方发送装运须知。③卖方向承运人或其代理人寄送单据。④卖方送交货物，并从承运人或其代理人处取得提单。⑤卖方向买方发送装运通知。⑥买方向保险公司购买保险。⑦买方付款赎单。⑧货物到达目的港后，买方支付货款，通过提单提取货物。

（2）CIF条件下的货物交接程序，如图4-2所示。

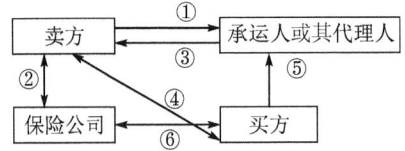

图4-2 CIF条件下的货物交接程序

① 卖方通过承运人或其代理人租船订舱。②卖方向保险公司购买保险，结清账单后得到保险发票。③卖方将货物交给承运人或其代理人，支付运输费和相关杂费，取得提单。④卖方向买方发出发货通知，买方付款赎单。⑤货物到达目的港后，买方凭借提单从承运人或其代理人处提取货物。⑥如果货物在运输过程中被损坏，买方可向保险公司申请赔偿，开启索赔流程。

4.3.3 装运通知

装运通知是买卖合同中不可或缺的重要条款，其目的是明晰买卖双方的义务和更好地进行风险区分，做好船货的衔接工作。装运通知主要包括以下几种。

1."货已备妥"通知

根据国际贸易一般惯例，如果选择 FOB 条件，卖方应在协商的装运期开始前三个半月或一个半月告知买方"货已备妥"，以便买方按时安排船只接货。

2．船舶抵港日期通知

在 FOB 条件下，买方在收到"货已备妥"的通知后，将安排船只的船名、船型、船龄等信息及船舶抵港日期按约定时间通知卖方，以便卖方准时发货。

3．装船通知

货物装运后（包括 CFR 和 CIF 条件），卖方应在约定的时间内发出装船通知，并将合同编号，货物名称、重量、件数，发货日等通知买方，以便买方能够及时办理保险，并做好接货、卸货准备。

4.4 跨境物流运输单据

跨境物流运输单据一般由承运人签发，是承运人收到货物或货物已装运及发送成功的依据，它是确定当事人责任、义务和权利的重要依据，也是交接货物、结汇和理赔的依据。

运输方式不同，运输单据的名称、性质等也各有不同。运输单据主要包括海运提单、铁路运单、航空运单、邮包收据、多式联运单据等。

4.4.1 海运提单

海运提单是承运人或其代理人签发的用以表明货物运输合同有效，货物已由承运人或其代理人接管或装船，并保证在目的港将货物交给指定收货人的凭证。

1．海运提单的性质和作用

海运提单是承运人或其代理人发给托运人的收据，以确认货物是按照提单上记载的事项收到的。承运人或其代理人应根据海运提单所列内容将货物交给收货人。

海运提单是象征货物所有权的凭证，是提取货物的凭证，可以代表货物本身。所以，海运提单可用于与银行机构议付货款及向承运人要求提取货物，也可以用于抵押和转让。

海运提单是承运人和托运人双方协商一致的运输合同的证明。承运人和托运人在装货前商定运输合同条款，装货后马上签发海运提单。因此，海运提单本身并不是运输合同，而是运输合同的证明。

2．海运提单的格式和内容

所有的承运人都会设计自己公司的海运提单，虽然海运提单没有标准的格式，但其内容并没有太大差别。通常，海运提单的正面记载：装运港，目的港，船名，船籍，托运人及收货人名称，被通知人名称及地址，货物名称、包装、标志、件数、重量或体积等；多少运费，运费是预付还是货物到达目的港后支付等事项；提单签发地点、签发提单正本的份数和签发日期等内容。承运人和托运人之间、承运人与收货人之间、承运人与海运提单持有人之间的权利和义务则记载在提单背面。

3．海运提单的种类

海运提单可从不同角度进行分类。

（1）按货物的装船状态，可分为已装船提单和备运（待运）提单两种。

已装船提单是货物装载到指定的船上后签发的提单。已装船提单必须以文字形式标明货物已装载上某船只，提单发行日期即为装船日期。

备运（待运）提单即承运人在接收了需要运送的货物后在等候装运的时间内签发的提单。

（2）按提单有无不良批注，可分为清洁提单和不清洁提单。

清洁提单意味着货物装载时"表面状况良好"，提单上没有货物外部受损或包装不良等批注。

不清洁提单是上面有货物外部受损或包装不良等批注的提单。

（3）按提单是否可转让，可分为记名提单、不记名提单和指示提单。

记名提单指提单上的收货人处有指定收货人的姓名。因为这类提单必须由指定收货人提货，所以不可随意转让。

不记名提单指提单的收货人处无指定收货人的姓名，而只有提单持有人字样，这种提单在实际业务中很少使用。

指示提单指提单上的收货人处只出现"凭指示"或"凭×××指示"字样，这种提单可转让给他人用于提货。目前，在实际交易中，经常使用的是"凭指示"并经空白背书的提单，这种提单通常被称作空白背书提单。

背书分空白背书和记名背书两种。空白背书指转让人在被转让提单反面签字盖章即表示转让该提单；记名背书不但要求转让人在提单反面签字盖章，还要求写上被转让人的姓名。

（4）按运输方式，可分为直达提单、转船提单和联运提单。

直达提单指不更换船只直接从装运港装货运往目的港卸货签发的提单。

转船提单指从装运港装运货物后，不直接驶向目的港，而是在中途港换装另外的船运往目的港所签发的提单。

联运提单指当需要由两种或两种以上的运输方式联运货物时，由第一程海运承运人签发的，承诺全程运输的提单，凭此提单可在目的港或目的地提货。

虽然转船提单和联运提单都包括了全程运输，但这两种提单的签发人一般都只承担他所负责运输的这段航程内产生的货损责任。

（5）按营运方式，可分为班轮提单和租船提单。

班轮公司承运货物后就会签发一份提单给托运人，这种提单就是班轮提单。承运人根据租船合同签发的提单叫作租船提单。租船提单一般都会标明"一切条件、条款和免责事项按照某某租船合同"。银行或买方收到这种提单后，往往要求卖方提交租船合同副本。

（6）按内容的复杂程度，可分为全式提单和略式提单。

全式提单不但正面有内容，还在反面详细标明了承运人和托运人的权利和责任。略式提单的背面没有条款，只在正面列出提单的各个事项。略式提单往往印有"本提单货物的收受、保管、运输和运费等事项均按本公司全式提单上的条款办理"的字样。

（7）按提单使用效力的大小，可分为正本提单和副本提单。

正本提单上有承运人、船长或其代理人的签字盖章及签发日期，是法律认可的有效单据。正本提单必须注明"正本（Original）"，是具有法律效力的文件。正本提单通常一式两份或三份（少数仅一份），无论以哪一份提货，其余的便失效。为避免有人冒领货物，买方与银行一般通知卖方提交船舶公司发行的全部正本提单。

副本提单是指提单上没有承运人、船长或其代理人的签字盖章，仅作参考用途的提单。副本提单一般标有"副本"或"不可转让"字样。

4.4.2 铁路运单

铁路运单指在选择铁路运输方式时，由承运人接收货物后签发的单据，也是收货人、发货人与铁路部门三方达成一致约定的协议。国内铁路运输使用承运货物收据（适用于港澳地区），国际铁路货物联运则使用国际货协铁路运单。

1. 承运货物收据

承运货物收据是对港澳地区同样适用的结汇单据，有特定的性质和格式。此单据的作用和海运提单十分相似，象征着货物的所有权。另外，承运货物收据也是客户的提货单据，是铁路部门与货物所有者之间的运输合同和承运人的货物收据。

2. 国际货协铁路运单

国际货协铁路运单是按照《国际铁路货物运输公约》（Convention Concerning International Carriage of Goods by Rail，简称CIM）来进行国际铁路货物联运的单据，是铁路部门与货物所有者之间的运输合同的证明，而非物权凭证。国际货协铁路运单的正本随同货物一起送至目的地交付收货人，它既是铁路运输货物出具的证明，又是铁路部门同收货人移交货物、计算费用和处理赔偿的凭证，还是发货人向银行结清货款的重要文件之一。

4.4.3 航空运单

航空运单是承运人和托运人双方签署的运输合同，同时是承运人签发的货运单据。航空运单虽然是货物收据，但和物权凭证无关，只能用来向银行办理结汇。收货人无法用航空运单提取货物，但可以通过空运部的提货通知单在库房或终点站提取货物，所以不能背书转让。

4.4.4 邮包收据

邮包收据是使用邮包运输的重要凭证，既可证明邮局已经收到寄件人的包裹，又可作为收件人取走包裹的凭证。当包裹出现意外时，其可作为索赔和理赔的依据。但邮包收据不是物权凭证。

4.4.5 多式联运单据

多式联运单据是在用两种或两种以上不同运输方式运输货物的情况下使用的一种单据。其虽然和海运中的联运提单存在相似的地方，但性质却大不相同。

1. 单据的使用范围不同

联运提单的使用范围有限，只适用于海运和其他运输方式的联合运输。多式联运单据则比前者的使用范围要广泛得多，不仅适用于海运和其他运输方式的联运，还适用于海运之外的其他运输方式的联运，但要求是两种或两种以上不同运输方式的联运。

2. 签发人不同

联运提单的签发人是承运人或其代理人，以及船长。多式联运单据的签发人则是多式联运经营人或其代理人。多式联运经营人可以是完全不掌握运输工具的人，如无船承运人，其将全程运输安排给各分承运人。

3. 责任范围不同

联运提单的签发人仅承担首程运输过程的责任；多式联运单据的签发人则负责整个运输过程，不管货物在何时何处遭受了损害和遗失，只要在承运人责任范围之内，其都必须对托运人负责。

4.5 跨境物流运输保险

在长途运输过程中，在对货物进行管理和装卸时容易产生风险，造成货物损毁。为了消除贸易商对运输风险的担忧，运输保险业务应运而生。

保险指投保人与保险人签订保险合同，投保人向保险人缴纳保险费，如果发生了合同中所约定的事故，并导致货物受损，保险人就应承担赔偿责任。

4.5.1 国际货物运输保险的基本术语

1．保险人、被保险人、投保人

保险人又叫承保人，指收取保险费并在事故发生后向购买保险的一方支付赔偿款的人，一般为保险公司。被保险人指货物发生事故时利益受损并有权索赔的人。在国际货物运输中，通常是进出口商。投保人即申请保险，与保险人签订合同并按照合同承担按时缴纳保险费责任的人。投保人可以是被保险人，也可以不是被保险人。在 FOB、CFR 条件下，卖方可以替买方办理保险手续，此时买方是被保险人，卖方是投保人。

2．保险对象、保险利益、保险风险、保险事故

保险对象即保险标的，指国际货物运输中的货物。保险利益即投保人或被保险人因保险对象受损而获得的经济利益。保险风险是指尚未发生的、能使保险对象遭受损害的危险和事故。保险事故则是已经发生的危险和事故。

3．保险金额、保险费、保险期限

保险金额是保险事故发生时保险人向被保险人支付赔偿的最高金额，其金额与货物的实际价值直接相关。保险费是被保险人向保险人缴纳的费用，保险费=保险金额×保险费率。保险期限是保险合同的有效期。保险人只对在保险期限内发生的保险事故负责。

4.5.2 保险险别和保费

1．保险险别的选择

事故发生的具体情况不同，货物损坏后保险公司赔偿的金额也会有很大差异。保险公司承保风险范围越大，投保人缴纳的保险费就越多。卖方投保和买方投保对保险险别的选择并不一样，为避免日后纠纷，在合同中须明确规定保险险别。

选择保险险别的原则：既要保证货物遭遇运输风险后能得到赔偿，又要使保险费的支出尽可能低。因此，保险险别的选择要考虑货物本身的特性、货物包装情况、运输工具及运输方式、运输地区及港口等不同情况。例如，如果用散舱运输液体化工类货物，发生短量和沾污的可能性比较大，最好投保短量险和沾污险；如果用铁桶、铁听、塑料桶来包装液体化工类货物，发生渗漏的可能性比较大，最好除投保平安险之外加保渗漏险。又如，在长途运输中，粮食谷类

货物的水分容易蒸发,导致货物短量;另外,粮食谷类货物还容易吸收空气中的水分,或被海水、淡水渗入,容易造成霉烂。这类货物最好选择投保水渍险,再加保短量险和受潮受热险。

2．投保金额和保险费的计算

投保金额是投保人对保险标的的实际投保金额,也是计算保险人承担的最高赔偿金额及投保人应缴纳多少保险费的基础。投保金额既可以等于货物价值,又可以超出货物价值。投保金额的计算公式如下:

$$投保金额 = CIF 价格 \times (1+投保加成率)$$

在上面的公式中,投保加成是投保人支付的交易费及预期利润,投保加成率一般是 10%。在实务中,如果贸易双方以 CIF(或 CIP)价格成交,在办理投保时,计算投保金额就用上述公式;如果以 FOB 或 CFR(或 FCA、CPT)价格成交,在办理投保时,可把 FOB 或 CFR(或 FCA、CPT)价格换算成 CIF(或 CIP)价格,然后用上述公式计算。

保险费由投保人向保险人缴纳,是保险人承保货物运输风险的费用,是投保人取得损失赔偿权的对价。

保险费的计算公式如下:

$$保险费 = 投保金额 \times 保险费率$$

保险费率有两种,即指明货物费率和一般货物费率。指明货物费率适用于指定的货物;一般货物费率不分货物,只是按不同运输方式、不同险别和不同地区制定。只要不包含在指定货物费率内的货物,都在一般货物费率范畴之内。

案例 4-2　保费实例

中国一家跨境企业收购几箱估价为 CFR30 000 美元的货物。按照 CIF 价格加成 10%投保战争险和一切险,计算过程如下。

(1)从保险费率表可知,一切险的费率是 0.5%,战争险的费率是 0.04%,则总费率是 0.5% + 0.04% = 0.54%。

(2)将 CFR 价格换算为 CIF 价格,即 CIF= 30 000×1.1=33 000(美元)

(3)保险费: 33 000×0.54%=178.2(美元)。

案例分析

案例 4-3　杭州××文化创意有限公司与全国首单 B2B 跨境出口业务

1. B2C 模式向 B2B 大货模式转型

2015 年 7 月 22 日上午,杭州××文化创意有限公司向海关申报出口一批重约 15.9 吨,价值 3.4 万美元的商品,并以水水中转、陆海联运和空运 3 种模式运输,从富阳的东洲码头出发,目的地是美国、英国、澳大利亚等地。这是全国首单以 B2B 模式出口的业务，意味着跨境电商出口模式从此前的 B2C 模式向 B2B 大货模式转型。

公司报关员不受时间、地点限制，只需在网络上向杭州跨境电子商务综合试验区"单一窗口"传输数据；海关直接在线接收，并核对订单、物流单等数据；企业办理出口手续也不需要在距离很远的工商局、税务局等部门间来回奔波，在海关办事处利用通关一体化模式即可实现快捷办理，再根据企业的实际情况和成本考虑不同的运输方式将商品运往企业自建的海外仓。

在出口货物中，近 1500 件商品分装两个集装箱，通过陆路运输至宁波港，随后转国际班轮，出口到美国和德国；另有一批约 450 件的商品从杭州东洲综合码头，由内河集装箱船通过海上运输先送至杭州宁波港，再运输到澳大利亚；另外 10 件价值不菲的商品，需要从上海空运到英国。

中国首单跨境电商 B2B 出口业务流程如图 4-3 所示。

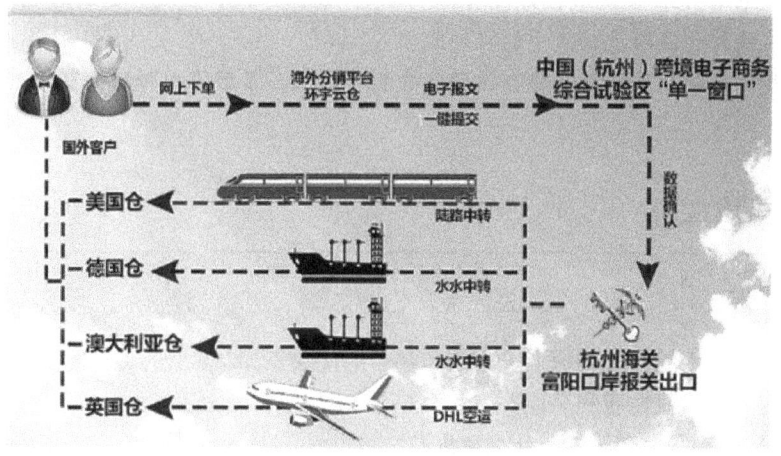

图 4-3　中国首单跨境电商 B2B 出口业务流程

2. 木摇马的运费从每件 800 元降到每件 50 元

该公司生产的小恐龙木摇马在欧洲的售价是 96.99 欧元（约合 660 元人民币）。工作人员介绍："以前这种木摇马，一个就有 8 公斤，直接发货到德国客户手中，单单运费及其他相关费用就有 800 多元。"

公司投入资金在美国、德国等公司主要市场建立起了海外仓，以进一步削减商品运费，提高商品的售后服务。然而，问题随之而来。因为过去的跨境电商出口是公司直接对接客户的 B2C 模式，而公司打算把国外消费者偏好的商品事先、大量地送往海外仓的 B2B 模式，还没有纳入跨境电商的试点范围。在这次试点前，公司的商品一般采用传统 B2C 模式，把商品分解为若干个小的邮包分别邮递，缺点是物流成本太高。除此之外，商品还可通过一般贸易出口，但公司必须在线下再次订立交易合同，相互寄送发票和其他必要凭证，既耗费时间又耗费人力。

杭州海关驻富阳办事处了解到公司的困难后，立即向杭州海关跨境电子商务管理办公室报告。在多次实地考察后，杭州海关决定按照先行先试、适应并促进电子商务发展的原则，获得海关总署的批准，开启跨境电商 B2B 出口试点工作。

从公司的难点开始，杭州海关特别制作了"电子报文"。"外国客户下单后，公司销售系统可以自动捕捉并生成凭证，接着单击即可上传到'单一窗口'，与此前反复邮寄单据凭证相比节省了不少时间，关键是数据准确，不用担心申报输入时出差错。"该公司管理人员介绍。

近年来，国内劳动力和原材料成本上升导致木制玩具的利润降低，一般单个木质玩具的利润只有几元到几十元。跨境电商开展后，公司可直接向客户销售商品，且物流成本大幅度削减，使公司的利润翻了一番。

资料来源：改编自浙江在线《今日早报》报道

思考：
1. 在跨境电商 B2B 模式中，公司依靠什么决定物流方式，呈现什么新的趋势？
2. 试论述海外仓在跨境物流中的优缺点。
3. 结合案例和杭州跨境电商综合试验区的相关报道，了解当前跨境电商 B2B 出口业务的运作模式。

思考与实训

一、思考题

1. 制表比较常用的跨境物流运输方式和各自的优缺点。
2. 海运提单有哪些性质和功能？
3. "分批装运"和"转船"是什么意思？

二、操作任务书

1. 访问中国船期网，以宁波港作为装货港，目的港为欧洲荷兰的鹿特丹（Rotterdam）、南美洲阿根廷的布宜诺斯艾利斯（Buenos Aires）、北美洲美国的洛杉矶（Los Angeles）、大洋洲澳大利亚的悉尼（Sydney）、非洲南非的开普敦（Cape Town）这 5 个港口，按每条航线 10 个 20ft 标准集装箱货柜（重量既定）来选择路线和计算费率（制表）。要求在价格和时间上找到合理的平衡点，并予以说明（如果宁波港没有相应路线，请选择最优化的路线）。

2. 根据案例分析中的场景介绍，填写一份海运提单。

第 5 章
跨境电商支付与结汇

学习目标
- 了解常用的跨境电商支付方式
- 了解常用的支付票据
- 掌握信用证的使用方法和特点

关键术语
电汇、托收、信用证

5.1 跨境电商支付方式

跨境电商的支付有电汇、托收等多种方式。随着跨境电商的发展，众多小型批发商在线通过跨境电商 B2B 平台进行订购和支付，支付方式开始走向小额化和电子化。

5.1.1 电汇

汇款人委托银行以加押电报、电传等方式指示出口地某银行为汇入行，给收款人解付一定的金额，这种汇款方式称为电汇。电汇业务流程如图 5-1 所示。

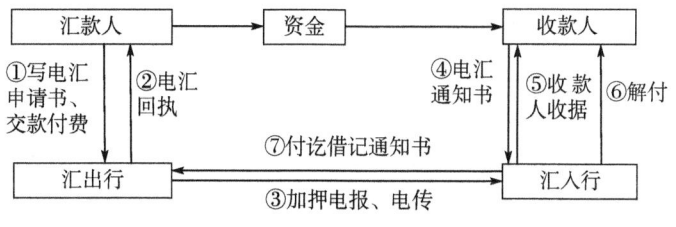

图 5-1 电汇业务流程图

电汇方式交款迅速、安全性高，有利于资金的充分利用，但费用较高。在实际的跨境电商进出口业务中,电汇方式分为以下 3 种。

(1)先付款,后发货。

这种方式要求买方预付货款,对买方来说风险较大。

(2)先发货,后付款。

这种方式是指卖方全部发货后买方再付款,对卖方来说风险较大。

(3)先付订金,再付余款。

通常对卖方比较熟悉的买方会采用电汇方式付款,一般是发货前先预付部分货款,发货后再把余款付清。卖方希望加大买方预付的订金比例,这样其风险会减小。较为常用的是以 30% 的货款作为订金,另外 70% 的余款见提单复印件支付。

注意:出口商银行收款账户必须包含以下信息:Beneficiary;Beneficiary Account;Bank Name;Bank Address;SWIFT Code。

SWIFT(Society for Worldwide Interbank Financial Telecommunications)是环球同业银行金融电讯协会的简称,该协会成立于 1973 年,是国际银行同业间的国际合作组织。目前,全球大多数国家的大多数银行都使用 SWIFT 系统。使用 SWIFT 系统可使银行的结算更安全、可靠、快捷,更加标准化和自动化。那么,如何查询某家银行的 SWIFT Code 呢?可以直接打电话咨询,也可以登录环球同业银行金融电讯协会网站查询。

5.1.2 托收

货物装运后,出口方开具汇票给进口方,要求付款,并委托出口地银行代其收取货款,这种结算方式称为托收。

托收的基本程序如下。

第一步,出口方向当地的托收行申请跟单汇票。第二步,托收行将跟单汇票寄给代收行(代收行通常是进口方当地的银行)。第三步,代收行通知进口方付款并购买提单。第四步,代收行将所收款项转给托收行,再由托收行转给出口方。

举例说明。A 是英国伦敦的一个进口商,B 是上海的一个出口商,A 向 B 订购了一批鞋子,价值 2 万美元,双方约定以托收方式结算。B 签发了一张金额为 2 万美元的汇票,指定 A 是付款人。B 委托中国银行上海分行作为托收行,连同提单一并交给中国银行上海分行,由中国银行上海分行通过中国银行伦敦分行(代收行)向 A 收取 2 万美元。

整个过程一共涉及 4 个角色,委托人及出票人是出口商 B,付款人是进口商 A,托收行是出口商 B 所在的中国银行上海分行,代收行是进口商 A 所在的中国银行伦敦分行。

托收与电汇的不同之处:托收以汇票为工具,汇票是出口方向进口方索要货款的凭证;电汇方式中则不出现汇票。此外,付款方向也有所不同,托收方式下,由出口方通过银行去收汇;电汇方式下,由进口方主动付款。

如果采用托收方式，进口方承担的费用低、风险小、资金负担小，有时还能取得出口方的资金融通，该方式对进口方比较有利。对出口方来说，因为货已发出，如果进口方以市场行情不好或财务状况不佳为由拒付，即使是先付款后交单，出口方除承担货物转售的损失外还将承担来回运输的费用。

托收是出口方给予进口方一定优惠的一种付款方式。对出口方来说，托收是一种存在一定风险的促销手段，因此在实际中应用比较少。

5.1.3 其他支付方式

1. 西联汇款

具有 150 年历史的西联国际汇款公司简称西联汇款（Western Union），是世界上知名的特快汇款公司，代理网点遍布全球近 200 个国家和地区，具有全球最大、最先进的电子汇兑金融网络。西联汇款业务中国代理行包括中国光大银行、中国建设银行、中国邮政储蓄银行等。

西联汇款分为现金即时汇款和直接到账汇款两类。现金即时汇款可通过西联网点、网上银行和银联在线 3 种渠道办理。

初次使用直接到账汇款服务时，收汇人应在北京时间 8:00—20:00 拨打免费服务热线核实收汇人的中文名字、汇款监控号码（MTCN）、收汇人的有效身份证号码、收汇银行的名称和银行卡账号。

核实以后再次使用直接到账汇款服务就无须再核实信息了。但如果收汇人的信息有所改变（如汇款至同一银行的另一个银行卡账户），则需要再次核实。

2. 信用卡支付通道

欧美发达国家的信用卡发行量很大，使用频率非常高。常见的信用卡组织有 Visa、Mastercard、American Express、Discover、JCB、中国银联等。因此，信用卡支付也是当前较为常见的跨境电商支付方式。

（1）信用卡：由卡号、CVV 码、有效期、发卡行信息组成。

（2）发卡行：签发信用卡的银行，如中国工商银行，缩写为 ICBC。

（3）卡号：由 16 位数字组成，4 开头的是 Visa 卡，5 开头的是 Master 卡，第 16 位数字根据前数位数字规则推算而成，一般根据前 6 位、后 4 位数字来查看交易记录。

（4）CVV：Visa 卡为 CVV 码，Master 卡为 CVC 码，均在信用卡的背面。

（5）有效期：信用卡能有效使用的期限。

3. PayPal

PayPal 是全球使用较广泛的网上交易工具之一，针对具有国际收付款需求的用户而设计，可用于外贸收款、提现、跨境采购、跨境消费、快捷支付等。美元、加元、欧元、英镑、澳元、日元等国际主流货币，PayPal 均能接收。

PayPal 无注册费用、无年费，手续费低；可即时支付、即时到账，最短仅需 3 天，即可将账户内的款项转账至国内的银行账户。

PayPal 的立场是保护买方，即从买方的角度考虑问题，买方如果不满意可以提出争议，一旦买方提出争议，卖方账户就会被冻结。

下面介绍买方通过 PayPal 向卖方支付一笔款项的操作步骤。

（1）买方用电子邮箱注册 PayPal 账户，将一定数额的款项从信用卡转入 PayPal 账户。

（2）进入 PayPal 账户，汇出款项，并向 PayPal 提供收款人的电子邮箱。

（3）PayPal 发电子邮件给收款人，通知其有款项到账。

（4）如收款人也是 PayPal 用户，待其决定接受后，付款人的款项即移转给收款人。

（5）若收款人没有 PayPal 账户，收款人先要注册 PayPal 账户。然后，收款人可以选择将收到的款项转换成支票寄到指定的处所，或者转入个人信用卡账户或银行账户。

需要注意的是，出现以下几种情况 PayPal 账户会被冻结。

（1）收款后马上提现。例如，账户收款 2000 美元，卖方马上提现 1900 美元。PayPal 官方就会怀疑卖家存在只收款不发货的嫌疑，因而将冻结其账户。

（2）提现金额过高。例如，账户收款 2000 美元，结果卖方发货后临时需要资金周转，就把 2000 美元全部提现。在这种情况下，账户也会被冻结。卖方需注意提现比例在 80% 左右是比较安全的。

（3）被客户投诉过多、退单过多。一般投诉率超过 3% 或退单率超过 1%，PayPal 公司就会和其终止合作了。

（4）所售商品有知识产权问题。PayPal 严格禁止销售仿牌或者假货，有这种情况的卖方建议不要使用 PayPal 账户。

4．国际支付宝

国际支付宝是阿里巴巴推出的一种第三方支付担保交易服务。以国际支付宝为交易中介，可以避免国际贸易中卖方发货后收不到钱、买方付款后收不到货的风险。

该服务支持航空快递、海运、空运等常见物流方式的订单。交易过程中，买方先将货款转到国际支付宝账户中，然后阿里巴巴通知卖方发货，买方收到商品后确认收货，国际支付宝向卖方转款，至此，一笔交易就完成了。

5．离岸银行账户

卖方在香港或其他地方开设离岸银行账户，用于接收海外买方的汇款，再将资金从离岸银行账户汇往国内账户。

用离岸银行账户接收电汇时无额度限制，不同货币之间可直接兑换。

6. 速汇金

MoneyGram 公司推出一种快捷、简单的国际汇款方式，即速汇金汇款，其代理网点已超过 5 万个，遍布全球 150 多个国家和地区。国内代理速汇金收付款业务的银行有中国银行、中国工商银行、中国交通银行和中信银行。

单笔速汇金最高汇款金额不得超过 10 000 美元（不含），汇款人每天的速汇金累计汇出最高限额为 20 000 美元（不含）。

速汇金汇款速度快，汇出后十几分钟内即可到达收款人手中。汇款费用相对较低，无中间行费、无电报费。手续简单，收款人只要有汇款人提供的编号即可收款，且收款人无须预先开立银行账户即可实现资金划转。

使用速汇金汇款要求汇款人和收款人均为个人，且只接受境外汇款。汇款人如持现钞账户汇款，还需交纳一定的手续费。

5.2 跨境电商支付票据

票据是指出票人约定自己或委托付款人见票时或在指定的日期向收款人或持票人无条件支付一定金额，并可以流通转让的有价证券。常用票据有以下几种。

5.2.1 汇票

汇票是一种典型票据，集中体现了票据的基本功能，在实际中应用较为广泛。

1. 汇票的概念

汇票是由出票人签发，委托付款人在见票时或者在票据指定日期，无条件支付确定金额的货币给收款人或持票人的票据。

2. 汇票的当事人

汇票的当事人包括以下几种。

（1）出票人（Drawer）。出票人是开立和签发汇票并向其他人交付汇票的人。

（2）付款人（Payer）或受票人（Drawee）。付款人或受票人是接受支付命令的人。

（3）收款人（Payee）。收款人是汇票的受益人，是收取票款的人。

（4）背书人（Endorser）。收款人在汇票背面签章并交付给受让人，同时也转让了票据权利，收款人成为第一背书人，以后若汇票继续转让，还会出现第二背书人、第三背书人等。

（5）被背书人（Endorsee）。接受背书的人称为被背书人。被背书人若不转让汇票，就称为持票人。

（6）持票人（Holder）。持票人是拥有票据的人，包括收款人、被背书人。

3. 汇票的主要内容

（1）注明"汇票"字样，以区别于本票和支票。例如，Exchange for USD 1000.00 或 Draft for USD 1000.00。

（2）无条件支付命令（Unconditional Order to Pay），即对汇票的支付命令不加任何限制，不带任何附加条件，若附加，则汇票无效。这有利于保障汇票付款的切实、可靠，有利于保护持票人的票据权利。

（3）出票地点和出票日期（Place and Date of Issue）。出票地点是极为重要的，根据国际惯例，在某地发生的出票行为，就以所在国的法律为依据，来判定汇票必要项目是否齐全、汇票是否成立和有效。

（4）付款时间和付款期限（Time of Payment/Tenor/Term/Maturity）。付款时间和付款期限是付款人履行付款义务的日期。

（5）一定金额的货币（Certain in Money）。汇票以支付一定金额的货币为目的，一定金额的货币在各国票据法中被视为绝对必要项目。

（6）收款人名称。收款人是指出票人在汇票上记载的受领汇票金额的最初票据权利人，汇票上收款人的名称通常称为"抬头"，抬头决定了汇票是否可流通。

（7）付款人名称和付款地点。

（8）出票人签章（Signature of the Drawer）。

汇票示例 1 和汇票示例 2 如图 5-2 和图 5-3 所示。

图 5-2　汇票示例 1

```
                    BILL OF EXCHANGE
        No._____
        For_____
           (amount in figure)        (place and date of issue)
        At_____ sight of this FIRST Bill of exchange (SECOND being unpaid)
        pay to _____ or order the sum of
        _____
          (amount in words)
        Value received for _____ of _____
                         (quantity)      (name of commodity)
        Drawn under
        L/C No._____  dated _____

        To:                          For and on behalf of



                                     _____
                                         (Signature)
```

图 5-3　汇票示例 2

4. 汇票的票据行为

（1）出票。出票是指出票人签发汇票并将其交给收款人的行为。一张汇票一旦出票，出票人就要承担债务责任，担保汇票被承兑和付款；收款人则取得了债权，成为持票人。收款人有向付款人要求承兑及付款的权利；汇票遭拒付时，收款人有向出票人追索的权利；收款人有依法转让汇票的权利。

（2）提示。持票人向付款人出示汇票，要求承兑或付款的行为称为提示。提示分为承兑提示和付款提示两种。持远期汇票要求付款人承诺到期付款的提示为承兑提示。持即期汇票或到期的远期汇票要求付款人付款的提示则为付款提示。

（3）承兑。在持票人进行承兑提示时，远期汇票付款人明确表示同意按出票人的指示付款的行为为承兑。

（4）付款。付款是即期汇票的付款人和远期汇票的承兑人接到付款提示时，履行付款义务的行为。

（5）背书。持票人在汇票背面签上自己的姓名或再加上受让人的姓名，并把汇票交给受让人的行为称为背书。通过背书，票据权利被合法转让。

背书的方式包括限制性背书、空白背书和记名背书。限制性背书属于不可转让背书。空白背书也被称为不记名背书，只凭交付即可转让，票据背面只有背书人签名而无受让人签名。记名背书指汇票背面既有背书人签名，又有被背书人签名。对于这种背书，受让人可继续背书将汇票转让。

（6）拒付与追索。持票人要求付款人承兑或付款时被拒绝的情形称为拒付，又称退票。汇票遭到拒付后，持票人要求其前手背书人、出票人或其他票据债务人偿还汇票金额及费用的行为称为追索。

5.2.2 本票和支票

1. 本票

本票由出票人签发，承诺自己在见票时无条件支付确定金额的货币给收款人或持票人。

本票内容：有"本票（Promissory Note）"字样；无条件支付承诺；收款人名称或其指定人；付款期限；付款地点；出票日期和地点；一定金额；出票人签字。

本票和汇票有什么区别呢？

（1）本票是无条件支付承诺，汇票是无条件支付命令。本票的出票人自己出票、自己付款，是承诺式的票据；汇票是出票人要求付款人无条件地支付给收款人的书面支付命令，付款人没有义务必须支付票款，除非他承兑了汇票，所以汇票是命令式或委托式的票据。

（2）当事人不同。本票的当事人是出票人和收款人；汇票的当事人是出票人、付款人和收款人。

（3）本票的出票人就是付款人，所以远期本票无须提示承兑；而远期汇票需由持票人提示承兑。

（4）本票出票人自始至终是主债务人；汇票在承兑、背书前是主债务人，在承兑、背书后是从债务人。

（5）本票只能开出一张；而汇票可成套数份签发。

（6）汇票票据行为的规定均适用于本票，本票票据行为的规定不一定适用于汇票。

2. 支票

支票由出票人签发，委托办理支票存款业务的银行或者其他金融机构在见票时无条件地支付确定金额的货币给收款人或持票人。

支票的当事人是出票人、付款人和收款人。

支票与汇票有什么区别呢？

（1）支票必须是即期付款，无到期日记载；汇票既可见票即付，又可在将来的某个时间支付。

（2）支票没有承兑、保证等票据行为；而此类票据行为都适用于汇票。

（3）支票的付款人仅限于银行；汇票的付款人既可是银行，又可是企业或个人。

（4）支票的出票人和付款人之间必须先有资金关系；而汇票则不一定。

（5）支票只能作为结算工具；汇票既可作为结算工具，又可作为信贷工具。

（6）支票只有一张；汇票可一式数份。

表 5-1 较直观地表明了汇票、本票、支票间的异同。

表 5-1 汇票、本票、支票间的异同

	汇　票	本　票	支　票
当事人数	三人：出票人、付款人、收款人	二人：出票人、收款人	三人：出票人、付款人、收款人
出票人和付款人的关系	不必先有资金关系	无所谓资金关系	必须先有资金关系
主债务人	承兑前：出票人 承兑后：承兑人	出票人	出票人
出票人担保责任	付款、承兑	自付款	付款
有无到期日记载	有	有	无（即期）
付款人	承兑人（单位或银行）	出票人（单位或银行）	银行
有无副本	有	无	无
票据行为	出票、提示承兑、付款、保证	出票、付款、保证	出票、提示

5.3 信用证结算方式

5.3.1 信用证的当事人

信用证是国际贸易中广泛使用的结算方式。

信用证的当事人是开证申请人、开证行和受益人。此外，还有其他关系人，即通知行、议付行、付款行、偿付行、保兑行、承兑行、转让行。

（1）开证申请人。向银行提出申请开立信用证的人称为开证申请人，其也是信用证交易的发起人。开证申请人一般为进口方。

（2）开证行。根据开证申请人的申请开立信用证的银行称为开证行，开证行一般是位于进口地的银行。信用证一经开出，开证行即承担起付款的责任。

（3）受益人。信用证上指定的有权使用该信用证的人就是受益人，受益人一般为出口方。受益人有权按信用证的规定签发汇票，向所指定的付款银行索取价款，同时作为汇票的出票人，其要向其后的持票人担保该汇票必获承兑和付款。

（4）通知行。通知行是应开证行的请求将信用证通知受益人的银行。一般是由出口方所在地的银行而且通常是开证行的代理行来担任通知行。通知行如愿意将信用证通知受益人，则应鉴别信用证的表面真实性，如不愿通知或无法鉴别，则必须毫不迟延地告知开证行；如无法鉴别而又决定通知受益人，则在通知时必须告知受益人它未能鉴别该信用证的表面真实性。除此之外，通知行无须承担承付或议付的任何责任。

（5）议付行。根据开证行的授权买入或贴现汇票及单据的银行称为议付行。议付行可以由开证行在信用证中指定，也可以不具体指定。如果开证行不指定议付行，那么所有的银行均有权议付。议付行审单无误后垫付汇票的款项，在扣减垫付利息后将净款付给受益人。

（6）付款行。信用证上指定承担付款责任的银行即为付款行。付款行可以是开证行，也可以是开证行委托的其他银行。

（7）偿付行。受开证行的指示或授权，对有关付款行或议付行的索偿予以照付的银行就是信用证的偿付行。偿付行并不审查单据，不负单证不符之责。

（8）保兑行。应开证行请求或授权对信用证加具保兑的银行即为保兑行，保兑行的责任和地位与开证行相同。保兑行一经在信用证上加具保兑，即承担付款责任。付款后，无论开证行倒闭或无理拒付，保兑行都不能向受益人追索。在实际业务中，保兑行通常由通知行兼任，也可由其他银行加具保兑。

（9）承兑行。在汇票正面签字承诺到期付款的银行称为承兑行。开证行、通知行或其他指定的银行均可作为承兑行。承兑汇票后，承兑行即丧失了付款能力，开证行必须承担最后的付款责任。

（10）转让行。应信用证第一受益人的委托，将信用证转让给信用证的第二受益人的银行称为转让行。转让行可以由通知行、议付行、付款行或保兑行担任。

5.3.2 信用证的内容

信用证主要包括以下内容。

（1）信用证本身方面的说明：如信用证的编号、开证日期、交单期限、到期日和到期地点等。

（2）信用证的当事人：开证申请人、开证行、通知行、受益人等。此外，有的信用证还有指定的付款行、偿付行、承兑行、议付行等。

（3）信用证的种类：是否经另一家银行保兑、可否转让等。

（4）信用证的兑付方式：即期付款、延期付款、承兑及议付等。

（5）汇票条款：包括汇票的种类、受票人、出票人、出票条款、出票日期、付款期限等。不需汇票的信用证则无此内容。

（6）支付货币和信用证金额：支付货币的缩写与大写，信用证金额用大写文字与阿拉伯数字书写。

（7）货物条款：包括货物的名称、数量、包装、规格、价格等。

（8）装运与保险条款：如装运港或起运地、卸货港或目的地、可否分批装运、装运期限、可否转运等，以及 CIF 或 CIP 术语下投保的金额和投保险别等。

（9）单据条款：商业发票、运输单据和保险单据，以及装箱单、重量单、检验证、产地证等包装单据。

（10）特殊条款：视具体交易的需要而定。常见的有要求通知行加保兑，限制由某银行议付，限装某船或不许装某船，不准在某港停靠或不准选取某条航线，具备规定条件信用证方始生效等。

除此以外,信用证通常还有开证行的责任条款,根据《跟单信用证统一惯例》开立的文句,以及信用证编号、到期地点和日期、开证行签字和密押等。

5.3.3 信用证的收付程序

信用证的收付程序一般都要经过订立买卖合同,申请开证,开证,通知,审证、交单、议付,索偿,偿付,付款赎单8个环节。现以最为常见的即期跟单议付信用证为例,简要说明其收付程序,以及各环节的具体内容。

即期跟单议付信用证收付程序示意图如图5-4所示。

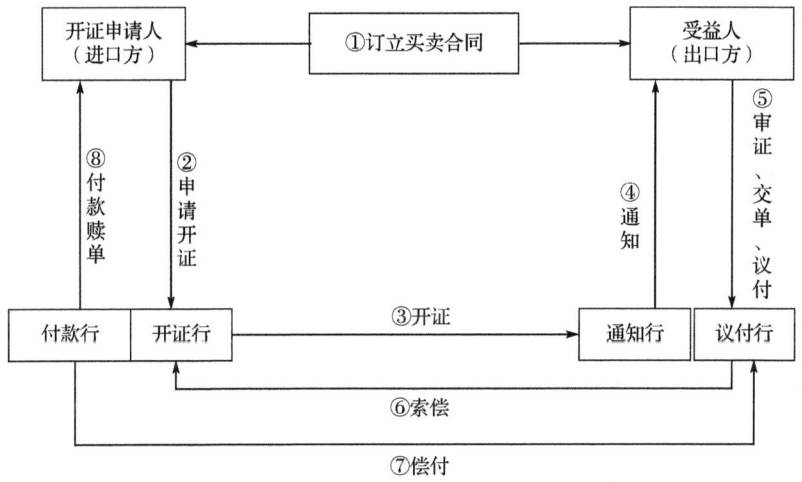

图5-4 即期跟单议付信用证收付程序

1. 订立买卖合同

针对外贸交易条件进行磋商,进出口双方达成交易,订立国际货物买卖合同。

2. 申请开证

进口方(开证申请人)在合同规定的时间内向所在地的银行递交开证申请书,申请开立信用证。申请开证时,进口方(开证申请人)应向开证行交付一定比例的押金。

3. 开证

开证行收到开证申请书后,按申请书的内容向指定的出口方(受益人)开立信用证。

4. 通知

通知行通知出口方所在地的代理银行(通知行)转递或者通知出口方(受益人)。通知行收到信用证后,核对开证行的签字与密押,留存副本或复印件备查,尽快将信用证转交给出口方(受益人)。

5. 审证、交单、议付

出口方（受益人）收到经通知行转来的信用证后，审核信用证中所列的条款与国际货物买卖合同中所列的条款是否相符。如发现不符，应通知进口方（开证申请人）修改信用证。货物发运完毕后，出口方（受益人）取得信用证所规定的全部单据，开立汇票，将汇票连同信用证正本，在信用证规定的交单期和信用证的有效期内，递交议付行办理议付。

国内习惯把议付称作买单。议付行办理议付后成为汇票的正当持票人，如遇开证行拒付，可向其前手出票人，即出口方（受益人）进行追索。

6. 索偿

议付行办理议付后，凭单向开证行或其指定的银行（付款行或偿付行）请求偿付。

7. 偿付

开证行或指定的银行（付款行或偿付行）收到议付行寄来的汇票和单据后，经核验认为与信用证的规定相符，应立即将票款偿付议付行。如发现汇票和单据与信用证的规定不符，可以拒付，但应在不迟于收到汇票和单据的次日起5个营业日内将拒付告知议付行。

8. 付款赎单

开证行或指定的银行（付款行或偿付行）履行偿付责任后，应立即向开证申请人提示单据，经开证申请人核验单据无误后，办理付款手续。开证申请人付款后，即可从开证行取得全套单据。

信用证的要点是单证一致。如有不符点，一是改单或改证；二是不符点交单，但在不符点交单前，最好和客户沟通。

案例 5-1　信用证流程

A是一家位于英国伦敦的进口商，B是一家位于上海的出口商。A向B订购一批鞋子，价值5万美元，双方约定通过信用证交易。

A（开证申请人）向伦敦分行（开证行）提出开立信用证的申请并交了押金。伦敦分行根据申请内容开出信用证，寄给B所在的上海分行（通知行），然后上海分行将通知书及信用证复印件交给了B。

B查看了信用证，发现信用证条款与合同相符，交货时间也充足，就确认了信用证，同时用信用证向上海分行做了抵押，贷款2万美元，启动生产。

两个月后，B如期交货，得到船公司开出的提单，做了一套完整的单据，把信用证和单据一起交给上海分行。上海分行审核了所有的单据，发现没有问题，就将货款垫付给B，然后将单据邮寄给伦敦分行。伦敦分行收到了单据，审核后没有发现问题，付款给上海分行（通知行）。A再付款给伦敦分行，把提单赎回来，去港口提货。

5.3.4 信用证的种类

1．跟单信用证和光票信用证

凭跟单汇票或仅凭单据付款、承兑或议付的信用证为跟单信用证。这里的单据是指代表货物所有权或证明货物业已装运的货运单据，即运输单据、商业发票、保险单据、商检证书、产地证书、包装单据等。

开证行仅凭受益人开具的汇票而无须附带货运单据付款的信用证为光票信用证。

在国际贸易货款结算中，跟单信用证使用较多。

2．即期付款信用证和延期付款信用证

规定受益人开立即期汇票随附单据，或不需要汇票仅凭单据即可向指定银行提示，请求付款的信用证为即期付款信用证。

凭受益人提交的单据，经审核单证相符，延长一段时间及至到期日付款的信用证为延期付款信用证。确定付款到期日的方法有3种：交单日后若干日；运输单据显示的装运日期后若干天；固定的将来的某一日期。这种信用证的受益人不开具汇票，因此也无须开证行承兑汇票，进而也不能贴现。在实践中，延期付款信用证大多用于金额较大的交易，而且付款期限较长，一年或数年不等，所以常与政府出口信贷相结合。

3．即期信用证和远期信用证

开证行或其指定的付款行在收到符合信用证条款的汇票后立即付款的信用证为即期信用证。在使用即期信用证方式付款时，进口方在开证行或其指定付款行付款后，也须立即偿付由开证行或其指定付款行垫付的资金，赎出单据，而不能像远期信用证那样，可获得进一步的资金融通。

开证行或其指定的付款行在收到符合信用证条款的汇票后，在规定的期限内保证付款的信用证为远期信用证。

4．可转让信用证和不可转让信用证

可转让信用证可按受益人的请求，使其全部或部分供另一个受益人（第二受益人）兑付。可转让信用证只能转让一次。进口方开立可转让信用证并不等于买卖合同已被转让。如果第二受益人不能交货，或交货不符合合同规定、单据不符合买卖合同的要求，原出口方仍要承担买卖合同规定的卖方责任。

对买方来说，使用可转让信用证要承担一定的风险。因为买方对受让人的资信和经营能力并不了解，对受让人提供的货物是否符合买卖合同的要求也不确定。所以，除非有特殊需要和第一受益人的可靠保证，否则买方一般不会同意开立可转让信用证。

凡是没有注明"可转让"字样的信用证,均为不可转让信用证。不可转让信用证只限受益人本人使用。

5. 循环信用证

受益人在一定时间内使用规定的金额后,能够重新恢复信用证原金额并再度使用,周而复始,直至达到该信用证规定使用次数或累计总金额用完为止的信用证称为循环信用证。对进口方来说,循环信用证可节省逐笔开证的手续和费用,减少押金,有利于资金周转;对出口方来说,循环信用证既可减少逐笔催证和审证的手续,又可获得收回全部货款的保障。

5.4 结汇和退税

我国出口业务使用议付信用证比较多。这种信用证的出口结汇方主要有以下3种。

1. 收妥结汇

议付行收到受益人提交的单据后,经审查确认与信用证条款相符,将单据寄交国外付款行索汇。待付款行将货款划给议付行后,议付行再按当日外汇牌价将货款折算成人民币拨入出口企业的指定账户。

2. 定期结汇

议付行根据向国外付款行索偿的所需时间,预先确定一个固定的结汇期限,并与出口企业约定该期限到期后,无论议付行是否已经收到国外付款行的货款,都主动将票款金额折算成人民币拨入出口企业的指定账户。

3. 买单结汇

议付行根据信用证条款买入出口企业的汇票和单据,从票面金额中扣除从议付日到估计收到票款之日的利息,将余款按议付日外汇牌价折算成人民币,拨入出口企业的指定账户。银行做出口押汇,是为了促进出口企业的资金融通,从而加速出口企业的资金周转。

出口退税是指货物输出国对输出境外的货物免征其在本国境内消费时应缴纳的税金或退还其按本国税法规定已缴纳的税金(包括增值税、消费税)。

办理出口退税的基本程序如下。

(1)申请。

出口企业应在货物报关出口之日起90日内,向退税部门申报办理出口货物退(免)税手续。出口企业要提供出口货物退(免)税申报表及相关资料,同时附送出口货物报关单(出口退税联)、出口收汇核销单(出口退税专用联)、增值税专用发票(抵扣联)、出口货物外销发票等凭证。

(2)上报。

由出口企业所在地主管出口退税业务的税务机关进行审核,对于符合条件和要求的,税务机关上报上级税务机关。如申报资料不准确、纸质凭证不齐全，退税部门不予接受该笔出口货物的退（免）税申报。

（3）批复。

税务机关接到退税通知后，签发税收收入退回书，一式五联。第一联交申请出口退税企业，凭此进行账务处理。

 案例分析

案例 5-2　以信用证方式付款时可能遇到的风险

某公司销售商品给某买家后，买卖合同规定按不可撤销信用证付款。信用证规定卖方须提交商业发票及经买方会签的商品检验证书。该公司收到信用证后，如期备妥商品并装运，使商品安全到达目的地。但由于买家迟迟未在商品检验证书上会签，该公司一直无法收到货款。后经长期交涉，虽然该公司最终追回了货款，但仍遭受了极大损失。

试从本案分析：在以信用证方式付款时，卖方收回货款的可靠性和可能遇到的风险。

 思考与实训

一、思考题

1．常用的跨境电商支付票据有哪些？各有什么优缺点？

2．试简述信用证的主要内容。

3．信用证可从哪些不同的角度进行分类？试结合《跟单信用证统一惯例》的规定分别说明其基本含义和用途。

二、操作任务书

注册国际支付宝（参照全球速卖通在线帮助），并按步骤截图配以说明。

第6章
阿里巴巴国际站商机获取

学习目标

- 了解阿里巴巴国际站的功能
- 了解阿里巴巴国际站的后台板块
- 掌握采购直达的原理和操作
- 掌握访客营销的意义和操作
- 掌握阿里巴巴国际站多语言市场的意义和产品发布流程

关键术语

国际站后台、访客营销、采购直达、阿里巴巴国际站多语言市场

6.1 阿里巴巴国际站简介

6.1.1 阿里巴巴国际站的成立背景

2018年伊始,全球互联网用户数突破了40亿大关,全球有超过50%的人口在线,数字经济时代已悄然到来。

中小型企业是数字经济时代的贸易主体,为全球创造了大量的就业机会。然而,即使在发达国家中小型企业的出口状况依旧不容乐观。中小型企业参与国际贸易的障碍,主要包括信息获取不足、海关程序烦琐、信用甄别困难、贸易融资不足等。跨境电商的发展不仅有利于中小型企业克服这些障碍,还能提高其参与全球贸易的竞争力。

1999年9月成立的阿里巴巴国际站平台致力于帮助中国中小型企业出口和全球中小型企业拓展海外市场。然而,长期以来阿里巴巴B2B业务始终停留在信息撮合阶段,海外买家与中国卖家的后续跟进和交易则通过传统的外贸流程完成,无法形成交易闭环,交易数据不能沉淀,导致海外买家无法利用数据有效地判断卖家诚信,中国卖家也无法利用买家数据来判

断询盘是否有效。

自 2014 年开始，阿里巴巴国际站平台开始推行一达通服务，通过集约化服务，为外贸企业提供快捷、低成本的通关、外汇、退税及配套的金融、物流服务，用电商平台的方式解决外贸企业流通环节的难题，使其专注于产品和服务。2015 年，阿里巴巴国际站又推出了信用保障体系。卖家的基本信息和贸易交易额等信息内容是阿里巴巴评定其信用保障额度的关键性指标，信用保障体系属于一种安全保障机制，主要作用是帮助国际站内的卖家为买家提供跨境交易安全保障。在跨境贸易完成后，买家对产品的各方面评价均可展示在网站内，此评价是衡量卖家信用和实力的有效证明，有利于卖家获得更多商机，更迅速地促成与买家之间的合作，增加彼此的信任度。可以说，信用保障体系的推出是阿里巴巴国际站平台 15 年来的最大变革，其使交易形成闭环，数据得以沉淀，海外买家和中国卖家的信任问题得到了一定程度的解决，对中国外贸行业的走势产生了持久和深远的影响。

6.1.2 阿里巴巴国际站的后台板块

如果要开展跨境电商业务，我们将在阿里巴巴国际站后台操作，如关于产品信息的发布及管理、产品橱窗的管理、网站相关数据的查询等。所以，我们首先需要熟悉国际站后台由哪些板块组成及各个板块的功能。

打开阿里巴巴国际站首页，单击右上角的"Sign In"或者"My Alibaba"，输入账号和密码即可登录。

1. 顶部菜单栏

阿里巴巴国际站后台顶部菜单栏分为左侧和右侧两个区域。左侧最左上角是国际站首页热点链接，单击 Alibaba 的 Logo 区域可以跳转到阿里巴巴国际站首页，右侧区域包括账户中心和消息盒子等，如图 6-1 所示。

图 6-1 阿里巴巴国际站后台顶部菜单栏

2. 快捷入口菜单

"快捷入口"默认的菜单项有询盘、RFQ（Request For Quotation，采购直达）市场、管理产品、外贸直通车等，可以单击右侧的"添加/设置"按钮来对菜单项进行管理，如图 6-2 所示。

在"快捷入口"页面中最多增加 5 个菜单入口选项，通过勾选菜单项可将其加入快捷入口中，而菜单项的调整及排序可通过拖曳来进行重新设定，如图 6-3 所示。

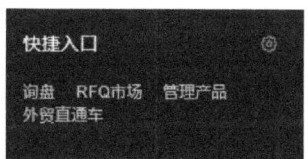

图 6-2 "快捷入口"界面

图 6-3 "快捷入口"设置界面

3. 业务管理菜单

（1）店铺管理。

"管理全球旺铺"：用于 PC 端的旺铺装修。

"无线旺铺"：功能和"管理全球旺铺"一样，用于无线端的旺铺装修。

"全球 E 站"：全球 E 站是免费的建站工具，可提供站点搭建、旺铺装修、产品发布等基本功能，若是需要进一步做网站推广，可购买额外的增值服务。

"店铺管理"界面如图 6-4 所示。

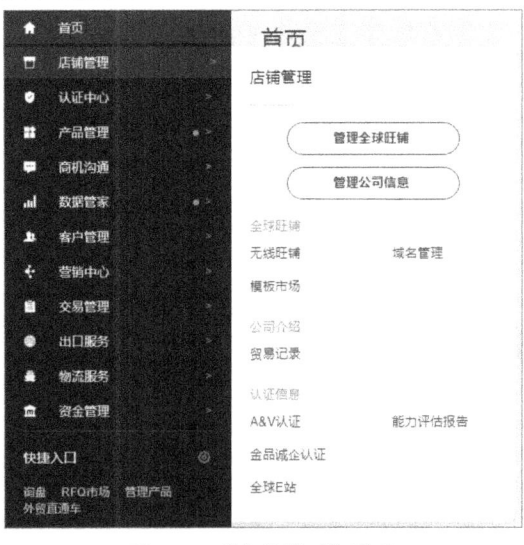

图 6-4 "店铺管理"界面

(2)产品管理。

在日常操作过程中打开频率最高的往往是"产品管理"菜单,因为卖家每发布一个新的产品都需要在此菜单下完成产品的上新等工作。图 6-5 是"产品管理"的界面,"产品管理"菜单主要由管理产品、工具中心、搜索诊断等子板块构成。

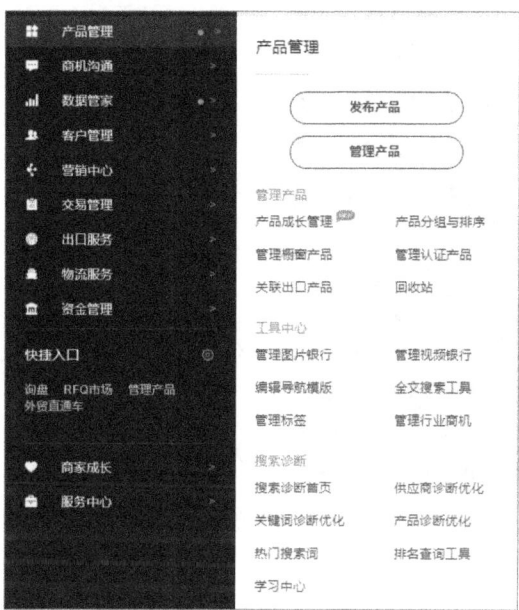

图 6-5 "产品管理"界面

(3)"商机沟通"界面如图 6-6 所示。

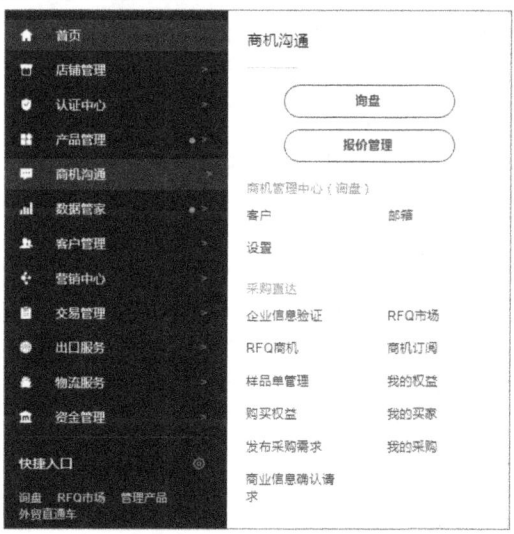

图 6-6 "商机沟通"界面

（4）信用保障交易管理。

"交易管理"界面如图6-7所示。在该菜单下，卖家可以快速起草并管理信用保障订单，同时可查询当前信用保障总额度及交易的排名。此外，还可通过将获取到的信用保障的标示代码展示在独立企业网站内，提升企业网站的可信度。

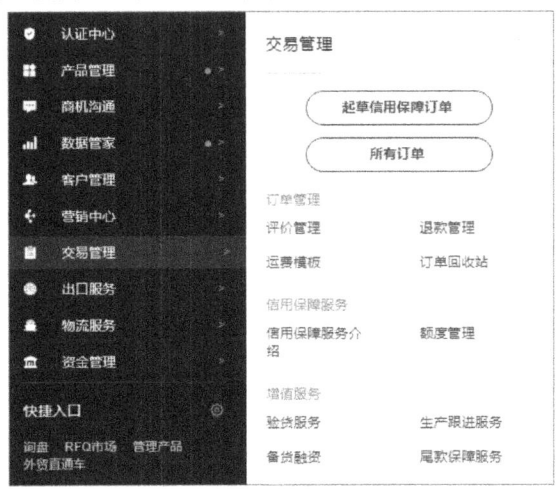

图6-7 "交易管理"界面

（5）一达通出口服务。

"出口服务"界面如图6-8所示。

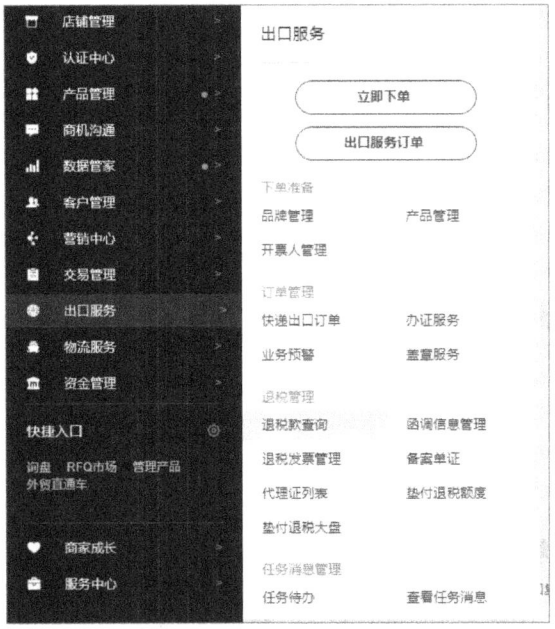

图6-8 "出口服务"界面

(6)物流服务。

"物流服务"界面如图 6-9 所示。

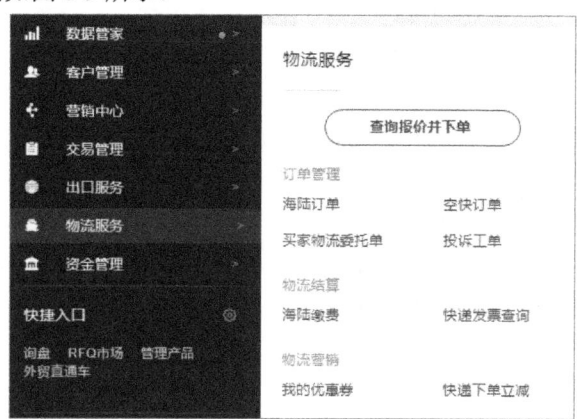

图 6-9 "物流服务"界面

(7)资金管理。

"资金管理"界面如图 6-10 所示。

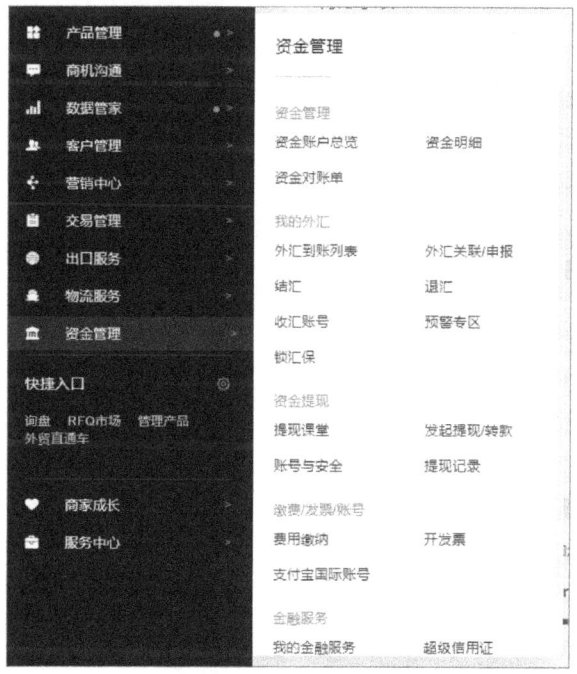

图 6-10 "资金管理"界面

(8)数据管家。

"数据管家"界面如图 6-11 所示。该菜单下的板块包括流量、产品、客户、交易、员工、行业等。对应板块会将店铺的核心指标及搜索词等相关信息呈现出来，如图6-12所示。

图6-11 "数据管家"界面

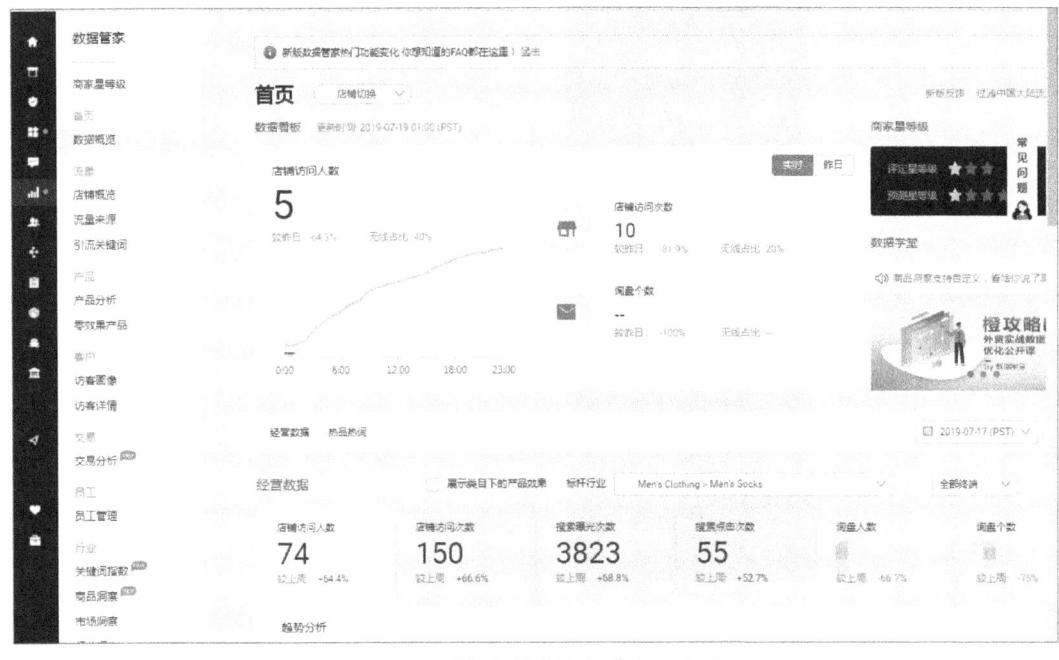

图6-12 "数据管家"菜单展开界面

(9) 营销中心。

"营销中心"界面如图6-13所示。

图6-13 "营销中心"界面

(10) 服务中心。

"服务中心"界面如图6-14所示。

图6-14 "服务中心"界面

6.2 账号设置和信息完善

6.2.1 国际站账号设置

打开浏览器,登录阿里巴巴国际站,单击"My Alibaba"按钮,进入账号登录页面。若已注册过账号,可直接输入账号和密码,即登录名和密码;若还未注册过,则单击"免费注册"按钮,按页面上的提示完成注册再登录即可。

6.2.2 完善公司信息

公司信息能帮助买家精准判断卖家各方面的实力,通常经验丰富的买家在订单确认之前均会多方考察卖家的实力。所以,卖家应全面和专业地展示相关信息,包括公司的过去、现在及未来展望,公司的硬件设备、软件实力和人力资源结构等。综合而言,公司介绍就是通过图、文、视频等多种形式展现公司的各个方面。完善公司信息可在"店铺管理"界面中的"管理公司信息"完成,如图 6-15 所示。

图 6-15 "店铺管理"界面

1. 图片展示：公司形象展示图

图片展示可以让买家直观地了解公司。首先，卖家预想下买家想要了解的公司信息；其次，深度思考哪些信息能激发买家的兴趣，从买家兴趣中筛选出哪些信息适宜呈现；最后，考虑如何更好地用图片展现出来。卖家所处的行业不同，切忌照抄照搬。下面几点可以作为参考。

（1）公司外观：360°的展示图，正面图等。

（2）样品间：陈列整齐有序的样品间图片是较为适宜且不错的选择，展现产品摆放有序的摊位图片亦是适宜的选择。

（3）车间：除展示车间的整洁和规范外，还可以将各买家看厂的选择点和关注点，如关键性的硬件机器设备及流水线等，展现出来。

目前，网站规定公司形象展示图的数量不可超过3张，且图片的尺寸及大小也有规定。图片尺寸规定为270px×270px，图片大小需小于或等于200KB。此外，仅支持JPG和PNG的图片格式。

2. 文字展示：公司信息

公司信息通常由以下4个部分组成：

（1）公司名称、建立年份、所属行业、产品系列、子母公司、地段交通；

（2）员工状况、公司部门、生产经验、管理制度、机械设备、生产能力、销售额；

（3）产品优势、技术、出口比例、出口市场、知名客户、证书；

（4）广告语、欢迎词、宗旨口号。

在产品详情页和公司介绍的模块中，公司的详细信息不需要完全展示出来，只需要显示前面的部分关键信息。每个公司可从实际出发，结合自身特点及发展优势对以上相应的信息进行排序，让买家优先关注到重要的信息。

3. 视频展示：公司视频

视频展示可使公司的形象及实力展现更加实际化和立体化，有助于加深买家对公司的了解，快速建立起彼此之间的信任。此外，视频展示内容除公司外部环境、车间硬件机器设备等信息外，还可以包括文化软实力，如公司活动、晚会等。所要拍摄的内容确定后，就可着手视频的拍摄及后期的制作和剪辑。

6.2.3 完善个人信息

在阿里巴巴国际站后台通过"账户"可以进行个人信息设置，包括管理个人信息、头像上传、商业信息等，如图6-16所示。

图 6-16　个人信息设置

1. 管理个人信息

单击"管理个人信息"选项,进入"个人信息管理"页面,在此页面下可对姓名、性别、手机等基本信息进行相应的设置。基本信息的填写务必真实,避免引起海外买家对卖家不必要的误会,降低彼此的信任度。同时,真实的联系方式等信息也有利于海外买家快速便捷地联系到卖家。

2. 头像上传

单击"头像上传"选项,进入"头像上传"页面。拖曳图片至虚线框中即可完成头像上传,而所选上传头像的图片格式仅支持 JPG,图片大小需要控制在 3MB 内。此外,账号头像主要用于商业交易,因此所选择的图片要符合一定的商业要求和定位。建议使用符合商业要求和定位的个人照片,避免使用合照。此外,务必上传与个人性别、年龄、身份相符合的照片,以免引起误会。

3. 商业信息

在"商业信息"页面可以编辑与账号对应的名片信息、采购信息及公司信息。在海外买家询盘和发布 RFQ 的时候,卖家可给海外买家发送其名片信息,以便让海外买家更加迅速便捷地了解到卖家的联系方式。此外,"商业信息"页面的采购信息主要包含所处行业、客户采购偏好及频率。此部分信息的填写有利于提高卖家与海外买家沟通的效率。

4. 隐私设置

在"隐私设置"页面可以设置个人信息、采购信息的可见级别。可见级别分为 3 种:所有用户可见、仅认证供应商可见、所有用户不可见。信息的适度公开有助于海外买家了解卖家的优势和特色，但过度公开在一定程度上也会带来负面影响，造成隐私的泄露。因此，这部分信息需要卖家根据自身情况和需求酌情选择公开。

5．积分中心

在"积分中心"页面可对积分进行相应的管理，如积分的兑换、查看、赚取、订正等。此外，RFQ 报价及对信用保障订单的直接支付等均可获得相应的积分，而积分又可以兑换 RFQ 报价权益、商机包、外贸直通车红包等。

6．邮件订阅中心

在"邮件订阅中心"页面可以订阅会员服务、通知等邮件。卖家应积极主动订阅各类邮件，以便能在第一时间获取商机信息和网站内发布的重要通知信息。

6.2.4 账号安全设置

1．修改注册邮箱

在"修改注册邮箱"页面可以修改账号的注册邮箱。对注册邮箱的修改是一种较敏感的操作行为，在修改过程中需要对修改者的身份进行验证。然后根据提示从 4 种验证方法中任选一种，验证完成后才可以修改原有的注册邮箱。

2．修改密码

与修改注册邮箱一样，修改密码也需要验证修改者的身份，验证完成后才可以修改原有的密码。

3．设置安全问题

设置安全问题也需要进行身份验证，验证完成后才可以设置安全问题。

4．管理安全手机

在此页面可对手机的安全进行一定的设置和修改，主要用于后台页面登录及账号在进行敏感操作时的身份验证。这与修改注册邮箱的操作具有一致性，需要进行身份验证，验证完成后才可进行设置和修改。

6.2.5 子账号设置

阿里巴巴国际站的账号可以分为主账号（管理员账号）和子账号两种。其中，子账号包括业务经理、业务员及制作员 3 种类型，主账号可依据当前公司的各方面情况来设置相应的子账号。子账号既可均是业务经理，又可均是业务员或制作员，但一个子账号只能设置特定的一种身份。因此，建议根据公司业务需要分层设置。各类账号权限如表 6-1 所示。

表 6-1 各类账号权限表

账号类型	管理员	业务经理	业务员	制作员
管理账号	√	×	×	×
管理公司联系信息	√	×	×	×
管理公司栏目	√	×	×	×
创建、编辑产品	√	√	√	√
创建、编辑产品组	√	×	×	√
创建、编辑私人展厅	√	√	√	×
分配产品	√	√	×	×
分配私人展厅	√	√	×	√
分配询盘/客户	√	√	×	×
处理询盘/客户	√	√	√	√
邮件订阅中心	√	√	√	√
网站设计	√	×	×	×
域名管理	√	×	×	×
企业邮局	√	√	√	√
数据管家	√	√	√	×

1. 添加子账号

每个主账号最多可以添加 5 个子账号。添加子账号同样需要身份验证，可在通过安全手机或邮箱验证后，按照顺序设置好邮箱、密码及账号类型等信息，单击"添加"按钮即可完成子账号的添加。

2. 管理子账号

子账号可以删除，不过已经冻结的子账号需解冻后才可以删除。子账号在删除后，该子账号名下的 RFQ、人脉名片和客户信息、产品、询盘会自动归属于主账号。若需要将子账号名下的内容分配给其他账号，则需要在分配之后才能删除。

在子账号右侧单击"查看详情"按钮，可以进入对应的子账号页面，单击"编辑"按钮，在账号类型中重新选择即可修改子账号类型。其中，制作员可以升级为业务员或业务经理，业务员和业务经理不能转为制作员，但是业务员和业务经理可互相调换。另外，主账号不能变更为任何类型的子账号。

3. 子账号登录概要

在"子账号登录概要"面可以查看子账号的 IP 地址、登录时间、国家/地区等信息，如果发现子账号不是以常规 IP 地址登录，经核实后应及时冻结账号，以免账号信息被盗造成损失。

6.3 RFQ

卖家设置账号和开设店铺后,要主动出击,寻找并接触客户,发出询盘信息。而接触客户获取商机的方法除第3章介绍的写客户开发信以外,还包括RFQ、访客营销和多语言市场发布产品等。

6.3.1 什么是RFQ

除询盘以外,RFQ也是卖家在阿里巴巴上获取客户采购信息的重要方式。RFQ也被称为采购直达,是指买家主动填写采购信息以委托阿里巴巴平台寻找合适卖家,卖家可查看采购信息,根据买家需求及时报价以建立联系。

因为阿里巴巴国际站限定每条RFQ仅有10个卖家可报名,名额报满后报价窗口就会关闭,所以卖家看到采购信息后要及时报价。买家看到卖家的报价后可以回复也可以不回复,所以卖家报价时要把握住买家的深层需求,促成买家回复。

RFQ有以下优势。

(1)卖家可主动出击寻找目标客户。

通过RFQ,卖家在掌握买家的采购信息后,经过分析可向买家主动发送报价,积极开发目标客户。

(2)买家可更高效地寻找到适合自己的优质卖家。

买家应尽量全面地展示自己的需求,以期获得更多卖家报价,最终找到适合自己的优质卖家。

(3)方便报价管理和订单管理。

RFQ中有既定的报价表单,为卖家整合产品报价信息提供了便利。同时,订单管理也可使交易过程更加清晰化,客户管理更加高效化。

另外,报名卖家要通过阿里巴巴国际站的人工审核后,其报价才会发送给买家,同时给卖家发送买家的联系方式;若人工审核未通过,卖家就不能知晓买家的相关信息。如果在一段时间内,报名卖家的人工审核通过率达到了一定要求,则会上升为报价直达,即之后不用审核就可将报价发送给买家。

6.3.2 RFQ的规则

卖家利用RFQ可以查找很多买家的采购信息,那么卖家是不是就可以无限量报价呢?不同等级的旺铺是否具有相同的报价权限呢?显然不是。阿里巴巴国际站每月提供的RFQ数量是有限的,图6-17即为RFQ报价权益的组成。

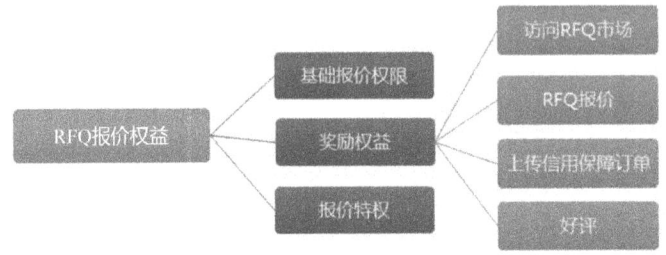

图 6-17　RFQ 报价权益的组成

1．基础报价权限

阿里巴巴国际站为卖家提供的基础报价为每个月 20 条。例如，公司共有 5 个业务员，这 5 个业务员跟进客户的能力都不错，公司给他们的资源是平均分配的。这就意味着，每一个业务员在 RFQ 板块进行报价的数量是一个月 4 条，也就意味着大约每周只能报一条 RFQ，所以说这是非常稀缺的资源。

2．奖励权益

阿里巴巴国际站根据什么进行 RFQ 奖励权益发放呢？在 RFQ 后台，有 RFQ 板块市场表现评分，市场表现分决定了下个月可以多报多少条 RFQ，如图 6-18 和图 6-19 所示。

图 6-18　市场表现分

每月3日（美国时间）根据用户上月在采购直达市场的表现分奖励报价权益

市场表现分	0≤X＜200	200≤X＜300	300≤X＜400	400≤X＜500	500≤X＜600	600≤X＜700	700≤X＜800	800≤X＜900	900≤X＜1000
赠送权益(条)	0	2	3	5	8	12	18	28	45

图 6-19　市场表现分与奖励权益

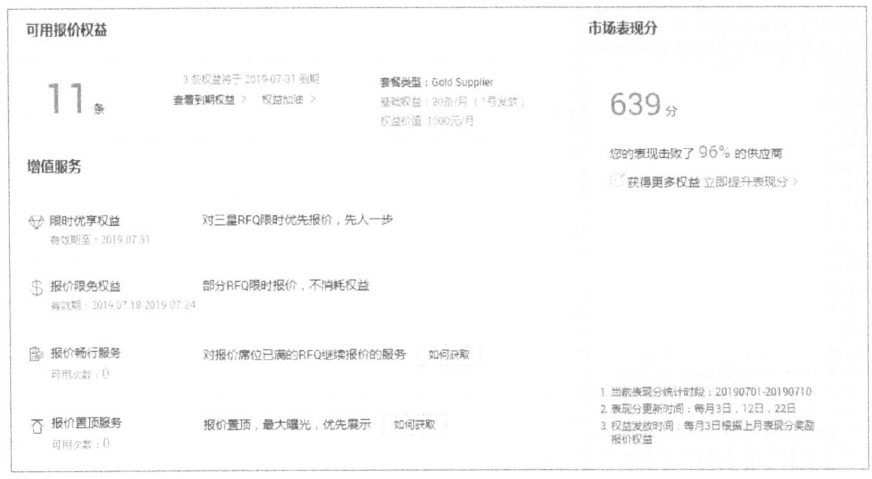

那么，市场表现分和哪些因素有关呢？首先是每个月有没有登录并报价；其次是报价质量如何，买家收到后愿不愿意回复；最后是信用保障订单成交情况。

（1）RFQ 市场登录天数：每个公司账号（含主子账号）在统计时段内登录 RFQ 市场的天数。用户在 PC 端和移动端的登录均计入其中。一天内登录多次的，只计算一次。

（2）RFQ 报价量：每个公司账号（含主子账号）在统计时段内最终状态为审核通过的报价量。不消耗报价权益的报价不计入报价量的统计。

（3）平均报价响应时长：每个公司账号（含主子账号）在统计时段内审核通过的报价的平均报价响应时长。报价响应时长是从 RFQ 审核通过时间到买家响应时间的时长（以小时为单位）。自动报价不计入统计。

（4）24 小时报价响应率：每个公司账号（含主子账号）在统计时段内审核通过的报价的 24 小时响应率。24 小时响应率=从 RFQ 审核通过时间到买家响应时间小于等于 24 小时的报价数量/报价总量。自动报价不计入统计。

（5）买家好评率：每个公司账号（含主子账号）在统计时段内收到好评量占收到评价量的比重。报价之后 180 天内收到的评价才会计入其中。四星、五星为好评。自动报价收到的评价也计入其中。

（6）信用保障订单量及订单金额：每个公司账号（含主子账号）通过 RFQ 市场入口提交的、在统计时段内完成通关的信用保障订单量及订单金额。RFQ 市场包含多个入口，以通关完成的时间确定该订单计入的统计时段。RFQ 严禁信用保障刷单行为，一经发现，会采取相应的处罚措施。

6.3.3 RFQ 的搜索

那么，卖家怎样获得买家的采购信息，即如何搜索 RFQ 呢？

通过阿里巴巴国际站后台 RFQ 板块进入 RFQ 市场，直接把想要获取的采购信息的核心词用英文输入到搜索框中，然后单击"Search"按钮，我们就会看到当前海外买家正在发布的与该产品信息相关的采购信息。

在"Search"按钮后面还有一个按钮"我定制的搜索"，通过该按钮可将搜索的每一个关键词都加入定制搜索，这样阿里巴巴国际站后台就会固定地推送与该定制搜索词相关的采购信息。

我们以螺丝刀为例，说明如何设置定制搜索。螺丝刀的精准英文表达是"screwdriver"，此外，搜索"hand tool"（手动工具）或者"tool"（工具）也能找到螺丝刀，"plier"（螺丝刀刀片）等也是同一产品线上的词。也就是说，除精准词以外，和螺丝刀相关的一些延伸词都可以加入定制搜索条件中。每一个账号最多可以添加 20 个词。

定制搜索设置好以后就可以快速搜索 RFQ 了。打开阿里巴巴国际站首页，进入"数据管家"页面,查看"更多商机"。而"更多商机"就是根据我们设置好的定制搜索词推荐的采购信息。

6.3.4 RFQ 的报价

(1)若收到 RFQ 通知邮件,可单击邮件中"查看并报价"按钮,登录后可查看详细采购信息,同时在线填写产品价格、公司优势,以及需要跟买家进一步沟通的细节问题,提交在线报价。切勿直接回复系统邮件。

(2)直接登录"My Alibaba",查收 RFQ 的采购信息并报价。

(3)直接进入阿里巴巴国际站"RFQ"页面,搜索 RFQ 后,单击"立即报价"按钮进行报价。

RFQ 报价一是要把握买家采购信息,二是要展现自己的优势和不同,三是推荐爆款。图 6-20 是一个海外买家的采购信息。最上面一行是标题,中间的小字是具体的采购细节。由于报价的条数受到限制,不要马上单击"立即报价"按钮,而是先单击标题进去查看具体信息。在图 6-21 中,我们看到采购人右边有 3 个标签,分别是"Trade Actions"(有交易行为)、"Active Buyer"(活跃买家)、"Email Confirmed"(认证邮箱),基本上具备这 3 个标签的买家的信息质量是不错的。对买家背景进行分析以后就可以确定这个买家是否值得报价。

图 6-20 海外买家采购信息

图 6-21(a) 买家背景分析

图 6-21（b） 买家背景分析

接下来再分析采购信息的细节，如图 6-22 所示。根据买家的采购信息进行报价。

图 6-22 采购信息细节

进入报价页面后，建议手动填写该条报价，不要直接从已发布的产品中导入一个产品进行报价，以便更有针对性。另外，产品名称要与海外买家发布的采购信息中所提到的产品名称一致。

如图 6-23 所示，报价时可采用区间报价，利用价格区间，促使买家回复，并且提高订购数量。设置报价有效期，产品原料或者美元升值、贬值等原因可能会使产品价格产生变动，因此对报价进行有效期设置是很有必要的，可以避免由这些方面引起的价格变动而导致双方产生误会或是造成直接经济损失。选择付款方式时，买家有要求就按照买家的要求，没有要求就按照自己的实际情况进行选择。添加更多区间价格，如果买家所要采购的产品是指定的，那么报完匹配的产品价格之后，也可以添加相似的产品。如果买家问询 100 个产品的价格，而卖家想给买家提供阶梯价，如1000个，吸引买家下更大的订单，那么可以添加另一个产品价格。当买家没有指定采购的产品时，卖家可以加入更多产品信息供买家选择。在发往买家的邮件中，产品图片很小，因此给买家多发送一些清晰的、较大的图片是极为重要的。此外，卖家还需要填写报价补充信息，如是否有样品，公司的资质、证书等。

图6-23 价格详情

RFQ报价特别提醒。

（1）快速匹配报价。

RFQ报价每次仅限10个名额，要想精准地进入买家的选择视线内就必须要抓住机会。阿里巴巴国际站会对RFQ报价进行严格审核，为的就是防止有些卖家恶意竞争。因此，卖家务必确保所报产品与买家采购信息是契合的，否则会对以后的报价资格产生不利影响。

（2）不要盲目地以最低价格，甚至是赔本价报价。

报价要以买家的需求特点为依据。一方面，对于盲目追求低价的买家，若报价过低就无法保证产品的质量，甚至会影响到公司之后的发展运营，对整个行业也会造成不利影响。另一方面，有些买家特别是德国等国家的买家尤其重视质量，因此报价中更应突出产品的质量优势及售后服务。

6.4 访客营销

6.4.1 访客营销的意义

除了RFQ，访客营销也是阿里巴巴国际站为卖家提供的开发新客户的又一个重要途径。访客营销使卖家可以主动出击，让访客不再成为过客，而是变成真正的客户。

"数据管家"中的"我的访客"提供了按天、按周统计的平台旺铺或产品页面的所有访客数据，可以筛选出最近 30 天的访客，包括访客的地域信息、浏览量、停留总时长、TOP3 来源搜索词、在旺铺或产品上发生的关键行为、在阿里巴巴网站发生的关键行为。

卖家可对访客及相似访客发起批量营销，一个账号一天内最多可以营销 20 位访客，每次最多 5 位。相似访客是指浏览行为、产品搜索词、偏好行业等与当前的访客大概一致，每位访客最多显示 10 位相似访客。

6.4.2 访客营销的操作步骤

第一步：进入"数据管家"→"我的访客"页面，在这里我们可以按天、按周选择不同的时间段。我们可以在该页面了解到很多信息，如访客、地域、浏览次数、停留时长、常用搜索词、旺铺行为等。通过分析这些参数，就可以知道访客是否活跃及其真实需求等，如图 6-24 所示。

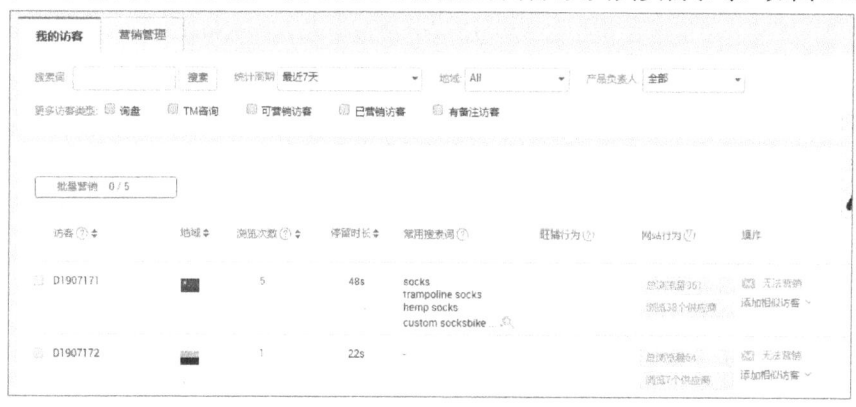

图 6-24　"我的访客"页面

需要注意的是，未来阿里巴巴国际站会越来越重视访客的真实性，阿里巴巴国际站已增加访客的商业身份识别标志。访客后面有蓝标加打勾，说明访客身份已被阿里巴巴国际站或者第三方验证机构检验并确认，其依据是过去一年内的来自相关政府机构的记录或者第三方数据；访客后面只有蓝标，说明访客行为已验证，即访客过去在阿里巴巴国际站发生过一定的商业行为，如图 6-25 和图 6-26 所示。

图 6-25　蓝标加打勾　　　　　　　　图 6-26　蓝标

卖家尽量针对最新的访客进行营销，最好为 48 小时内有浏览记录的访客，这样可以保证信息的及时性。为了给予访客更好的体验感，同一个访客 3 天内最多只能收到一封营销邮件，7 天内最多收到两封。如果多个卖家想要对同一访客申请营销，阿里巴巴国际站优先发送历史营销效果好的卖家邮件；同等条件下，按时间先后顺序发送。

第二步：申请营销之后，填写产品及报价信息，单击"发送营销"按钮，如图 6-27 所示。

图 6-27　填写产品及报价信息

之后，进入"选择产品"页面，产品的添加可以从产品库中选择，如图 6-28 所示。

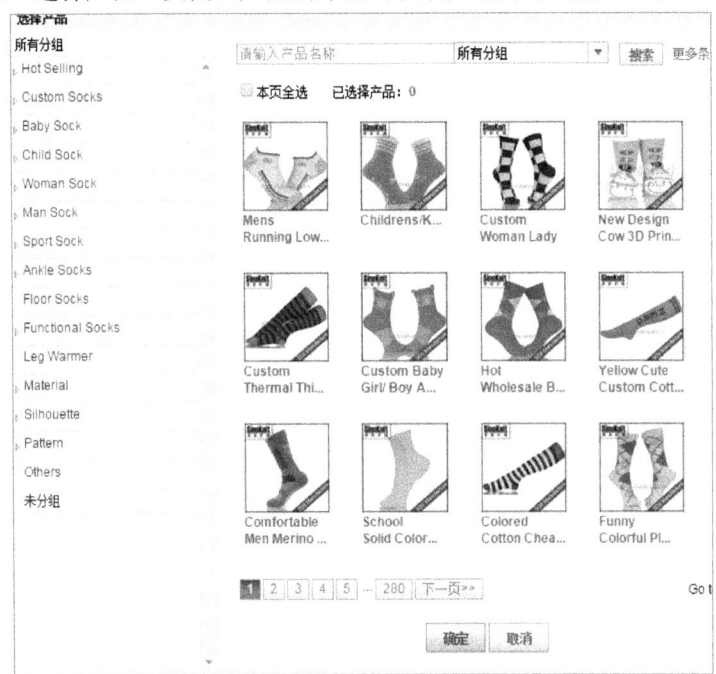

图 6-28　从产品库中选择要营销的产品

另外，产品的添加也可以直接输入"产品 ID"或"产品 Detail 页面地址"和"推送产品及报价信息"，如图 6-29 和图 6-30 所示。

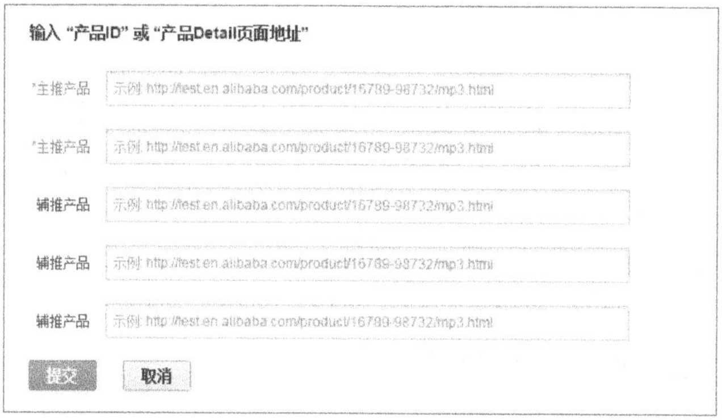

图 6-29　输入"产品 ID"或"产品 Detail 页面地址"

图 6-30　输入"推送产品及报价信息"

关于访客营销需要注意以下几点。

（1）关于"产品 ID"或"产品 Detail 页面地址"，填写旺铺展示的产品链接或者链接中的数字 ID 即可。

（2）建议设置阶梯报价，且具体产品具体对待。

（3）每日根据相关信息，申请相应的访客营销，并填写真实可靠且详细的信息。

（4）卖家应每天根据相关信息申请访客营销，申请访客营销后，阿里巴巴国际站会根据推广效果给予相应的奖励。坚持申请访客营销，阿里巴巴国际站会奖励推广效果，即将优质的访客免费推给卖家。申请访客营销后，访客增加得越多，卖家获得奖励推广效果的概率就越大。

6.5 阿里巴巴国际站多语言市场

6.5.1 阿里巴巴国际站多语言市场的意义

世界贸易虽然以英语为主要语言，但仍然有许多国家的买家不使用英语。在跨境交易中，卖家应主动适应买家的日常消费行为习惯，且为买家提供便利的交易环境，让买家能多渠道、多途径了解卖家的相关信息。

多语言市场是阿里巴巴国际站（英文站）之外的语种网站体系，它有助于卖家开拓非英语市场。除欧美市场的非英语买家外，多语言市场还将南美、俄罗斯等确定为重点发展区域。它主要由 13 种主流语言构成，包括法语、俄语、西班牙语等。在其语言使用国家，通过谷歌或其本土搜索引擎检索平台名称即可查到。

多语言市场平台简单易用，其沿用了阿里巴巴国际站的整体风格和操作平台，学习成本低。多语言站的流量是整个国际站流量的关键组成部分，在多语言站点，优质的买家流量达上百万，这些流量成为卖家推广产品的重要渠道，有助于卖家获取更多的商机。在多语言站点，买家因使用特定的语种具有明显的集群性和地域特性，有助于卖家制定具有针对性的营销战略。

目前，有 11 个多语言市场已开放产品发布功能，它们是西班牙语市场、日语市场、法语市场、葡萄牙语市场、俄语市场、德语市场、意大利语市场、阿拉伯语市场、土耳其语市场、韩语市场、越南语市场，如图 6-31 所示。卖家可根据自身发展需求自主选择所要发布的产品信息。泰语、荷兰语、希伯来语、印度尼西亚语 4 个市场暂未开放产品发布功能，网站产品仅基于英文站的产品自动翻译。

阿里巴巴国际站通过将卖家发布的产品及相关信息映射到英语市场以外的多语言市场，来丰富多语言市场的产品。当选定某一产品后，打开此产品页面，在页面上方选择想查询的站点，就能看到此产品在对应多语言站点的显示，所看到的产品信息是通过系统自动翻译呈现出来的。

卖家选择相应多语言市场后自主发布产品信息是多语言市场的另一个产品来源。为什么系统已经自动把国际站的产品全部转化成多语言市场的产品了，卖家还要自己发布呢？因为多语言市场产品的排序和国际站不完全一致，卖家自主发布的产品在排名上有一定的加权，此外，系统自动翻译不一定能完全符合买家的语法习惯，在匹配买家输入的关键词的过程中，很有可能出现偏差，从而在一定程度上使相关性产生变化。例如，当搜索无纺布袋时，我们在同一时间点，分别在英文站及西班牙语站内进行检索，结果曝光的产品及位置完全不同。因此，为了提高产品曝光率和对目标市场的把控度，我们需要积极推动多语言市场的发展，主动学习并掌握用非英语自主发布产品的技巧。

图 6-31 我的多语言市场

6.5.2 多语言市场的产品发布

1. 多语言市场的产品发布流程

如果想借助机器翻译，则可先登录阿里巴巴国际站，选择"多语言市场"，再选择发布市场。然后单击"管理机器翻译产品"按钮，编辑已有的英文产品并检查翻译是否正确，检查完成后提交审核。审核通过后，产品便会展示在相应的站点内。

因为机器翻译只能翻译文本信息，无法翻译图片中的文字，所以为了方便买家阅读，不建议在图片中插入文本信息。如果有需要，最好还是把对应的文本信息摘录出来。

除了机器翻译，也可以人工翻译。例如，要发布图 6-32 和图 6-33 所示的"Mens Running Low Cut Boat White Sports Short Ankle/No Show Socks"这款产品。选择在哪一个市场上发布产品，就选中这个市场的站点。然后将这款产品的所有信息复制、粘贴，进行发布，这相当于重新发布了一款产品。因为是不同的推广市场，所以在多语言市场发布信息可以与英文站相同。但发布信息的时候，一定要确保产品的完整性和专业性，产品描述信息要符合对应语种的语法习惯。

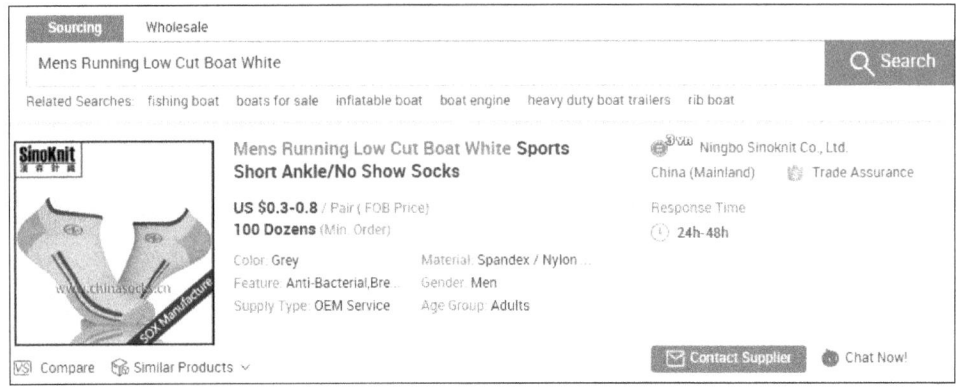

图 6-32　"Mens Running Low Cut Boat White Sports Short Ankle/No Show Socks" 1

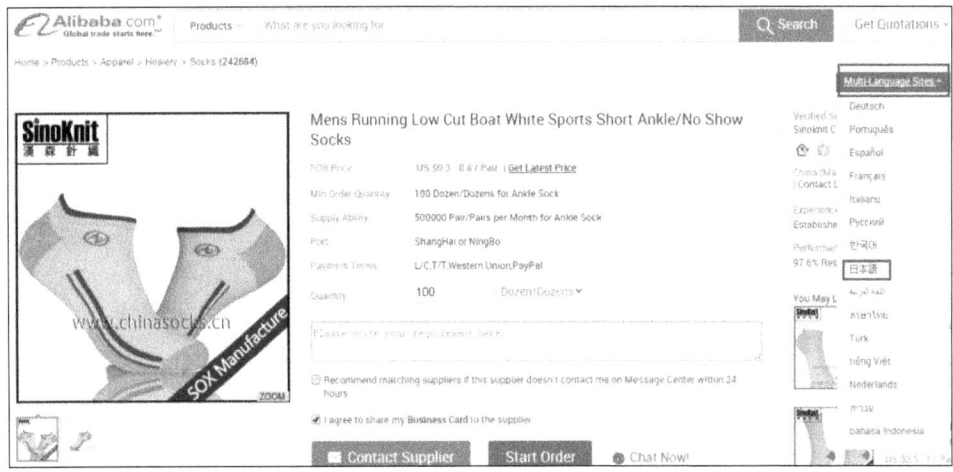

图 6-33　"Mens Running Low Cut Boat White Sports Short Ankle/No Show Socks" 2

2．多语言市场的产品关键词设置

多语言市场的产品只能设置一个关键词，英文站的产品则可以设置三个关键词，相当于少了两次展示机会。多语言市场的产品关键词查找可以参照英文站，将英文站的产品关键词对应翻译过来。

3．多语言市场的产品名称设置

多语言市场的产品名称设置与英文站类似，采用"产品名称=修饰词+关键词"的形式。要注意书写的内容需符合对应语种的语法习惯，这样才能进一步提升产品的专业程度。

4．多语言市场的产品审核时间

如果多语言市场的产品是由机器翻译而来的，那么审核时间与英文站的产品的审核时间一致；如果是卖家自主发布的产品，则该产品会在提交后的 48 小时内审核完毕。

5. 多语言市场的侵权问题

多语言市场的侵权问题与英文站是一致的，因为多语言市场多了一个机器翻译功能，所以由机器翻译直接发布的产品，平台将不给予扣分处罚，但也需要我们注意侵权问题并加以更正和防范。虽然平台不给予扣分处罚，但这不代表不会被品牌持有者投诉。

6. 多语言市场的访问入口

英文站首页最下方有多语言市场的访问入口。不同语言市场域名前缀和主要对应国家如表 6-2 所示。

表 6-2　不同语言市场域名前缀和主要对应国家

语言市场	域名前缀	主要对应国家
西班牙语	spanish	墨西哥、西班牙、阿根廷、秘鲁、智利、哥伦比亚、委内瑞拉等
俄语	russian	俄罗斯联邦、哈萨克斯坦、乌克兰等
葡萄牙语	portuguese	巴西、葡萄牙、安哥拉等
法语	french	法国、比利时、多哥、贝宁等
日语	japanese	日本
德语	german	德国、瑞士、奥地利、卢森堡等
意大利语	italian	意大利
韩语	korean	韩国
阿拉伯语	arabic	阿联酋、沙特阿拉伯、埃及等
土耳其语	turkish	土耳其
越南语	vietnamese	越南
泰语	thai	泰国
荷兰语	dutch	荷兰、比利时、南非、苏里南等
希伯来语	hebrew	迦南地区的通用语言
印尼语	indonesian	印度尼西亚的通用语言

思考与实训

一、思考题

1. 阿里巴巴国际站的功能和定位是什么？
2. 阿里巴巴国际站后台有哪些主要板块？这些板块的功能是什么？
3. 什么是 RFQ？怎样搜索 RFQ？
4. 多语言市场的意义是什么？怎样在多语言市场进行产品发布？

二、操作任务书

1. 通过学习到的 RFQ 知识，在阿里巴巴国际站进行一次报价。
2. 在多语言市场分别用英语和日语发布一款产品。

第 7 章 阿里巴巴国际站产品发布

学习目标
- 掌握关键词的获取方法
- 掌握阿里巴巴国际站发布产品的流程
- 了解规格化商品的意义及其发布流程

关键术语

关键词、产品发布、规格化商品

7.1 阿里巴巴国际站对产品的分层

7.1.1 精品项目

从 2018 年 2 月起,阿里巴巴国际站对所有线上的产品按照以下属性进行了分类:产品的信息质量、买家的效果维度、买家的好评,并推出了精品项目。精品项目旨在培育高品质的产品,这些精品比其他产品在全网拥有更多的优先曝光机会。

1. 产品分层的标准

(1)精品的准入要求。

产品不能为重复铺货产品,且满足以下任一条件:产品信息质量分≥3.5 分且最近 90 天为非零效果产品;产品信息质量分≥4 分。

(2)普通产品的定义。

产品不能为重复铺货产品并且满足以下任一条件:3.5 分≤产品信息质量分<4 分且最近 90 天为零效果产品;2 分≤产品信息质量分<3.5 分。

(3)低质产品的定义。

产品满足以下任一条件即为低质产品:产品为重复铺货产品;产品信息质量分<2 分。

2. 精品的优势

精品会在全站（含 PC 端和移动端）优先曝光。无论是在搜索、买家推荐、各种营销活动及大促活动中，精品都拥有优先排序权。

3. 新产品信息质量模型

阿里巴巴国际站的产品信息质量模型将变成按产品信息填写的质量来判断，而不是过去的按产品信息填写的完整度来判断。新产品信息质量模型包含以下 4 个要素。

（1）图片质量。图片质量的检测维度是图片的尺寸与比例、主体与背景，以及是否存在不当信息、是否存在拼接图现象、是否有边框等。

（2）文本质量。文本质量的检测维度是标题合理性、关键词合理性、属性合理性和详情合理性。标题合理性一般从以下几个方面判断，如标题长度是否合理、中心词是否明确、是否存在关键词堆砌现象、有没有拼写错误、是否存在与产品不相关的信息。关键词合理性的判断标准是关键词与标题信息是否冲突。属性合理性的判断标准是属性填写是否完整、与标题信息是否冲突。详情合理性的判断标准是内容是否丰富、与标题信息是否冲突、是否存在信息堆砌现象。

（3）交易物流信息。交易物流信息的检测维度是价格合理性、最小起订量合理性、支付方式及物流。要求价格必填且真实合理，最小起订量合理，支付方式及物流信息要填写完整。

（4）其他维度。例如，是否存在类目错放、标题滥发、价格虚假、最小起订量虚假等情况。

7.1.2 对精品项目的支持

为了让卖家更高效地管理和优化产品，同时对精品项目进行支持，阿里巴巴国际站对产品发布和搜索诊断中心界面的功能进行了升级。

1. 产品发布界面的功能升级

（1）发布实时优化提醒建议，如产品主图优化提醒，如图 7-1 所示。

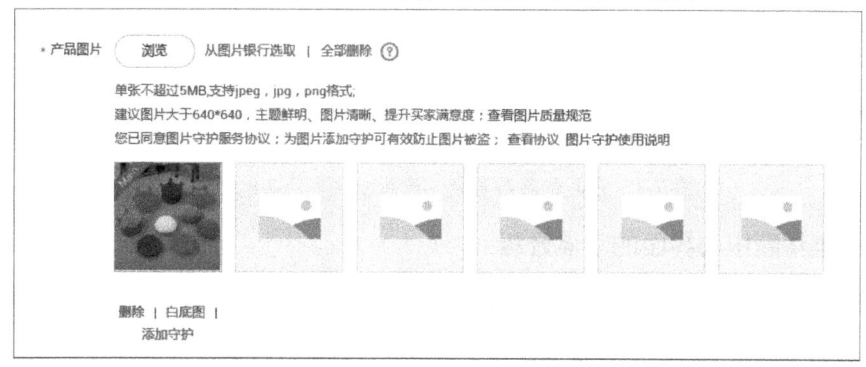

图 7-1　产品主图优化提醒

（2）产品信息填写完成后，进行实时问题检测，并对检测问题提出优化建议，如图7-2所示。

图7-2　实时问题检测及优化建议

（3）产品信息质量分、产品分层及产品效果概况将会在产品管理界面直观地呈现，如图7-3所示。

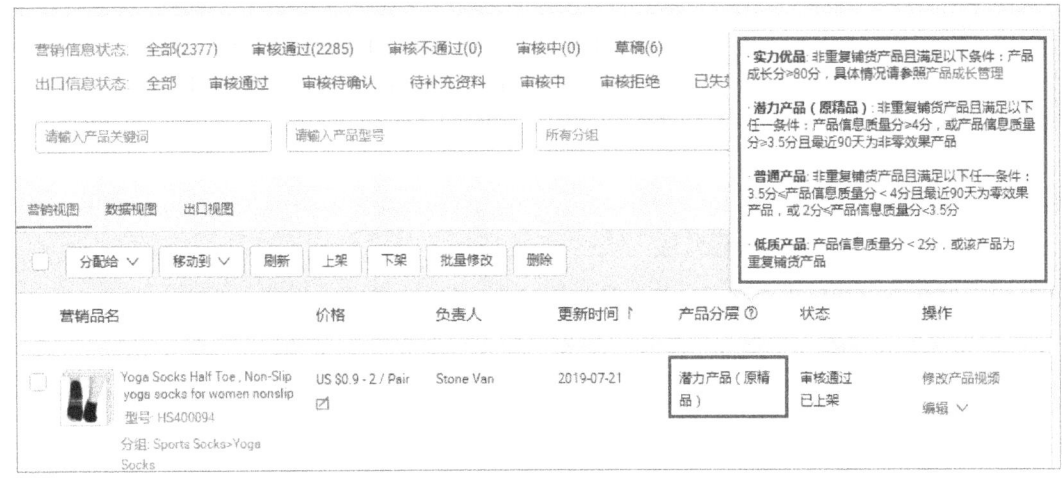

图7-3　产品信息质量分、产品分层及产品效果概况

2. 搜索诊断中心界面的功能升级

搜索诊断中心除对一款产品的所有问题类型进行整合，便于商家高效优化以外，还呈现了所有产品的分层现状，有利于卖家直观地了解所有产品的分层效果现状和趋势，如图7-4所示。

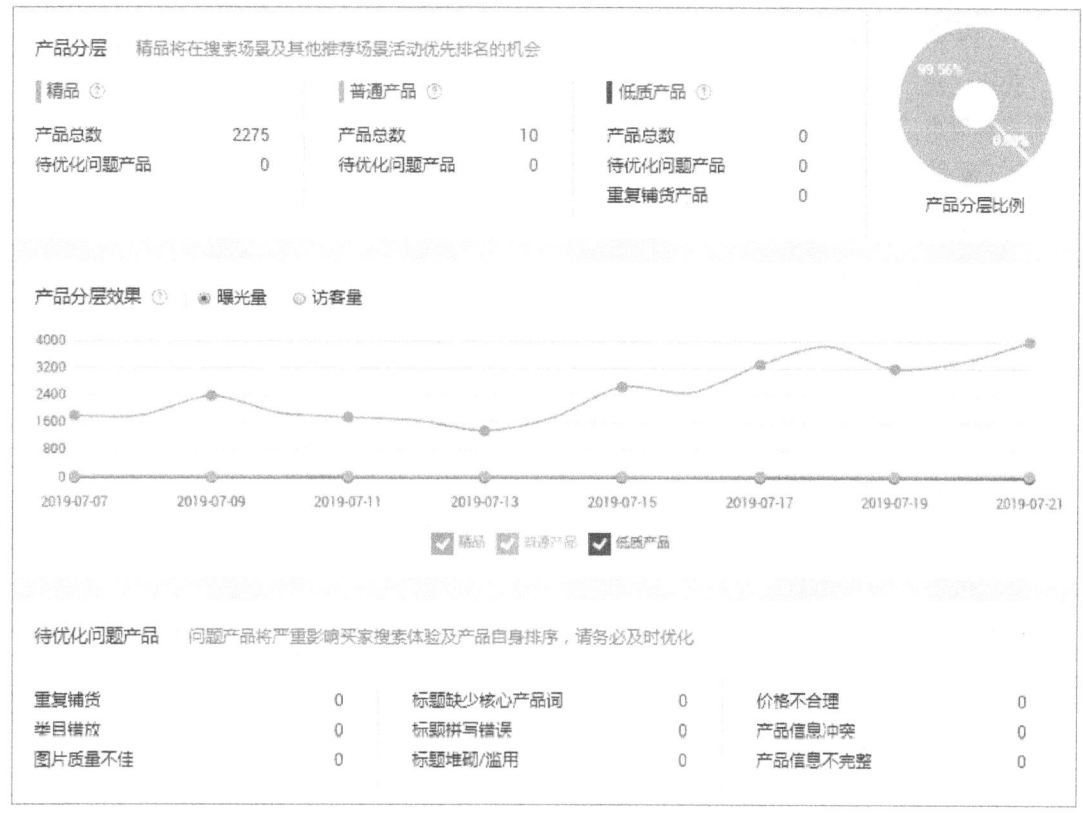

图 7-4 产品的分层效果现状和趋势

7.2 产品发布前的准备

7.2.1 产品发布原则

1. 类目的准确性

类目是对产品的分类或归类。每个产品都应正确地放在自己属于的类目下,产品放错类目将导致买家无法找到卖家发布的产品。例如,一个卖家的产品是箱包(BAG),发布时不小心把该产品放到了杯子(CUP)这一类目,买家就搜索不到卖家发布的这个产品。

2. 标题的准确性

标题是阿里巴巴国际站后台搜索引擎的第一匹配要素,标题必须准确、合乎语法逻辑,且能完美地阐释产品。

3. 关键词的相关性

关键词是产品的中心词，用于校正产品的名称。关键词的作用是方便、系统、快速识别并匹配买家搜索词，以便帮助买家尽快找到相关的产品。

4. 属性的完整性

产品属性填写是否完整关系到海外买家能否更清晰地了解到产品的情况。

5. 产品图片的质量

产品图片的质量在很大程度上能影响买家的选择，尤其是快速消费品。

6. 模板逻辑性

想要使产品更能吸引买家，产品描述模板应富有逻辑性。

7. 物流信息的准确性

海外快递与国内快递相比更加复杂，我们填写物流信息时应尽量准确。

8. 特色服务可选性

卖家是否能提供有特色的服务也会影响买家的选择。

7.2.2 产品发布准备工作

在产品发布之前需要做好相关的准备工作，包括准备好产品类目、基本信息、产品属性、产品详情及产品分组，如图 7-5 所示。以产品详情中的图片为例，一个产品至少要准备 6 张左右的细节图，除正视图以外，还要有侧视图等多角度的图片。

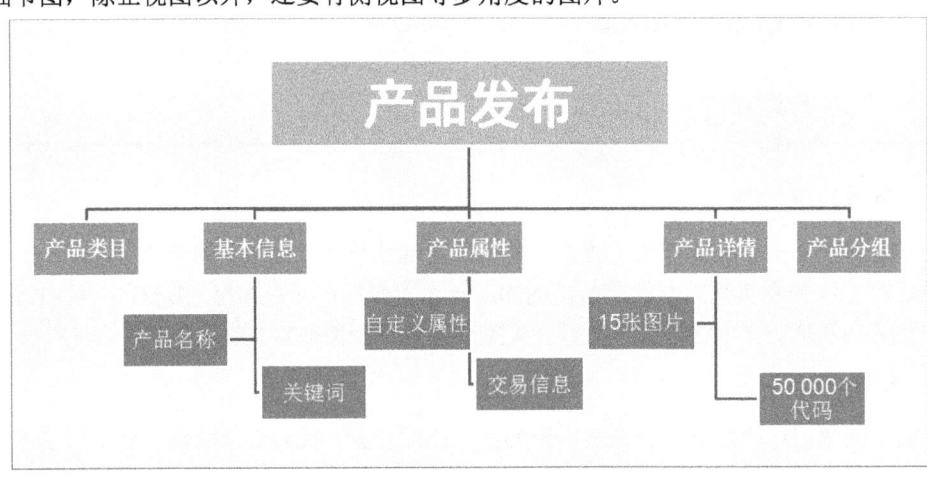

图 7-5　产品发布前的准备工作

下面我们重点来学习关键词的筛选标准、关键词的获取方法、关键词的整理及如何准备产品图片。

1. 关键词的筛选标准

关键词的筛选标准如下。

（1）搜索热度。

如果一个词没有搜索热度，就意味着没有海外买家在搜索这个词。用没有海外买家搜索的词来发布产品是没有意义的。因此，需要添加有搜索热度的关键词，优先发布高热度、处于上升期的关键词，如图 7-6 所示。

关键词	卖家竞争度	橱窗数	搜索热度	过去12个月内搜索热度
bag	4071	435	73000	
paper bag	2257	504	44000	
shopping bag	4154	692	27000	
kraft paper bag	2027	493	23000	
tote bag	2707	374	22000	
trolley bag	944	149	21000	

图 7-6　关键词的搜索热度

（2）产品关联性。

首先，我们添加的关键词必须跟公司经营的产品相匹配。其次，关键词和产品应具有包含关系。如果是包含关系就添加该关键词，如果是冲突关系就将其删除。例如，公司所处的行业是"plastic bag"，现在拟添加的关键词是"bag"，用"bag"搜索的时候我们也会看到其他相关的词，像"paper bag"，那这个产品关键词就与公司经营的产品是冲突关系。所以，"paper bag"不能用作关键词，应将其删除。

需要注意的是，我们筛选出来的关键词不能包含其他公司的品牌，以防侵权。

2. 关键词的获取方法

在阿里巴巴国际站获取关键词的常规方法有以下几种。

（1）进入"My Alibaba"→"数据管家"→"知行情"→"热门搜索词"页面，在搜索框中直接输入产品的核心关键词，单击"查找"按钮，就会显示与该核心关键词相关的其他长尾词。在这个页面中既可以得到关键词，又可以看到这个关键词近一个月内在阿里巴巴国际站后台的搜索情况，如"买家竞争度"、"橱窗数"和"搜索热度"。哪些关键词的需求比较大，也就意味着这些关键词背后的产品需求也比较大，所以"热门搜索词"是可以帮助大家获取关键词的一种方法，如图 7-7 所示。

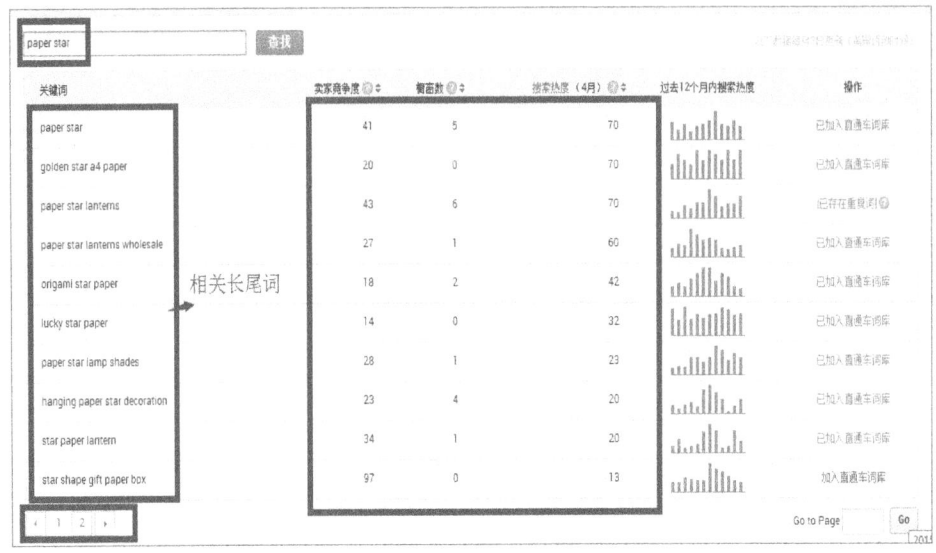

图 7-7 利用"热门搜索词"查找关键词

（2）进入"My Alibaba"→"营销中心"→"外贸直通车"→"关键词工具"页面，在搜索框中输入关键词，单击"搜索"按钮，就会显示与该产品关键词相关的长尾词。"外贸直通车"后台的关键词库是整个阿里巴巴最全的一个关键词库。如果我们选中的行业相对比较冷门，在"热门搜索词"中没能获取到很多的有效关键词，则可通过"外贸直通车"中的"关键词工具"获得关键词，如图 7-8 所示。

图 7-8 利用"外贸直通车"→"关键词工具"查找关键词

（3）进入"My Alibaba"→"数据管家"→"知己"→"我的词"页面，单击"按月统计"

按钮，输入主关键词，单击"搜索"按钮，就会显示在上一个月阿里巴巴国际站后台有哪些已经给我们带来过数据效果但是还没有用过的词。这些词也是适合我们用来进行产品发布的关键词，如图7-9所示。

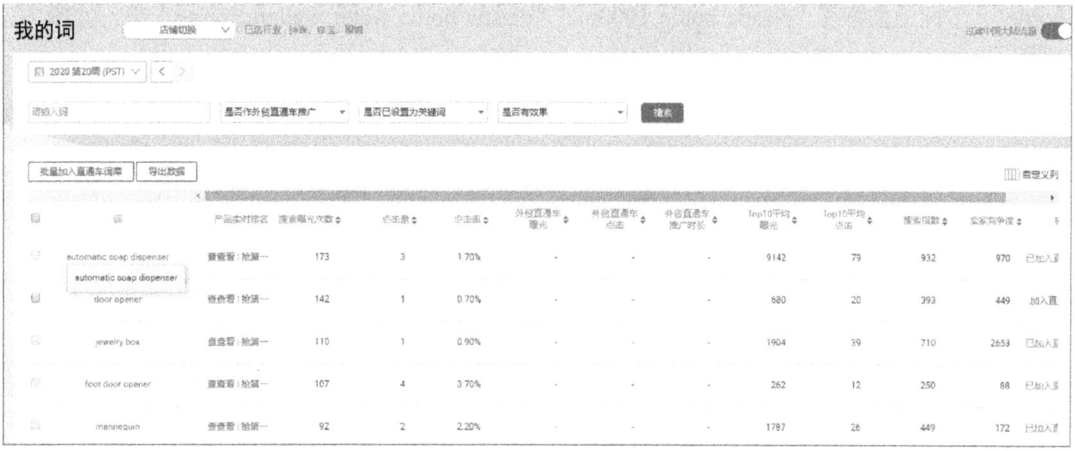

图7-9 利用"数据管家"→"我的词"查找关键词

（4）进入"My Alibaba"→"数据管家"→"知己"→"我的产品"页面，单击"按月统计"按钮后，在页面倒数第三栏能看到一个叫作"词来源"的栏目，单击后所展示的就是每一个产品的曝光数据、点击数据及询盘数据，这些数据是由哪些关键词带来的呢？在"词来源"栏目中，每一个关键词下面都会有一个"More"，单击它，就能看到上一个月每一个产品的曝光、点击数据是由哪些关键词带来的。这些关键词既然已经给产品带来了曝光和点击数据，那应该也是我们可以使用的有效关键词，值得收集和采用，如图7-10所示。

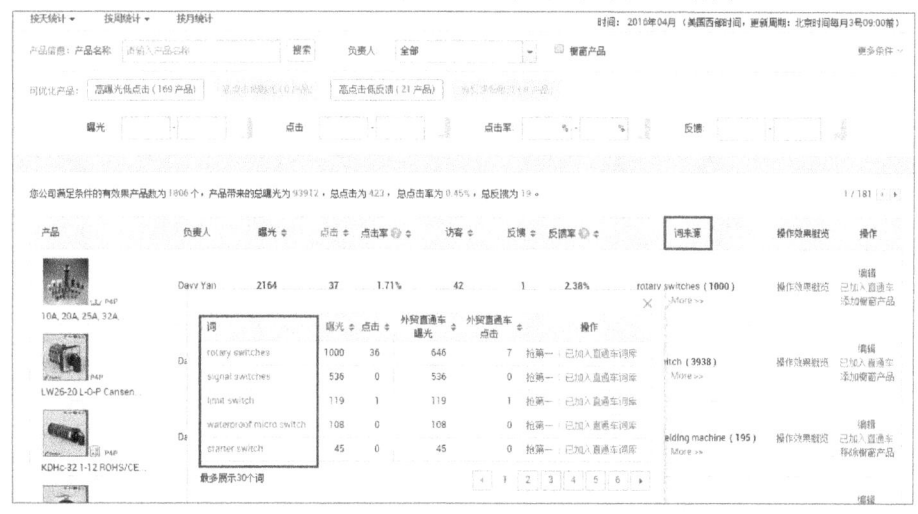

图7-10 利用"知己"→"我的产品"查找关键词

（5）在阿里巴巴国际站首页的中间位置有一个搜索框。在这个搜索框中，我们可以进行英文关键词的搜索，输入英文关键词后会出现下拉列表，这个下拉列表也是前台首页记忆的推荐链接栏，它可以告诉我们关于该产品有哪些信息属性点是当前买家搜索较多的。例如，我们输入"plastic bottle"，下面的推荐有"plastic bottle 1000ml""plastic bottle water manufacturing"等，如图7-11所示。

图7-11　利用推荐链接栏查找关键词

（6）进入"My Alibaba"→"数据管家"→"知行情"→"RFQ商机"页面，可以看到当前海外买家有采购需求的产品，我们可以选择对应类目，查看关键词匹配，如图7-12所示。

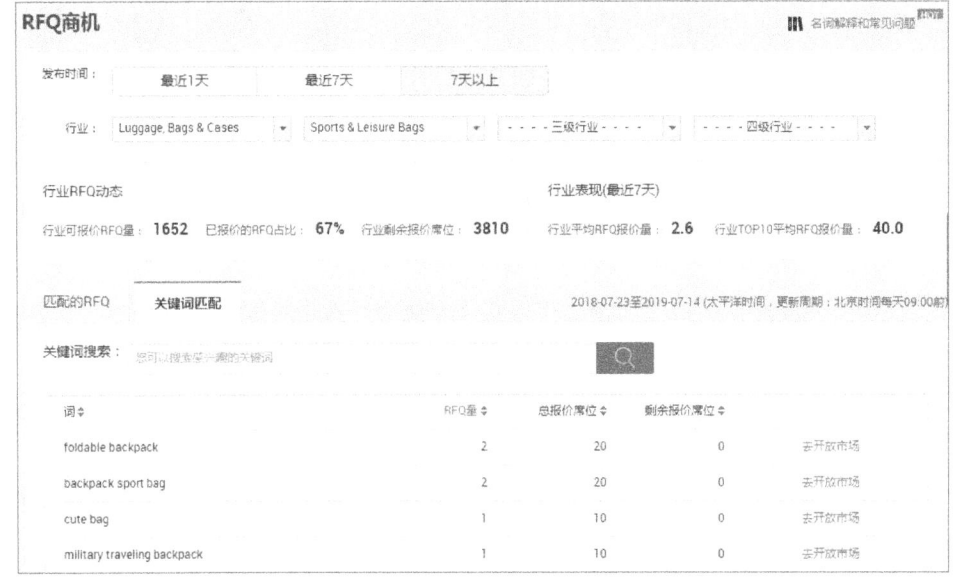

图7-12　利用"RFQ商机"查找关键词

(7) 进入 "My Alibaba" → "数据管家" → "知行情" → "行业视角" 页面，左侧 "淘词" 栏目中有 "热搜词" "搜索上升最快词" "零少词" 3 个选项可以为我们提供更多关键词。我们可以按照国家来进行查找。打开后左侧默认展示的是全球的搜索结果，右侧默认展示的是美国的搜索结果。如果主打市场不是美国，而是其他国家，如俄罗斯，那我们可以单击 "美国"，将国家切换为俄罗斯，就能呈现俄罗斯的搜索结果，如图 7-13 所示。

排名	全球热搜词	趋势	排名	美国热搜词 [切换国家▼]
1	solar panel	↑	1	solar panel
2	solar power system home	↑	2	50kva diesel generator
3	job vacancy	↑	3	electric bike
4	home power solar system	↑	4	dewalt
5	data entry work home	↓	5	nintendo switch
6	electric car	↓	6	generator
7	china suppliers	↑	7	diesel generator
8	electric bike	↑	8	electric scooter
9	lithium ion battery	↑	9	electronics
10	mobile phones	↑	10	solar energy systems
11	electric scooter	↓	11	solar
12	generator	↑	12	electronic toys
13	laptop	↑	13	fan motor
14	battery	↑	14	golf cart battery
15	batteries battery	↑	15	china blue vidios
16	solar energy systems	↑	16	high power xxx com
17	solar panel cell	↑	17	job vacancy
18	home theatre system	↑	18	battery
19	nintendo switch	↑	19	solar panels
20	solar	↑	20	car battery

图 7-13 利用 "行业视角" 查找关键词

(8) 进入 "My Alibaba" → "数据管家" → "知买家" → "访客详情" 页面后，我们可以根据时间来进行筛选。图 7-14 说明最近 7 天有海外买家来浏览过我们的店铺，他们所有的浏览路径都会在 "访客详情" 中呈现。第二栏呈现的是国旗，代表买家来自的国家；第五栏呈现的是买家常用搜索词，告诉我们这个买家最近 7 天在阿里巴巴国际站搜索过的关键词，以及他在求购的产品。"访客详情" 是我们了解买家需求较直接的一个板块，而且我们还可以获取海外买家的语言表达习惯。

图 7-14 利用"访客详情"查找关键词

下面我们把这 8 种关键词获取方式按星级分类，具体如图 7-15 所示。

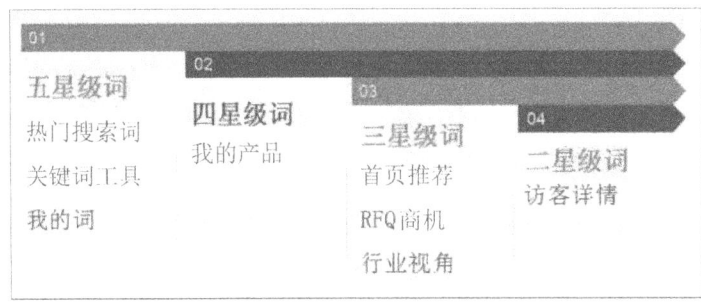

图 7-15 关键词获取方式的星级分类

3. 关键词的整理

获取关键词后，我们可以在一张表中对其进行整理。首先，按照类目进行分类，每一个大类的产品关键词放在同一个页面，然后按照关键词的搜索热度降序排列，优先使用搜索热度高的关键词，如图 7-16 所示。

在进行产品发布时，可以利用 Excel 的筛选工具，按照对应关键词的筛选维度，找到当前要用的合适的关键词。

第 7 章　阿里巴巴国际站产品发布

关键词	卖家竞争度	橱窗	搜索热度
t-shirt	1959	227	15000
t-shirt printing machine	404	41	10000
t-shirt sewing machine	116	1	8000
t-shirt printer	312	24	3300
t-shirt printing	811	53	2800
t-shirt printing machine prices in india	151	8	2000
t-shirt printing machine prices	340	21	1300
blank t-shirt	738	39	1200
t-shirt men	399	13	960
man t-shirt	1021	80	930
custom t-shirt	1146	129	930
printing t-shirt	1345	129	840
print t-shirt	1345	129	840
printed t-shirt	1345	129	840
3d t-shirt	391	13	780

图 7-16　按搜索热度对关键词降序排列

4．准备产品图片

产品图片单张大小不超过 5MB，支持 JPEG、JPG、PNG 格式；建议产品图片尺寸大于 640px×640px。清晰且主题鲜明的产品图片可以有效提升买家满意度。

优质图片有无 Logo 都能达到精品要求，但是没有 Logo，精品分数可能会更高，原因是可以突出产品；不过只要是 4 分以上的精品，因图片产生些许差异，并不会影响搜索排序，卖家要根据自己的情况选择是否添加 Logo。

我们以服装类目的图片为例，来看看如何进行详细规范介绍，如图 7-17 和图 7-18 所示。

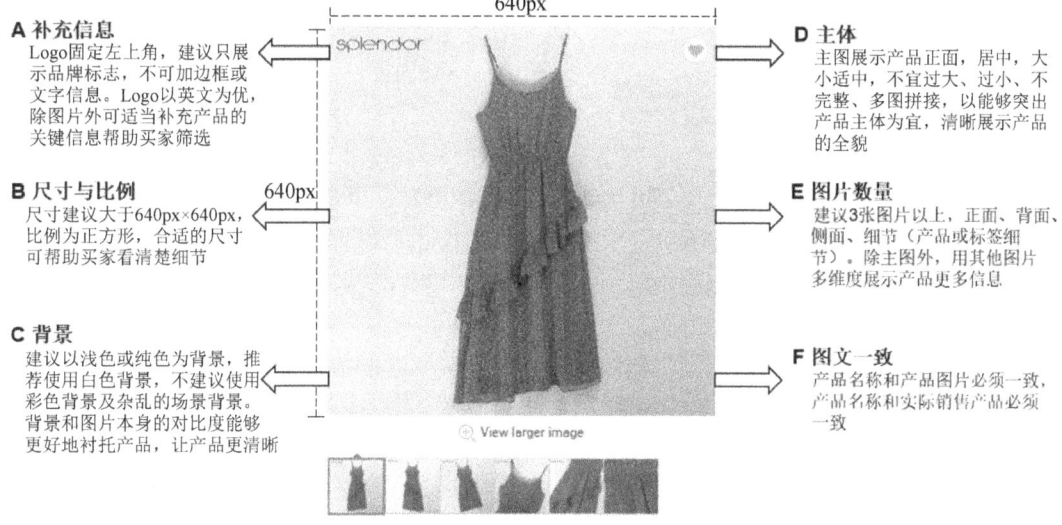

图 7-17　图片要求

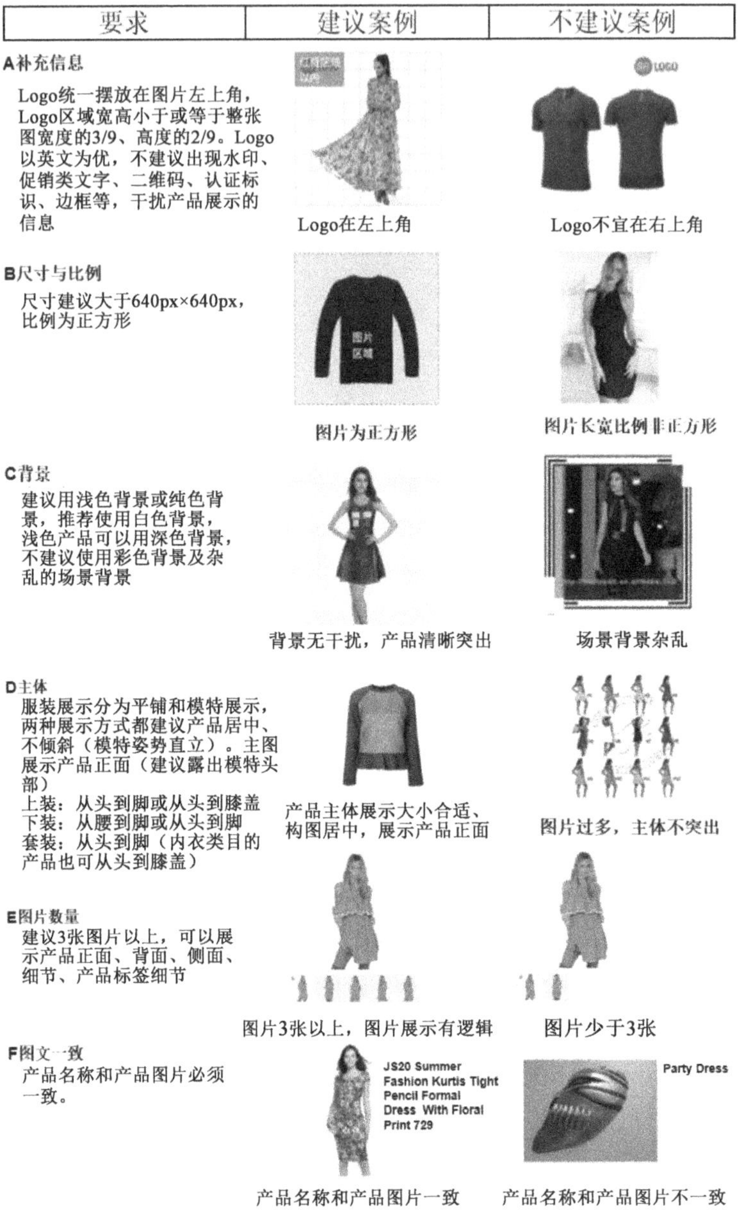
要求
建议案例
不建议案例
A补充信息
Logo统一摆放在图片左上角，Logo区域宽高小于或等于整张图宽度的3/9、高度的2/9。Logo以英文为优，不建议出现水印、促销类文字、二维码、认证标识、边框等，干扰产品展示的信息
Logo在左上角
LOGO
Logo不宜在右上角
B尺寸与比例
尺寸建议大于640px×640px，比例为正方形
图片区域
图片为正方形
图片长宽比例非正方形
C背景
建议用浅色背景或纯色背景，推荐使用白色背景，浅色产品可以用深色背景，不建议使用彩色背景及杂乱的场景背景
背景无干扰，产品清晰突出
场景背景杂乱
D主体
服装展示分为平铺和模特展示，两种展示方式都建议产品居中、不倾斜（模特姿势直立）。主图展示产品正面（建议露出模特头部）
上装：从头到脚或从头到膝盖
下装：从腰到脚或从头到脚
套装：从头到脚（内衣类目的产品也可从头到膝盖）
产品主体展示大小合适、构图居中，展示产品正面
图片过多，主体不突出
E图片数量
建议3张图片以上，可以展示产品正面、背面、侧面、细节、产品标签细节
图片3张以上，图片展示有逻辑
图片少于3张
F图文一致
产品名称和产品图片必须一致。
JS20 Summer Fashion Kurtis Tight Pencil Formal Dress With Floral Print 729
产品名称和产品图片一致
Party Dress
产品名称和产品图片不一致

图 7-18　图片案例

7.3　产品发布流程

产品发布通常经过以下几个步骤：选择类目；填写产品基本信息；填写产品详细信息。

7.3.1 选择类目

进入阿里巴巴国际站后台,单击左边导航栏的"产品管理",再单击"产品管理"下的"发布产品"选项,进入"产品发布"页面。"产品发布"页面分为选择类目、填写产品名称、填写产品关键词、插入产品主图、填写产品属性、编辑产品详情和填写交易信息七大板块。

发布产品的第一步就是找到正确的产品类目。根据阿里巴巴排名规则,要想提高产品的排名,必须将产品放在精准匹配的产品类目下,同时在自定义属性和详细描述中重复提到该类目。如果选择"Others"类目,会影响产品的排名。

我们可以通过以下3种方法来选择类目。

1. 搜索类目

在"搜索类目"下的搜索框中输入关键词,利用关键词搜索对应类目。

系统会推荐几个对应的类目,但需要注意以下几点。

(1)准确第一,不要错放。错放或放置于其他类目可能会导致买家找不到你的产品,从而丢失流量,且错放会有处罚。

(2)如果产品具有行业交叉的特点,可以选择多个合适的类目进行产品展示,以便获得更多的曝光机会。同一产品放置于不同的类目下不计为重复产品。

(3)系统推荐类目无主次先后之分。

对于系统推荐的类目,在不清楚应该选择哪个的时候,可以回到阿里巴巴国际站首页,用关键词搜索产品,观察其他卖家使用最多的类目和系统展示最多的类目,然后再进行选择。

2. 您经常使用的类目

第二种方法是在"您经常使用的类目"中选择,如图7-19所示。

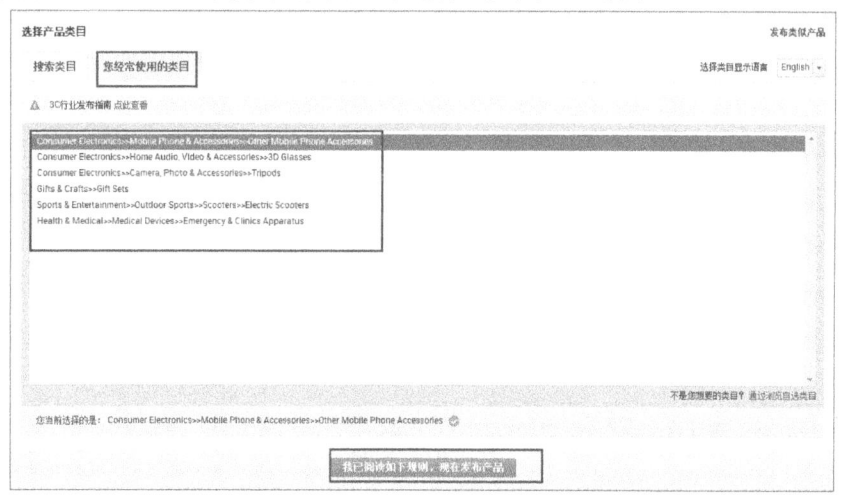

图7-19 在"您经常使用的类目"中选择

选择类目后，单击"我已阅读如下规则，现在发布产品"按钮即可。

3．阿里巴巴国际站前台搜索类目

在阿里巴巴国际站前台搜索框中输入产品关键词，参考其他卖家的类目，如图7-20所示。

图7-20　阿里巴巴国际站前台搜索类目

7.3.2　填写产品基本信息

选择好类目之后，就进入产品的基本信息填写页面。产品的基本信息包括产品名称、产品关键词和产品组，如图7-21所示。这些信息填写完毕后，在提交前务必预览并检查一下，确保信息填写完整度达到100%。

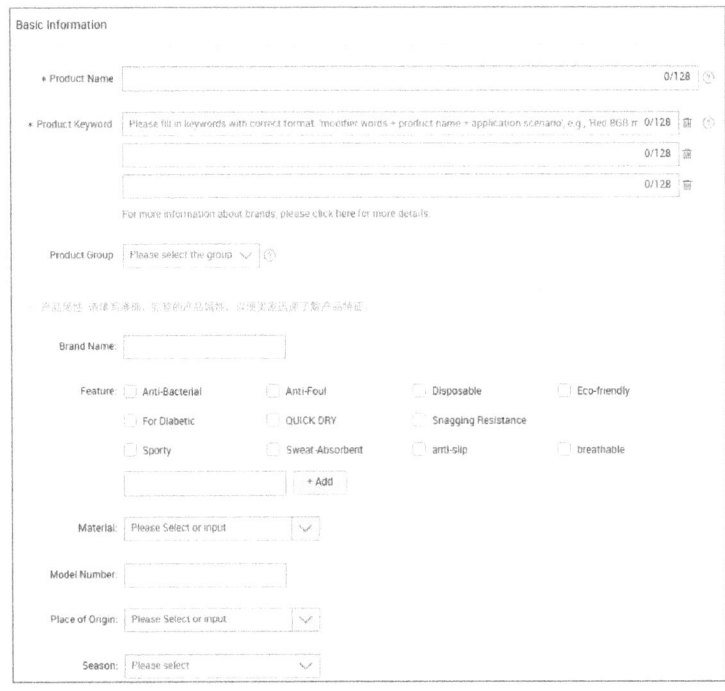

图7-21　基本信息填写页面

1. 产品名称

产品名称（Product Name）亦即产品标题，也是产品的主要信息，是买家搜索的第一匹配要素。产品名称的设置决定了买家是否能精确地搜索到相关的产品。产品名称应包含品名、产品特征（属性）、行业标准、认证和型号等信息，避免罗列和堆砌。若希望产品的排名比较靠前，则产品名称书写要符合买家的搜索习惯。

产品名称书写的标准格式：

修饰词 A（热门长尾词）+修饰词 B（+修饰词 C）+核心词（关键词）（+with/for…）

一个好的产品标题应注意以下几点。

（1）标题要符合买家的搜索习惯及偏好。

以关键词"hand bag"为例，如果买家用关键词"hand bag"搜索产品，则可以用以下两种标题来描述，从文本相关性上看，两者是相同的："New model sexys woman summer hand bag 2016"；"2016 Ladies nice hand bag"。

要注意不要盲目迎合买家搜索词而不断用同一个关键词发布产品，这样容易造成重复铺货。因为一旦当前发布的产品与之前发布的产品相似，就会被平台认为是重复铺货，而非新发布产品。

（2）标题中可以使用介词 with/for，核心关键词应置于 with/for 前面。

例如，"steel pipe with ASTM DIN JIS Standard"；"15mm film faced plywood for construction"。在这两个标题中，核心词分别为"steel pipe"和"15mm film faced plywood"。

（3）产品名称的长度要适当。

产品名称不宜过长也不宜过短，建议在 50 字符左右，以能恰当地突出产品的优势和特性为最好。如果与买家的搜索词匹配度不高，就要考虑是不是因为产品名称写得太长。

（4）产品名称中不要重复出现多个关键词。

当产品名称中含有多个不同的关键词时，买家用这些不同的关键词搜索都能搜索到该产品吗？其实并不能，产品关键词罗列和堆砌不仅不会提升产品的曝光可能，反而会降低产品与买家搜索词匹配的精准度，从而影响搜索结果，影响排序。

（5）慎用特殊符号。

产品名称中慎用特殊字符，如"/""-"等，这些可能会被系统默认成无法识别的字符，影响排序。如需使用，请在符号前后加空格。

2. 产品关键词

产品名称是第一匹配要素，产品关键词（Product Keyword）是对产品名称的校正，卖家应准确填写与产品名称相关或与之含义相近的关键词，以满足买家多样化的搜索需求。产品关键词一般为主关键词+副关键词 1+副关键词 2，产品关键词和更多关键词的字符数不能超过 255 个。3 个产品关键词是否填满并不会影响搜索结果的顺序，但是主关键词必填。当产品有多个名称的时候,就可以使用另外两个关键词。如果产品没有多个名称,另外两个关键词则可以不填,如图7-22所示。例如,手机的关键词可以是"cell phone",也可以是"mobile phone"等。

图7-22 产品关键词设置

有的卖家错误地以为用不同的或相近的关键词不断发布产品会对搜索结果排序有利。实际上,这种铺词行为会导致网站上出现大量的重复产品,严重影响买家体验度。管理维护的成本也会随着发布产品数量的增加而增加,从而导致网站上出现大量零效果产品,这样反而对搜索结果排序不利。

还有些卖家错误地以为3个关键词写得一样对搜索结果排序有利。实际上,对于搜索效果来说,3个关键词写得一样和写一个关键词的效果是一样的,且关键词排在前面还是后面对搜索结果排序没有影响。

建议如下设置关键词。

(1)营销词+产品中心词,如 Best-selling Tablet pc。
(2)重要属性词+产品中心词,如 16GB Tablet pc。
(3)营销词/重要属性词+产品中心词近义词/变体,如 New style laptops/32GB red laptops。

注意:关键词建议设置为买家常用的搜索词;关键词不宜添加公司内部产品型号或过长;不使用完全相同的关键词;关键词不区分大小写;产品关键词应与标题中的内容存在差异,如与属性词、产品核心词、修饰词存在差异。

3. 产品组

产品组(Product Group)是在网上公开展示的产品的一个集合,将同类产品放在一个产品组里面,可以方便买家查看。每个产品只能在一个产品组中,可以根据需要设置多个产品组。

4. 产品属性

产品属性包括产品的型号、工艺、使用范围和场合、特点、尺寸(长宽高)、净重、毛重、产品名称等,以及自定义属性。

如图7-23所示,上面的划线区域用于填写推荐属性,推荐属性是根据所选择的类目推荐出来的属性,要根据所选产品的实际情况进行填写,务必填满。

第 7 章 阿里巴巴国际站产品发布

下面的划线区域用于填写自定义属性,是对产品的补充说明,可根据产品需求添加,但不要与推荐属性重复或相冲突,最多可添加 10 条。

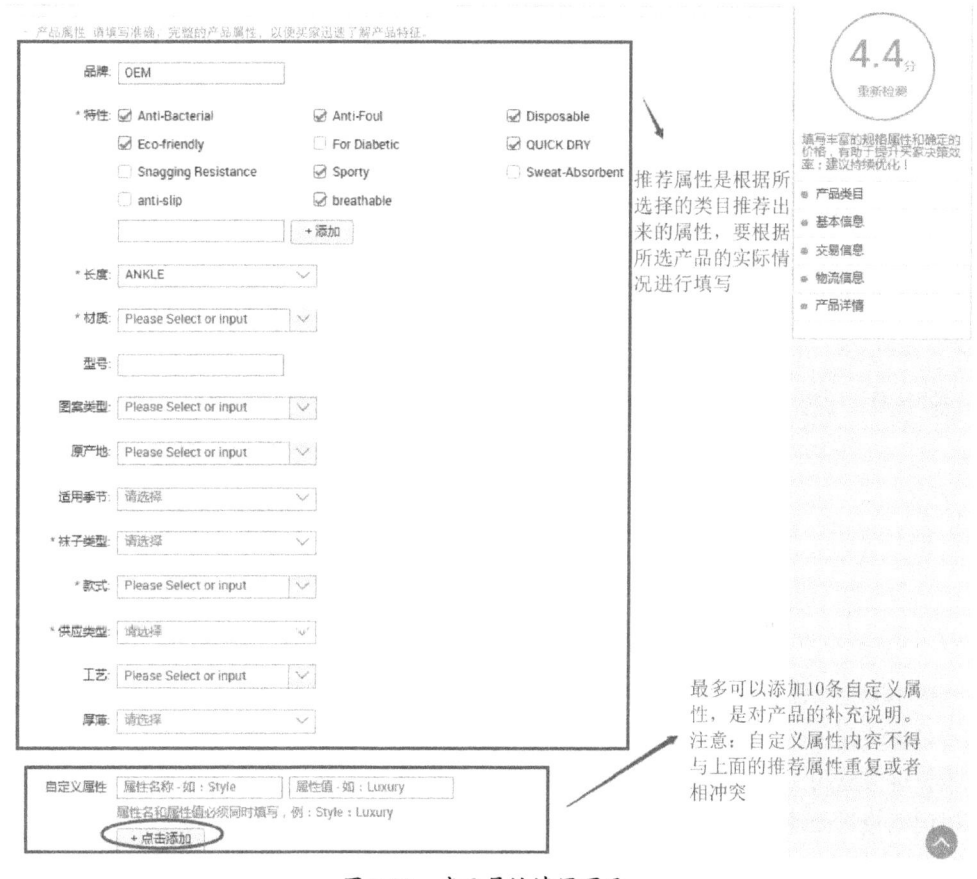

图 7-23 产品属性填写页面

7.3.3 填写产品详细信息

"产品详细信息"页面如图 7-24 所示。

1. 产品图片

产品图片可以放 6 张,应全部放满。相对应的产品细节图放置得越完整,买家体验度就越高。

产品图片加上边框会显得杂乱无章,为了提升买家体验度,不建议为产品图片加边框。产品主图的背景要干净,最好是以白色为背景,杂乱的背景不仅无法吸引买家的注意力,还很容易混淆买家的视线。

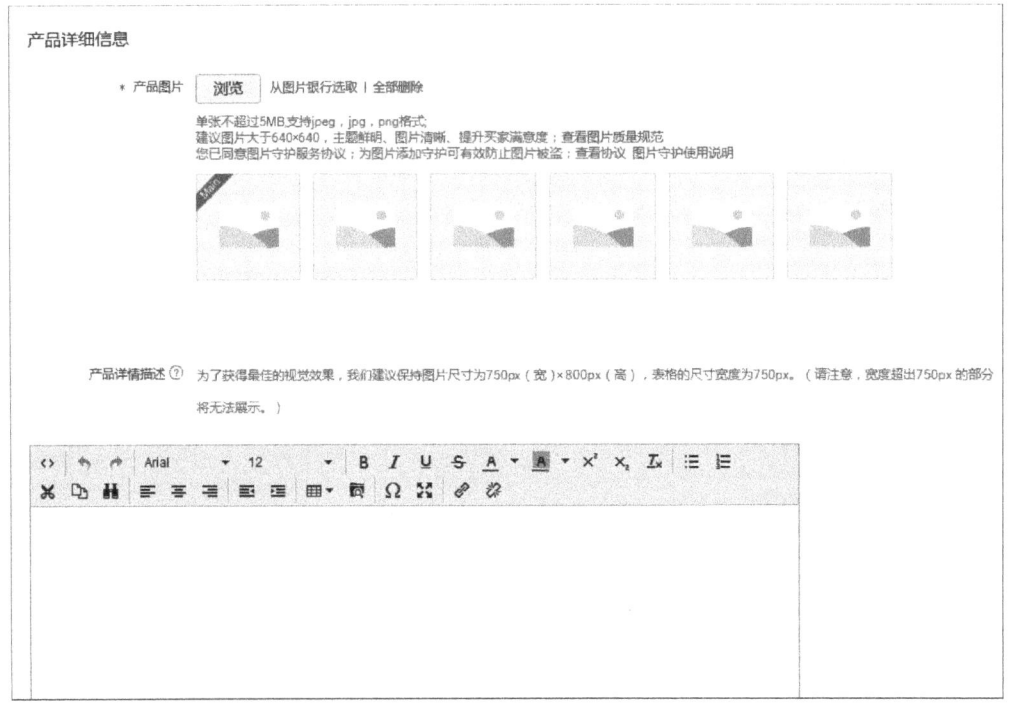

图 7-24 "产品详细信息"页面

主图不要加水印,但可以通过"图片守护",采用添加隐形水印的方式保护图片。平台对于盗图有投诉流程。针对被投诉方的账号,首次投诉成立 5 天内算一次,扣 3 分;从第 6 天开始,第二次投诉成立扣 3 分,第三次及以上投诉成立扣 6 分,一天内若有多次投诉成立只扣一次分。所有时间以投诉处理完结时间为准。

"图片守护"操作如图 7-25 所示。

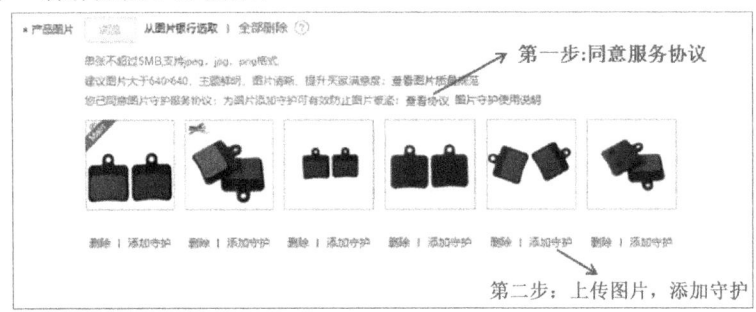

图 7-25 "图片守护"操作

由于主图要求单一,我们可以在产品的第二张、第三张、第四张图及详情中体现产品特色。细节图记得要强调使用环境和细节展示,简单来讲就是衣服不是简单平铺在床上拍摄,而是需要通过模特进行展示,同理行车记录仪得安装在车上拍摄,MP3 得在佩戴使用的环境下拍摄等。

由于细节图是多图，为避免杂乱，风格要保持一致，即细节图要有一致的背景色、一致的大小、一致的清晰度。

2．产品视频

从后台发布产品时，还可以上传视频，产品详情页会截取产品视频的第一帧作为封面进行展示。视频银行是方便卖家管理产品视频的存储空间，每个卖家有 3GB 的存储空间。卖家可以在登录后台先将拍摄好的视频上传到视频银行，在发布视频产品时，直接从视频银行选择即可。

产品视频的质量要求如下。

（1）主图视频时长不超过 45 秒，视频大小不超过 100MB，展示位置在产品主图第一张。

（2）详情视频时长不超过 10 分钟，视频大小不超过 500MB，展示位置在产品详情描述的上方。

（3）视频清晰度不低于 480P（640px×480px），视频格式不限。

（4）视频中包含的产品、品牌、音乐、文字、肖像、背景等均真实、准确、合法，不侵犯其他任何方的权益。

3．产品详情描述

"产品详情描述"页面如图 7-26 所示。

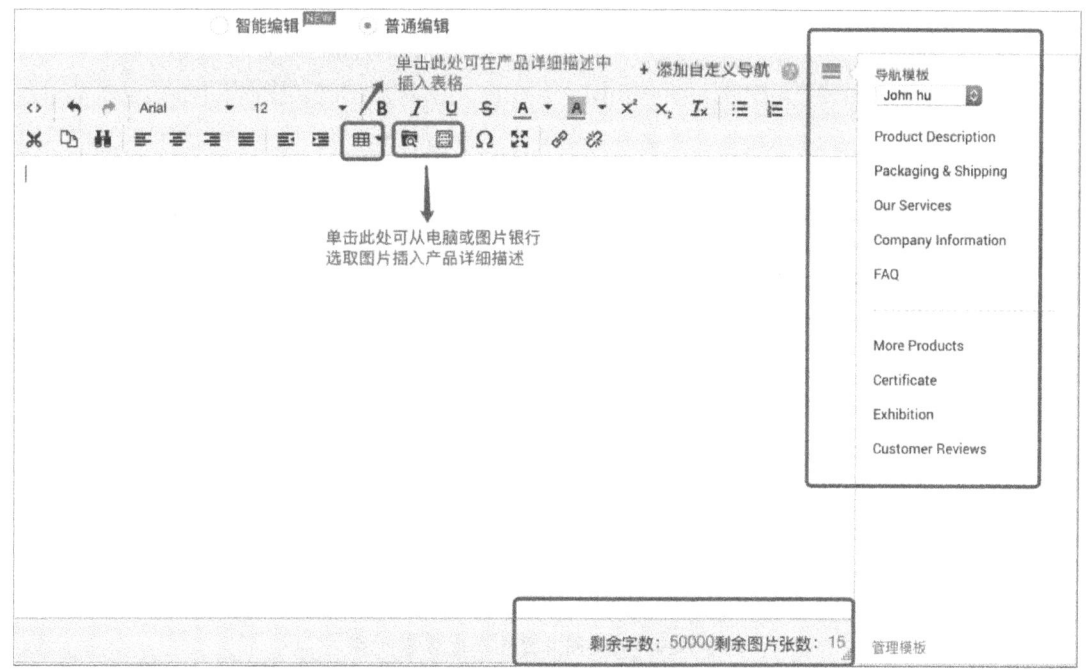

图 7-26 "产品详情描述"页面

产品详情描述包含产品的规格参数、用途特征、质量标准、相关认证、服务等的详细描述；

产品详情描述应填写完整,从多个维度介绍产品;产品详情描述可利用图片更直观地向买家展示产品,可以使用多角度图、细节图、包装设计图等。填写产品详情描述时,应将信息分段标号,或使用表格,以方便买家阅读;避免大段文字简单罗列,这会降低买家对产品的兴趣。

为了获得最佳的视觉效果,建议产品详情描述中的图片尺寸为750px(宽)×800px(高),表格的宽度为750px(请注意,宽度超出750px的部分将无法展示)。

产品详情描述的填写要求如下。

(1)产品表述翔实具体。可将买家比较关注的要素展示出来,如产品的细节特征、质量标准、现货/库存情况、参数、服务等。

(2)表达清晰。描述内容条理清晰,层次分明,如提取参数制成表格化,或分段显示,这样能吸引更多的买家关注。

以婚纱为例,除介绍选材、风格信息外,还要介绍配件的细节、量身定做的服务等,那么就需要用具体的段落文字来呈现了,如图7-27所示。

婚纱的独家设计款式是一个卖点,那么在众多信息中,可使用偏大的字体,并添加背景色使其凸显出来,如图7-28所示。

图7-27 利用编号、段落等将内容有条理地展示

图7-28 利用不同字体、字号凸显重要信息

文字描述再生动不如图片来得直观。建议图文结合,将买家关注的信息(如细节、面料等)展示出来,如图7-29所示。阿里巴巴国际站最多可上传15张图片。

图7-29 利用图片更生动地展示产品

注意:

(1)详情描述支持文本编辑,可使用自带功能插入表格和图片,可在内容中添加超链接。若是普通编辑,最多可插入15张图片,图片尺寸要求是750px(宽)×800px(高),字符上限

是 50 000 个字符；若是智能编辑，最多可插入 30 张图片，图片尺寸需要参照引用的具体模板的要求，字符上限是 65 535 个字符。

（2）慎用文字图片。因为机器无法阅读图片，所以不要用文字图片代替文字描述。

（3）合理使用表格。使用表格对各参数进行分隔，表格中的描述要简短精确；可直接在详情描述中插入表格，进行编辑。

（4）详情描述的字数多少并不会影响搜索结果。能影响搜索结果的因素是信息是否丰富、是否从不同维度体现了产品的行业特性、是否会更容易被买家所关注等。

（5）在详情描述中仅填写公司介绍是错误的，如图 7-30 所示。

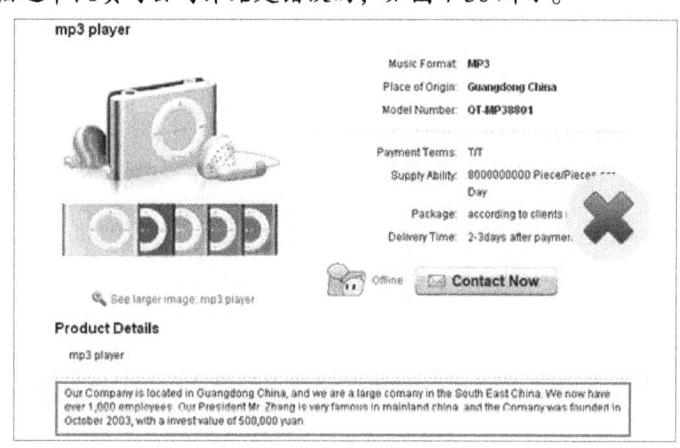

图 7-30　错误的详情描述

4．交易信息和物流信息

"交易信息"页面如图 7-31 所示。

图 7-31　"交易信息"页面

交易信息中的每一项都要填满，可以在"最小起订量"文本框中填入"for+核心关键词"，可以在"FOB 价格"下拉列表框中选填价格区间值，也可以选择"根据数量设置 FOB 阶梯价"单选项，即根据不同销售数量设置不同的价格，还可以设置"新增价格区间"，如图 7-32 所示。

图 7-32 根据数量设置 FOB 阶梯价

"物流信息"页面如图 7-33 所示。

图 7-33 "物流信息"页面

5. 特殊服务

"特殊服务"页面如图 7-34 所示。

图 7-34 "特殊服务"页面

7.3.4 产品信息质量治理

阿里巴巴国际站存在卖家大量重复铺货、滥发产品的现象,导致海外买家的体验度较低。阿里巴巴国际站未来的发展方向是少而优质的精品,其将从各方面来对产品信息进行治理,如表 7-1 所示。

表 7-1 产品发布违规及处罚

类 型	定 义	处 罚 规 则	来 源	卖家动作
重复铺货	图片相同,产品标题、属性等高度雷同	对产品:搜索结果中只展示一条产品信息; 对店铺:达到一定量后将整个店铺所有产品的搜索排名不同程度地靠后处理;情节严重的,屏蔽店铺	系统检测	对被诊断为重复铺货的产品马上进行处理
	图片相同,产品标题、属性等雷同			
	图片相似,产品标题、属性等高度雷同			
类目错放	将产品放置在与产品类别无直接联系的类目下	对产品:该产品不能参与搜索排序;若超期不整改,下架该产品且不可编辑。 对店铺:系统检测或举报成立1次,将整个店铺所有产品N天的搜索排名靠后处理;当店铺内问题产品累计达到一定量后,将整个店铺所有产品长期的搜索排名靠后处理;情节严重的,屏蔽店铺	系统检测+举报	提前自查或优化相关产品
标题描述违规	标题无明确的产品名称			
	标题带有联系方式			
	标题产品名称描述堆砌或滥用(包括但不限于产品名称、品牌、型号、修饰词)			
	标题产品名称与产品图片不符			
	标题描述与详细描述中的买卖意向不符			
虚假价格&最小起订量	与行业同类产品市场价格相差甚远(超低或超高)	行为年内前3次违规,每次扣0分;第4次及以上重复违规行为,每次扣2分	系统检测+举报	提前自查,修改产品价格和最小起订量
	与实际收取的运费相差甚远(超低或超高)			

7.4 规格化商品及其发布

由于买家跨境采购门槛变低,采购规格化商品的买家越来越多,对商品信息的确定性要求日趋增长。为了提升与买家的沟通效率,卖家应更多地展示规格信息,提供确定价格,这样有助于买家了解商品。阿里巴巴国际站从 2018 年 7 月 5 日起逐步提升商品信息确定性，以提升买家的采购效率。

7.4.1 规格化商品

1．什么是规格化商品

规格化商品是指填写了商品规格信息和确定价格（包括按规格定价或按数量定价）的商品。如无商品规格，可勾选"支持买家直接下单"选项，并填写物流信息和发货期，这种商品也为规格化商品。

（1）填写商品规格信息和确定价格（包括按数量定价或按规格定价），如图 7-35 所示。

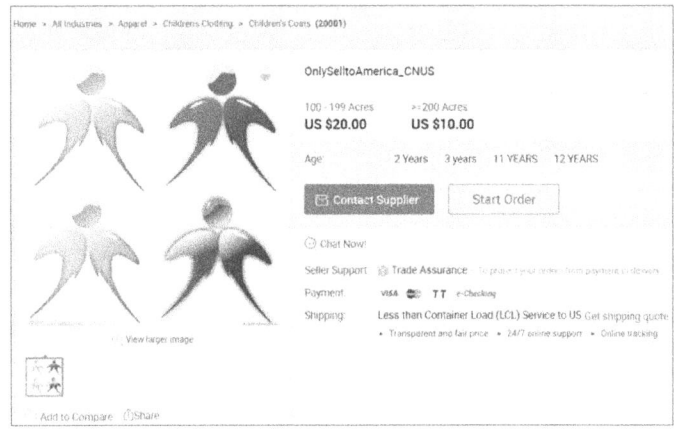

图 7-35　规格化商品示例 1

（2）支持买家直接下单，并填写物流信息和发货期，如图 7-36 所示。

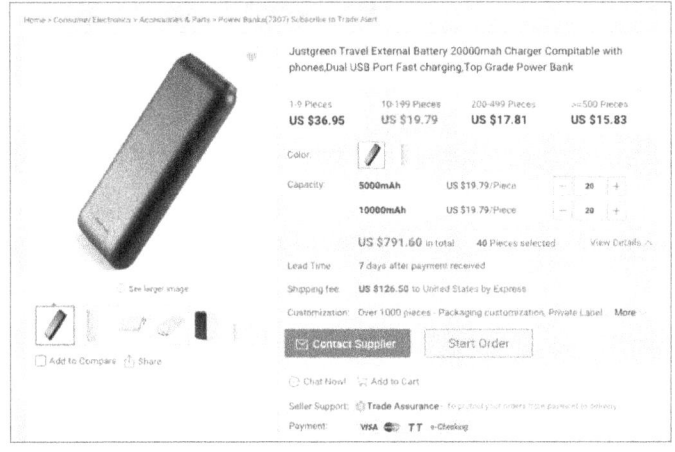

图 7-36　规格化商品示例 2

2. 规格化商品的优点

（1）商品信息确定：规格化的商品信息和确定的商品价格更容易使买家甄别优品，提高买家和卖家的沟通效率。

（2）更强的数据沉淀：规格化商品支持买家自主直接下单，可提升交易转化率。

（3）更多的曝光机会和各种营销活动的优先参与权：在同样条件下优先入选活动商品名单，可以为卖家带来更多的流量。

3. 新增的发布规格化商品功能

（1）支持填写阶梯交货期。

不同采购量的商品可设置不同的交货期，使物流时间的描述更为精准。交货期是指从买家货款支付到账日期开始直到卖家发货需要的自然日。针对不同购买数量的商品，卖家可以设置不同的交货期，但最多可设置3个。若买家购买量大于卖家设置的最大数量，则需与卖家协商交货期。

（2）支持定制能力。

当卖家选择支持定制后，必须填写定制的内容和数量。除了支持系统提供的产品贴牌、图案定制和外包装定制，也可支持自定义表达可定制的内容，最多可显示5项定制能力。买家可在产品详情页看到该卖家的定制能力。

（3）支持规格属性的自定义输入。

针对商品的规格属性（SKU属性）支持自定义输入，以更精准地描述商品规格。每个规格属性项支持卖家填写自定义属性值，属性值的设置不超过40个。

4. 规格化商品在产品详情页展示的变化

（1）新增交货期/阶梯交货期的显示。

（2）新增定制服务。

（3）提供买家下单行动点。

5. 发布规格化商品的条件

（1）加入信保商家，全类目可发布"支持买家直接下单"商品。

（2）具备规格属性的类目，可以发布"规格+按数量设置阶梯价"的规格化商品。

7.4.2 如何发布规格化商品

1. 进入"发布商品"页面，选择"语言类目及市场"

路径："My Alibaba"→"商品管理"→"发布商品"→"语言类目及市场"。

2. 填写基本信息（含商品属性和商品规格）

基本信息包括基础信息（如商品分组、商品名称、商品关键词）、商品属性和商品规格。如果该商品的类目中没有商品规格，则基本信息下只需填写基础信息和商品属性。

（1）商品属性。

商品属性将影响信息质量分，建议填写完整。商品属性，即商品的型号、品牌、材质等，需按照表单项完整填写，以便买家迅速了解商品特征；商品属性中的自定义属性可以满足卖家的自定义属性填写需求，最多可添加 10 个属性值，如图 7-37 所示。

图 7-37 填写商品属性

（2）商品规格。

商品规格即商品的销售属性，支持选择或自定义输入。无商品规格则无须填写，如图 7-38 所示。

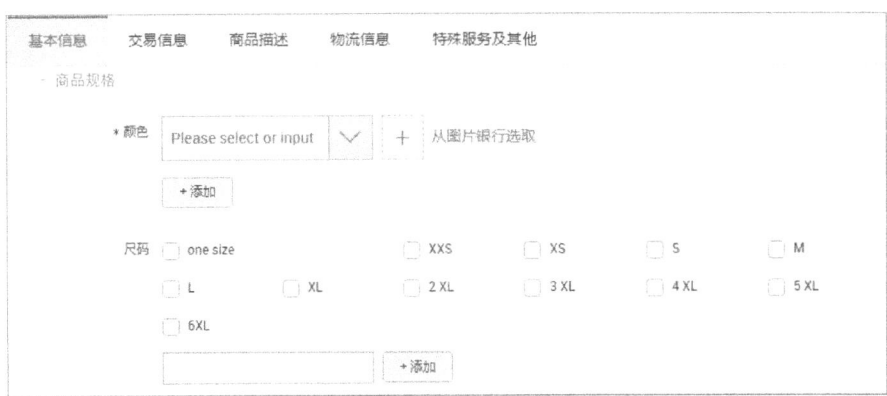

图 7-38 填写商品规格

3. 填写交易信息

选择"支持"买家直接下单（发布支持买家直接下单的规格化商品），如图 7-39 所示，则该商品即为规格化商品。选择"支持"买家直接下单，必须先要开通信用保障服务。但并不是所有类目都可以"支持"买家直接下单，个别受政策风控的类目（如医疗器械类）无法"支持"买家直接下单。发布填写了"阶梯价"+"商品规格"属性的普通询盘类型的规格化商品可选择"不支持"买家直接下单。虽然"不支持"买家直接下单，但填写了"商品规格"，并选择"根据数量设置FOB阶梯价"后发布的商品也是规格化商品，该种商品是普通询盘类型的规格化商品。选择这种方式规格化的商品必须同时满足该商品有阶梯价并且这个类目有商品规格两个条件。

图 7-39 选择"支持"买家直接下单

4．填写商品描述

常规填写，上传商品图片、视频，填写详情等。

5．填写物流信息

选择"支持"买家直接下单后，物流信息为必填项目，如图7-40所示。

图 7-40 填写物流信息

物流包装会与"交易信息"中的"销售方式"联动。当选择"按件卖"时，"物流信息"栏就会显示"每件商品外包装尺寸"；当选择"按批卖"时，"物流信息"栏则会显示"每批商品外包装尺寸"。通过平台物流发货可提升卖家的星等级。如果发货使用平台物流，规格化商品的交易手续费标准是1%，上限为100美元；如果发货使用自有物流，则规格化商品的交易手续费标准是2%，发货后立即释放信用保障额度，订单单独打标，优先出货。

6. 填写特殊服务及其他服务

如果商品偏向轻定制或定制类，可在此设置与表达定制能力。这有助于卖家承接需要定制的买家需求，提升与买家的沟通效率。如果商品支持样品服务，也可在此设置拿样服务。

7.5 Ready to Ship 商品

7.5.1 为什么要发布 Ready to Ship 商品

Ready to Ship 商品由规格化商品中的"直接下单品"升级而来。发布 Ready to Ship 商品有以下优势。

（1）Ready to Ship 频道的商品将会获得额外的流量。国际站站内搜索 Ready to Ship 标签进行筛选，站外将通过联盟的方式进行额外引流，使卖家有机会获取更多新流量。

（2）Ready to Ship 频道可以展示特色场景。有"weekly deals 热门榜单"、"运费五折/包邮"、"猜你喜欢"和各种主题活动。

（3）频道内享有独立搜索。

Ready to Ship 商品必须满足以下要求：必须为支持买家直接下单的商品；有明确且合理的运费金额；最小起订量交货期小于等于15天。

7.5.2 Ready to Ship 商品的展示位置

（1）进入 Ready to Ship 商品主页，如图 7-41 所示。

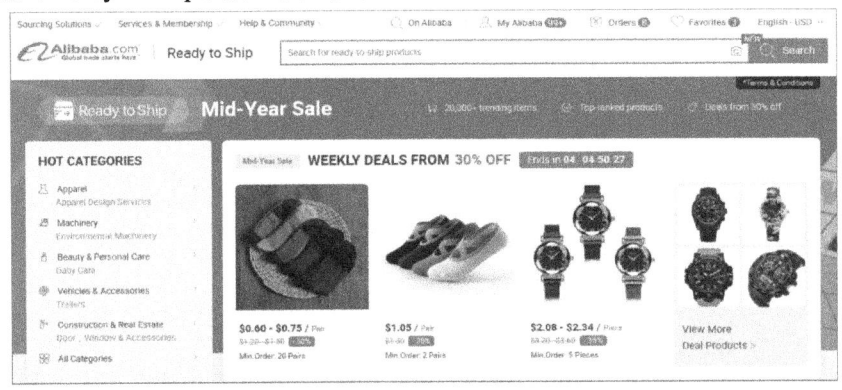

图 7-41　Ready to Ship 商品主页

（2）在阿里巴巴国际站搜索商品后，单击"Ready to Ship"进行筛选，结果就是筛选之后的商品，如图 7-42 所示。图 7-43 为筛选的商品详情。

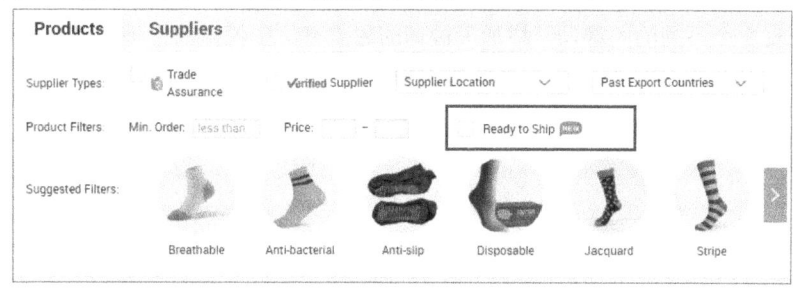

图 7-42　筛选之后的商品

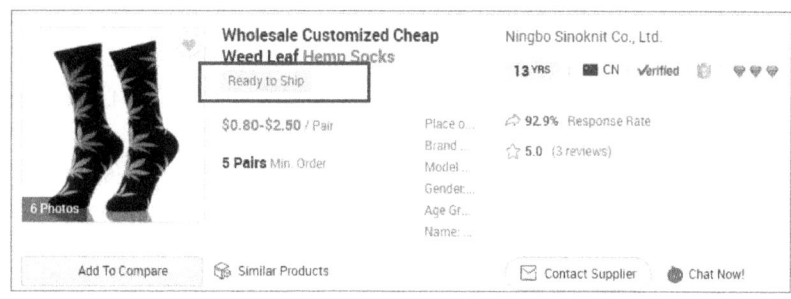

图 7-43　筛选的商品详情

7.5.3　如何发布 Ready to Ship 商品

1. 类目选择

在"搜索类目"的搜索框中输入关键词，单击"提交"按钮，就会出现如图 7-44 所示的结果。图中显示有两种类目，优先选择与我们的商品更匹配的类目，如果出现多个类目都匹配的情况，在图片和关键词都充足的情况下，可以覆盖多个类目。双击所选类目就会跳转到"发布商品"页面。

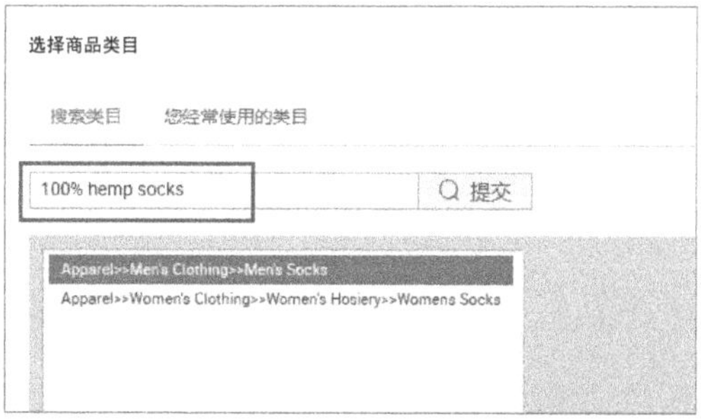

图 7-44　选择商品类目

2. 填写商品名称和商品关键词

将准备好的关键词 1、关键词 2、关键词 3 分别复制到图 7-45 的 3 个文本框中，字符上限为 128 个。建议放 3 个不同的关键词，增加关键词的覆盖率，主关键词置于末尾。根据关键词组成商品名称，即商品名称=描述前缀+关键词 3+关键词 2+关键词 1+描述后缀。

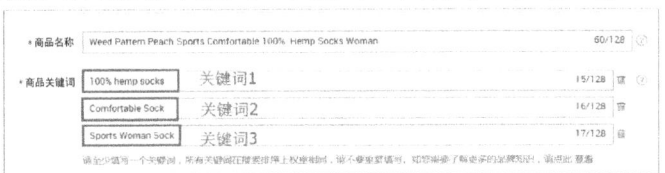

图 7-45　填写商品名称和商品关键词

在填写商品名称和关键词的时候需注意以下几点。

（1）要做好商品名称和关键词的相关性。修饰词放前面，核心词放后面。

（2）商品名称中可加"with/for"以突出商品属性和用途。但是，核心词应放在"with/for"前面。

（3）因买家搜索词不能超过 50 个字符，故商品名称长度要适当，一般在 128 个字符以内。

（4）应避免关键词罗列和堆砌。不要把多个关键词在商品名称中重复罗列，这会降低商品与买家搜索词匹配的精准度，从而影响搜索结果与排序。

（5）商品名称中慎用特殊符号，如确需使用，应在符号前后加空格。

（6）商品名称中请勿发布其他品牌的相关信息，避免侵权纠纷。

3. 填写商品属性

在图 7-46 的商品属性中，带有"*"标记的属于必填属性，如果不填必定会影响商品的信息质量分。建议将商品属性全部填写，一方面可以让客户更好地了解商品，另一方面可以提高商品的信息质量分。依次填写品牌名称，选择商品特色，也可以自己添加想要体现的商品特色，将相关词语输入文本框中，单击"添加"即可。

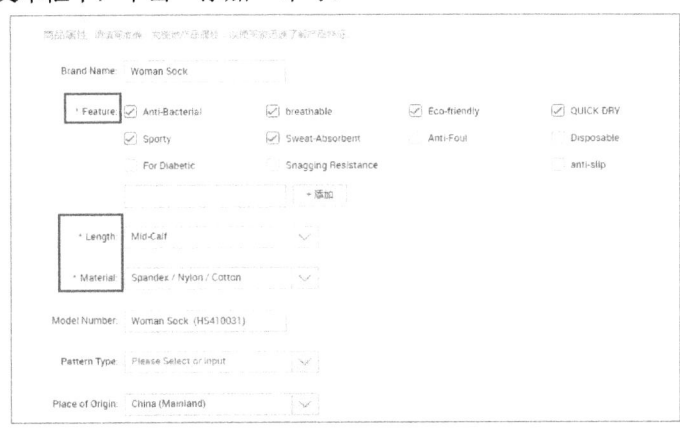

图 7-46　填写商品属性

填写完商品属性之后就是自定义属性了。如图 7-47 所示，自定义属性最多可以填写 10 个。应尽可能保证自定义属性在 7 个以上，第一项可以是"Type"，最后一项填写"Keywords"，中间的属性可以是商品尺寸、适用对象、用途、设计特点等，根据自己的商品来选择填写的内容。需注意的是，自定义属性不可与上面的商品属性重复或者相冲突。

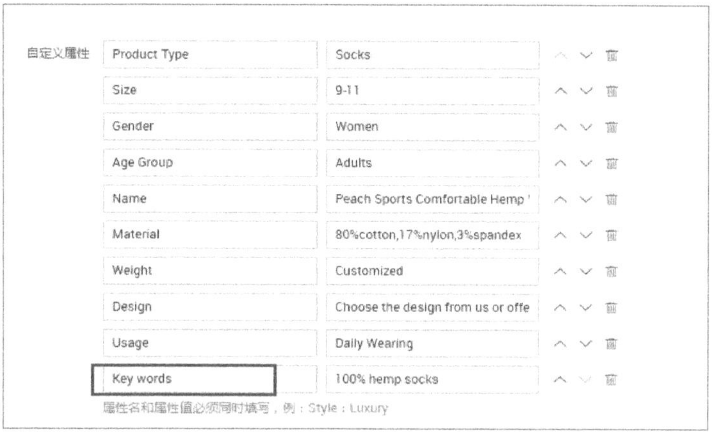

图 7-47　填写商品自定义属性

4．填写商品规格

填写商品规格的时候，带有"*"标记的属于必填项。如图 7-48 所示，必须填写对应商品的颜色，并展示商品图片。当商品有多种不同的颜色时，可以单击"添加"按钮。有尺寸的商品可以选择相应的尺寸，当显示的尺寸不符合商品的实际情况时，可以自己在文本框内输入尺寸，然后单击"添加"按钮。

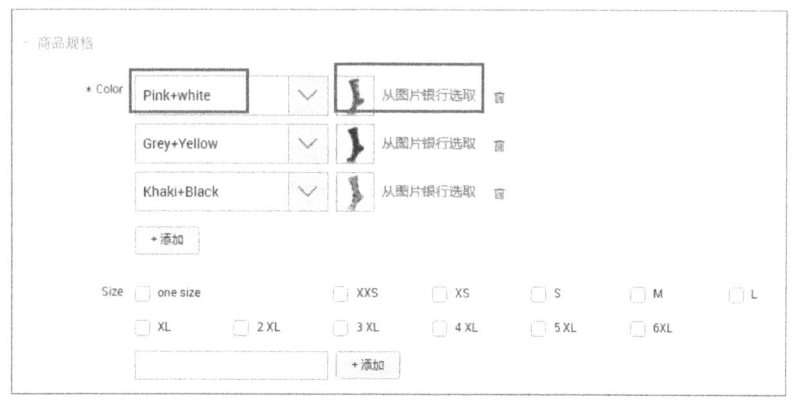

图 7-48　填写商品规格

5．填写交易信息

填写交易信息是发布 Ready to Ship 商品比较重要的一步。如图 7-49 所示，发布 Ready to Ship

商品时，需要单击"支持"按钮，即支持买家直接下单。具体填写内容以袜子为例。

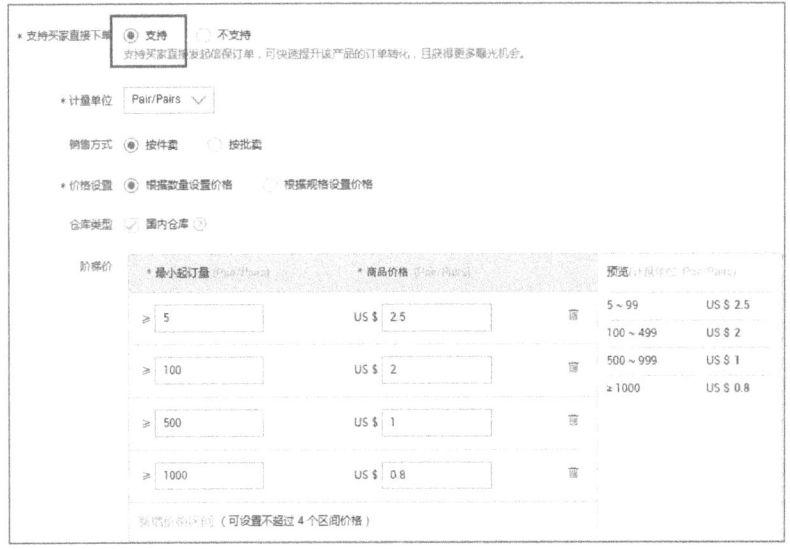

图 7-49　填写商品交易信息

（1）选择"计量单位"为"Pair/Pairs"（单位在下拉选项中选择）。

（2）"销售方式"选择"按件卖"。

（3）"价格设置"可以选择"根据数量设置价格"。

（4）设置阶梯价格，如图 7-49 所示，左边的文本框内填的是最小起订量，右边的文本框内填的是商品价格。例如，我们设置的第一个区间价格是"起订量≥5 时，每双袜子的价格是 2.5$"，第二个区间为"起订量≥100 时，每双袜子的价格是 2.0$"。不同的起订量对应不同的价格，最多可以设置 4 个区间价格，预览效果可以在文本框的右边看到。

6．样品服务设置

样品服务设置可按卖家具体情况选择，如图 7-50 所示。

图 7-50　样品服务设置

第一种情况：选择"支持样品服务"就需要填写"单次最多索样数量"及"样品单价"。当有额外需求时可以附上具体的样品包描述，但要控制在 150 个字符以内。第二种情况：选择"不支持"，则不需要填写任何内容。

7．填写物流信息

物流信息涉及运费模板，是 Ready to Ship 商品发布的重点，如图 7-51 所示。

图 7-51　填写商品物流信息

（1）填写商品的外包装尺寸，分别在文本框内填入"长""宽""高"相应的数值，注意单位是厘米（cm）。

（2）输入商品的毛重，单位是"kg/Pair/Pairs"。

（3）发货期需要填写"数量"和"预计时间"，最多可以设置 3 个区间。如图 7-51 所示，当商品数量≤5 时，发货时间为 3 天；商品数量≤500 时，发货时间为 5 天。需要注意的是，最小起订量的交货期必须≤15 天，这是 Ready to Ship 商品的必备条件。

运费模板的设置步骤，具体如图 7-52 到图 7-57 所示。

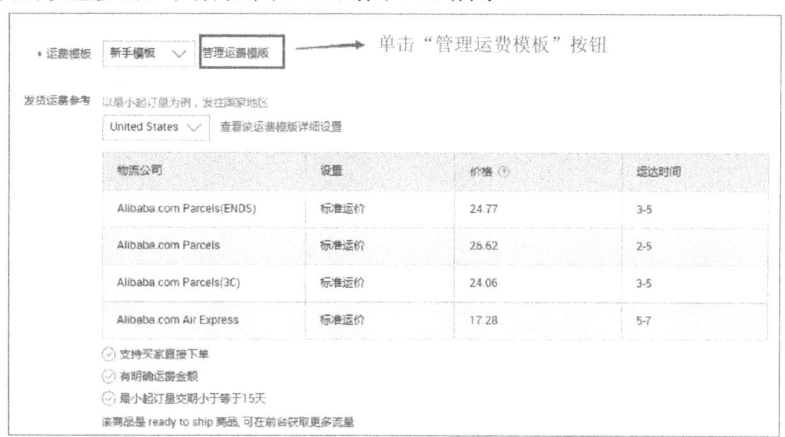

图 7-52　单击"管理运费模板"按钮

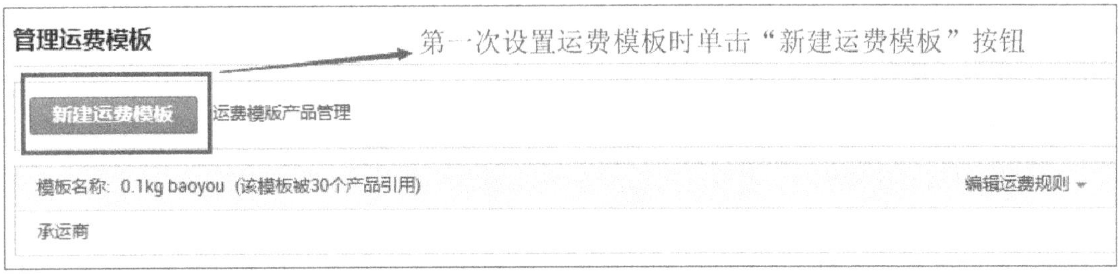

图 7-53 单击"新建运费模板"按钮

图 7-54 填写模板名称

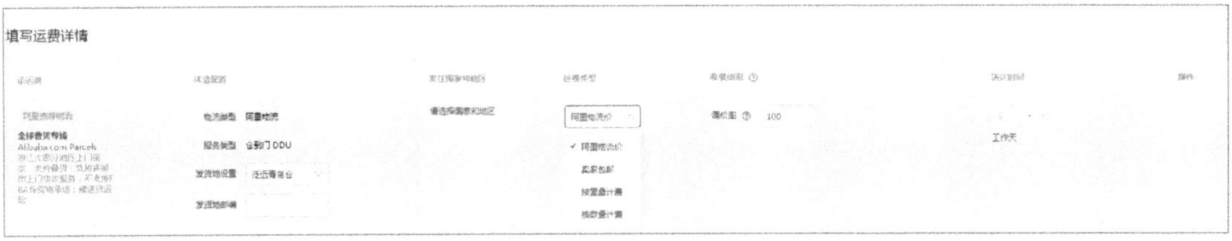

图 7-55 填写运费详情

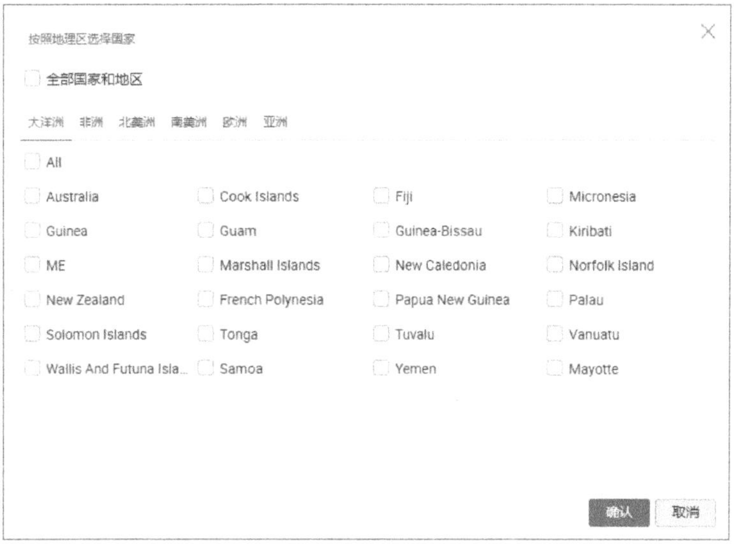

图 7-56 选择运送国家和地区

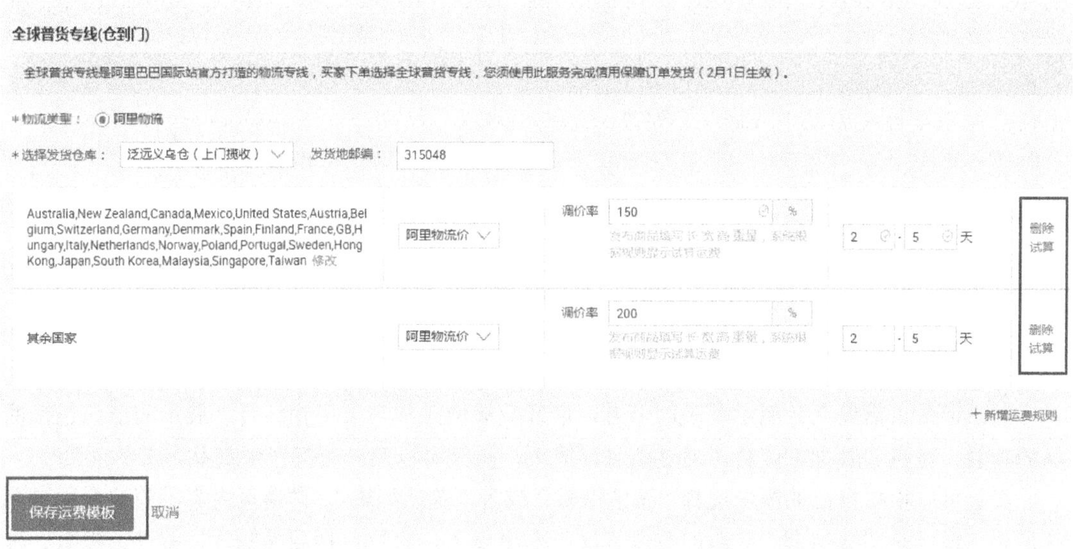

图 7-57 选择全球普货专线，并单击"保存运费模板"按钮

8．填写商品描述

如图 7-58 所示，从图片银行中选取图片或者单击"浏览"按钮从本地上传图片。商品图片为主图 1 张及细节 5 张，在图片数量足够的情况下，建议放满 6 张图片。另外，也可以选择添加时长不超过 45 秒的主图视频和时长不超过 10 分钟的详情视频。

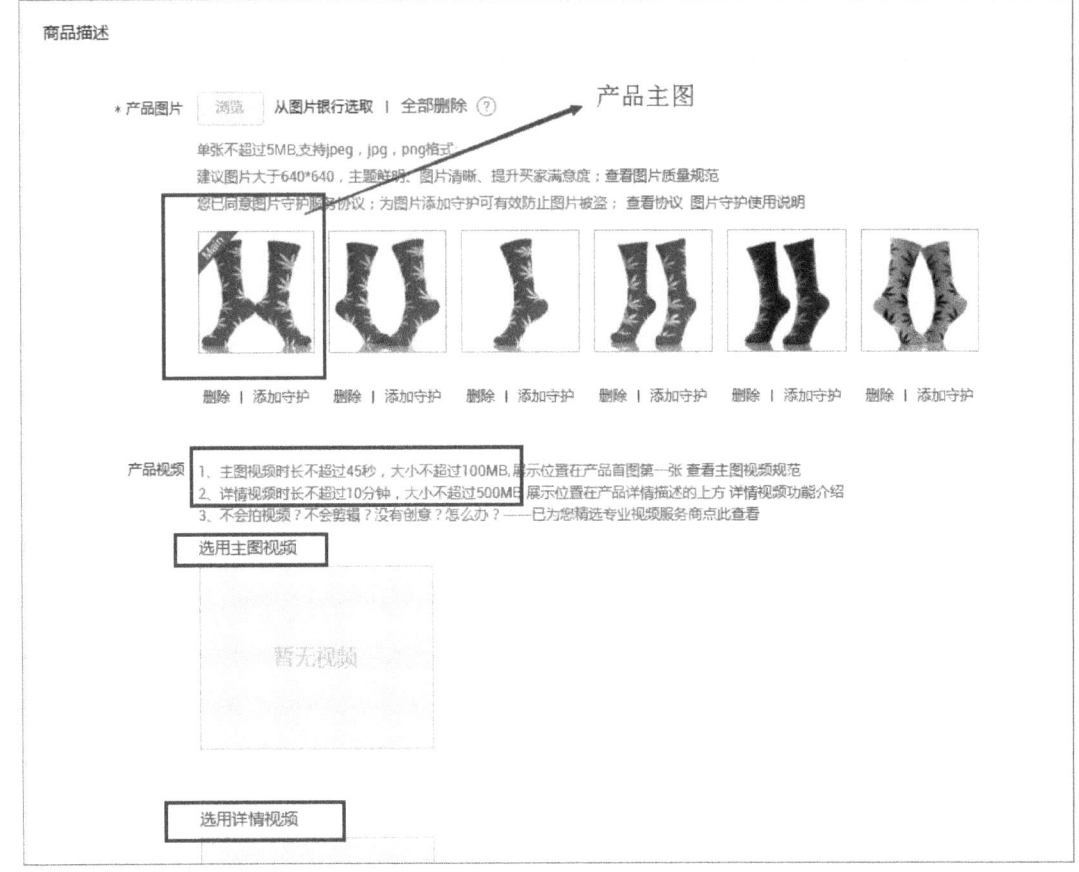

图 7-58 填写商品描述

9. 填写商品详情页

商品详情页需要充分展示商品的信息,最好能够使图片与文字相结合,展示的信息包括商品的功能、特点、质量、优势。通过商品详情页,买家可以第一时间了解商品,节约时间。

卖家可以根据自己的需求选择"智能编辑"或者"普通编辑"。详情页内容不建议全部是图片形式,最好是图文结合。导航的数量建议在 5 个以上,内容包括商品图片、特性、参数、证书、公司介绍、包装&运输、FAQ 等。因阿里巴巴国际站规定,商品详情页不能出现联系方式,建议多添加跳转链接,可以是旺铺链接,也可以是具体的商品链接。

最后,填写完所有内容后可以通过商品的信息质量检测发布的商品信息是否完整,如图 7-59 所示。

图 7-59　商品信息质量检测结果

7.5.4　如何验证发布的 Ready to Ship 商品

发布的 Ready to Ship 商品审核通过后，单击商品的浏览页面，如图 7-60 所示。如果商品发布无误，则可在标题的上方看到"Ready To Ship"的标签，"运费"一栏显示商品具体的运费价格，最小起订量交货期≤15 天。如果发布的商品出现没有显示明确运费的情况，可按如下原因进行排查。

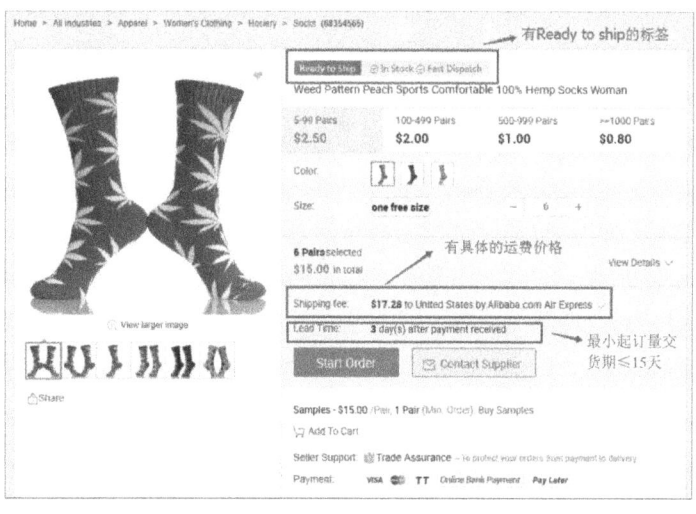

图 7-60　商品浏览页面

（1）运费模板选择协商物流，无运费。

（2）外包装尺寸没有具体的长、宽、高的数据，无法计算快递运费。

（3）按件卖和按批卖的商品的外包装尺寸和毛重设置错误，或最小起订量设置过高，导致超出了快递公司的承运限制，须确保最小起订量下的外包装尺寸和毛重没有超出快递公司的承运范围。针对外包装尺寸容易超过快递公司承运范围的商品，卖家应注意各快递公司的承运限制，使外包装的单边长和围长均不超过限制。

商品若按件卖，外包装尺寸应填单件商品的外包装尺寸和毛重；若按批卖，应设置一批商品的外包装尺寸和毛重。

思考与实训

一、思考题

1．在阿里巴巴国际站获取关键词的方法有哪些？

2．怎样设置关键词？

3．发布产品图片需要注意哪些方面？

4．产品详情描述有哪些填写要求？

二、操作任务书

在阿里巴巴国际站后台发布一款产品。要求类目放置正确，产品名称、关键词与文本相匹配，产品信息完整度为100%，详情页内容详尽，产品信息完整，版面美观，并具有一定逻辑性和层次感。

第 8 章
阿里巴巴国际站经营优化

学习目标
- 了解阿里巴巴国际站搜索排序规则
- 了解商家星等级指标内涵及应对之策
- 掌握外贸直通车的操作
- 掌握数据管家分析
- 掌握信用保障服务和超级信用证

关键术语

搜索排序、商家星等级、外贸直通车、数据管家、信用保障服务、超级信用证

8.1 阿里巴巴国际站搜索排序规则

8.1.1 阿里巴巴国际站搜索排序分类

通过阿里巴巴国际站的搜索排序功能,买家可以快速高效地找到合适的产品、供应商或者资讯。

目前,阿里巴巴国际站的搜索排序主要包括类目浏览排序、产品搜索排序、卖家搜索排序、卖家店铺内搜索排序等,这几种搜索排序的排序机制基本相同,都是综合排序。

阿里巴巴国际站搜索排序的原则如下。

(1)买家需求导向。

因为主要是买家群体在使用搜索功能,而国际站平台也提倡符合买家需求及利益的卖家行为,所以那些符合买家需求的产品或者卖家会优先获得阿里巴巴国际站的资源。

(2)严惩作弊。

作弊行为破坏了市场公平竞争的秩序和环境,会极大地降低买家体验度。因此,严惩作弊是一个重要原则,有作弊行为的卖家将受到平台的严惩。

8.1.2 阿里巴巴国际站搜索排序机制

阿里巴巴国际站的搜索排序机制是从买家角度出发，逐步筛选后进行排序。

以产品搜索排序为例，平台的搜索排序机制主要有过滤搜索作弊、匹配、排序 3 个阶段，即平台会首先搜索并过滤掉作弊产品，然后根据类目相关性和文本相关性匹配出符合搜索需求的产品，最后根据买家偏好、产品信息及卖家信息进行排序，具体如图 8-1 所示。

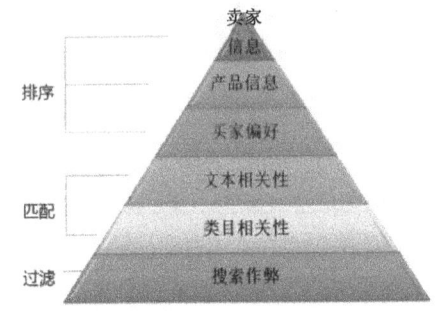

图 8-1　产品搜索排序框架图

1. 过滤搜索作弊

搜索作弊是指卖家故意通过重复铺货、类目错放、虚假交易等行为影响平台搜索排序结果，骗取平台搜索曝光资源。搜索作弊行为严重破坏了市场公平竞争的秩序，会极大地降低买家体验度，因此搜索作弊行为会受到平台的严厉打击。

（1）重复铺货。

重复铺货是指卖家通过重复滥发产品，以期在平台搜索结果中提高产品曝光量的行为。卖家需注意在发布产品的时候，使用的产品图片，设置的产品标题、属性、详细描述等应该体现不同产品的差异和特点，避免被判定为重复铺货。

（2）类目错放。

类目错放是指卖家在发布产品的时候，故意将产品放在与实际描述不符的类目下以期获得高曝光的行为。平台将按搜索排序下调或搜索屏蔽等对类目错放的产品做出处理。如图 8-2 所示，商家产品所放类目是盖子、瓶盖、罩子，但是该产品却是塑料瓶。

图 8-2　类目错放

针对重复铺货及类目错放两类搜索作弊行为，阿里巴巴国际站后台的"搜索诊断"工具会做出相关提示，供应商可以根据后台提示进行相应操作。

（3）虚假交易。

虚假交易是指卖家通过不正当方式提高店铺产品销量、网站会员积分、信用积分等以获取不当利益的行为。针对虚假交易，平台将按搜索排序下调或搜索降权等对相关产品做出处理，并限制卖家参加平台营销活动、限制国际站账号部分或全部权限等。

针对此类产品，平台会将其过滤掉，然后进行匹配。

2. 匹配

匹配是指搜索的结果要与买家输入的搜索词相匹配，匹配的依据主要是类目相关性和文本相关性。

（1）类目相关性。

类目，即产品的类别，产品只有和类目相关，才能被快速定位到买家需求所属的同类产品中。卖家发布产品时应选择正确合适的类目，不要错放类目，另外不要将有准确类目的产品放在"Other"类目下。故意将产品放置在不正确的类目下以期获得高曝光的行为会被阿里巴巴国际站认定为作弊行为，不仅会受到平台反作弊机制的严厉打击，也会对产品展示效果产生不良影响。产品类目相关性具体如图 8-3、图 8-4 所示。在图 8-3 中，图片、标题、类目一致，产品的类目相关性较高。在图 8-4 中，图像标题显示是"Clamps"，而产品类目却选择了"Stairs"，产品的类目相关性较低。正确的方式应是将该产品放置在"Clamps"这个类目下。另外，尤其需要注意整体和部件的类目区分。

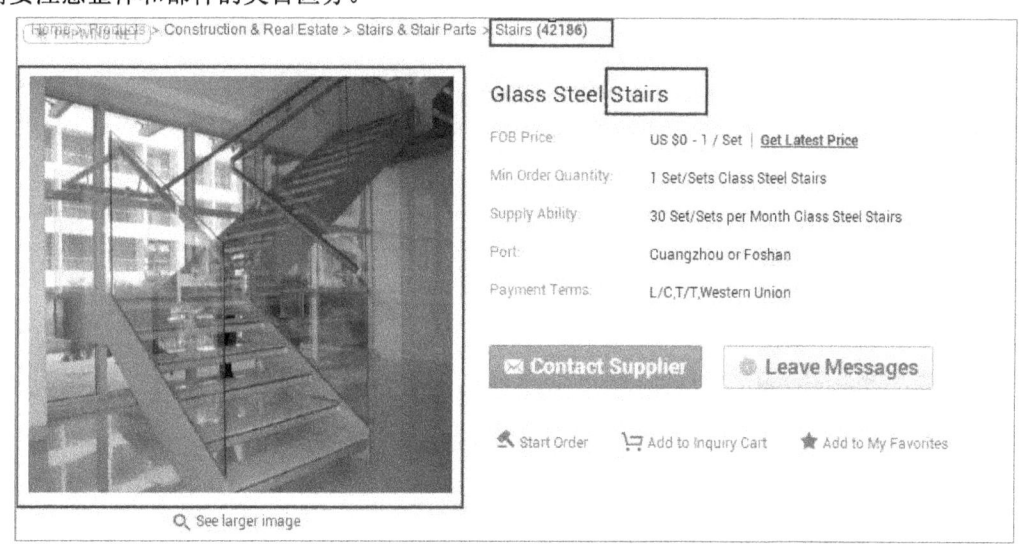

图 8-3　产品类目相关性较高

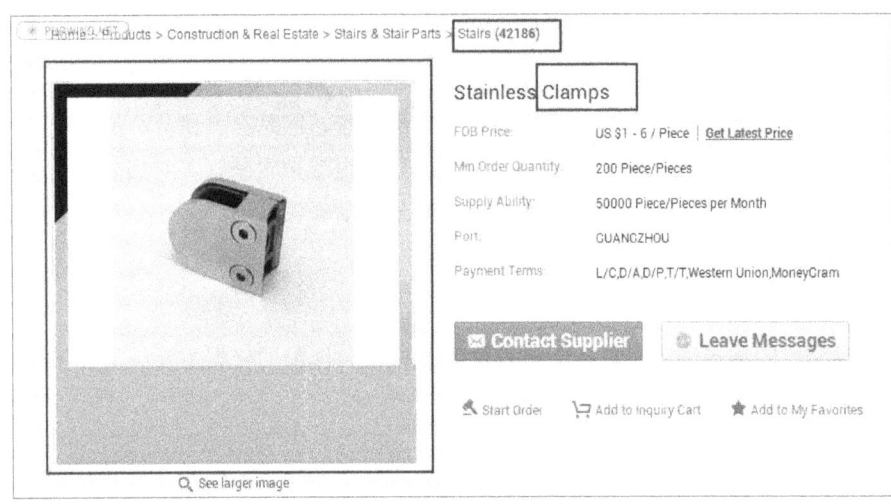

图 8-4 产品类目相关性较低

（2）文本相关性。

文本相关性是指搜索功能会将卖家发布的产品标题、属性、关键词等产品关键信息和买家搜索词进行相关性匹配。卖家发布产品时对产品关键信息的描述应真实、准确、合理、完善。产品关键词应真实、准确地在产品标题中体现，产品标题中可以添加相关的修饰词，通过完善属性的方式来更好地匹配买家搜索词。在产品信息描述中单纯地重复使用关键词的行为，如关键词堆砌、关键词滥用等非但不会增加文本相关性反而会影响搜索匹配效果。

例如，在图 8-5 中，买家搜索词为"12v led lights"，卖家发布的该产品标题较好地体现了产品的部分特性并与搜索词相匹配，文本相关性较高。在图 8-6 中，买家搜索词为"12v led lights"，但是卖家在该产品标题中重复使用"Led strip"，使标题显得很长，不易阅读，反而使文本相关性较低。

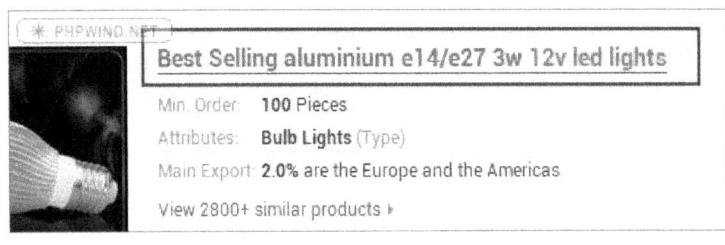

图 8-5 文本相关性较高

图 8-6 文本相关性较低

3. 排序

排序是指在匹配条件同等的情况下将优先展示买家偏好的产品、更好的产品、更优质的卖家，排序的主要依据是买家偏好、产品信息和卖家信息。

（1）买家偏好。

平台排序功能会根据买家的行为识别买家偏好，使买家喜欢的产品排序较为靠前。

① 卖家应及时了解行业动态和买家需求，精准分析产品的优势和特点，并体现在产品标题、关键词、自定义属性的描述中。

② 买家偏好更多地取决于买家自身的采购意愿。不同的买家会搜索相同的关键词，但由于买家偏好及采购意愿不同，其对产品或卖家的选择也会不同。

（2）产品信息。

平台排序功能判断产品质量高低的依据是产品信息描述的易读性、丰富性与一致性。

① 产品标题应言简意赅。对产品名称、型号及关键特征和特性的描述应简要、清楚，使买家一看就能了解产品的关键信息。切忌反复堆砌、罗列相同或者意思相近的关键词，标题过于冗长会使买家找不到重点，难以判别产品标题的中心内容。

② 要尽量完整、准确地填写产品属性，产品图片应尽量清晰、明确，从而帮助买家清楚地了解产品。

③ 产品详情中的信息一定要真实、准确，避免出现和标题、属性不一致的情况，对买家或平台的判断造成干扰。恰当使用图片或表格介绍产品功能、特点、质量、优势，有助于买家快速也解产品。

另外，非自然语言描述或重复严重的产品信息会影响该产品的搜索排序效果。

如图 8-7 所示，产品信息填写完整，内容丰富。

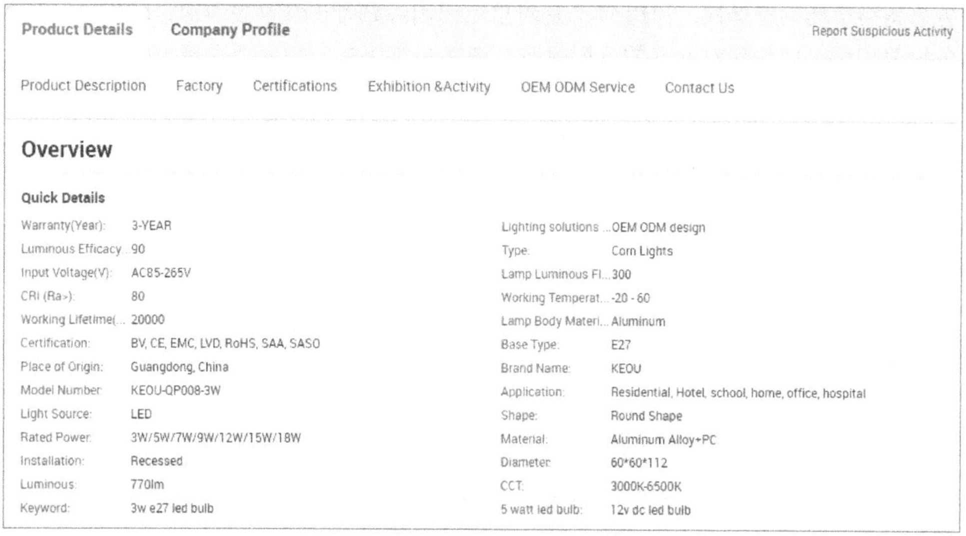

图 8-7　产品信息填写完整，内容丰富

（3）卖家信息。

平台排序功能判断卖家信息质量的依据是卖家信息的完整度、真实度，卖家在平台的活跃度，以及卖家对其店铺及产品的管理维护程度等。

① 尽可能提供完善、丰富的卖家信息。卖家信息展示得越多，买家就越相信该卖家的真实性，沟通的成本也就越低，买家询盘的概率也会提升。

② 积极、及时地维护店铺。例如，合理控制产品总量，突出重点产品，对逾期或者不具太大价值的产品进行清理等。店铺内堆积大量相似的产品或无效的产品会使买家产生视觉疲劳，从而失去对该店铺的兴趣。而且这还将直接影响卖家的信息质量，进而影响产品的搜索排序效果。

③ 及时回复买家的各类询盘、咨询等。及时的回复能提升买家的好感，有助于达成交易，避免错失商机。

8.2 阿里巴巴国际站商家分层规则

8.2.1 商家星等级

虽然国内制造业已全面迈进以品牌建设、高质量研发、智能制造为关键要素的转型升级之路，但仍然有不少制造业企业没有跟上转型升级的步伐，未能适应电子商务多批次、高频度的特性和品牌化的发展方向。

为加快中国外贸行业转型升级的步伐，进一步扩大在海外市场的份额，以优质产品、高质量服务为赢得市场创造条件，2018年7月阿里巴巴国际站推出商家星等级，取代了原来的供应商服务指数指标，以体现对商家的分层战略。商家星等级对商家的要求更加全面，更加关注买家体验度。这也使商家能更清楚地了解自身的努力方向，及时弥补自身缺陷以便更好地服务买家，提升国际站上商家的整体能力，改善买家对中国商家的认知。

商家星等级与商家店铺在平台的运营和表现直接相关，且商家星等级已于2019年7月5日升级至3.0版本。

商家星等级3.0版本有以下变化。

（1）丰富了指标体系，强调买家核心关注点，四大能力项依次升级为商家力/商品力、营销力、交易力、保障力。

（2）细化分层标准，凸显更多优质商家，在3星之上孵化出4星和5星。1~5星四大能力项分数要求分别是60分、70分、80分、85分、90分。

（3）交易额（GMV：Gross Merchandise Volume）从挂账金额改成实收金额。

（4）星等级商家享受从流量到服务的各项切实权益。

（5）后台显示定制和快速交易两套指标，取两套指标中较高的星等级作为商家的最终星等级。

星等级根据上个月最后一个自然日的能力项分数综合评定，每月 5 日更新。四大能力项要同时满足分数标准才能晋级为对应的星等级。一星需四大能力项均达到 60 分，二星需均达到 70 分，三星需均达到 80 分。

1. 升级一：分场景的两套指标体系

随着平台场景的不断丰富，阿里巴巴国际站孵化出定制和快速交易场景，商家星等级 3.0 版本也在商家后台同时显示定制和快速交易两套评分的指标和数据，让有不同需求的商家能更清晰地了解不同场景下需要优先关注的指标，取其中较高的星等级作为商家的最终星等级，具体如图 8-8 所示。

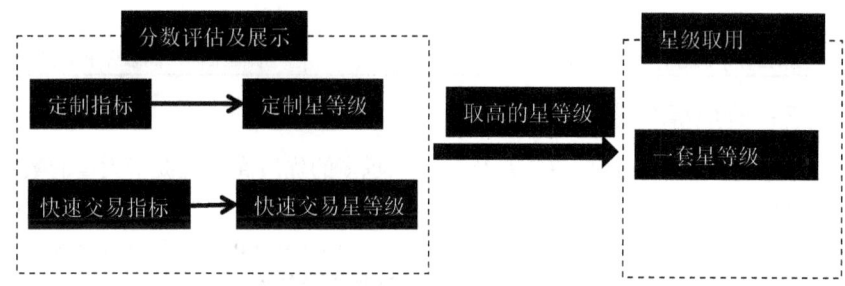

图 8-8　分场景的两套指标体系

2. 升级二：更明确的买家视角

新的指标体系更丰富且更强调买家的核心关注点，四大能力项升级为商家力/商品力、营销力、交易力、保障力。商家力/商品力指标关注优质商品的展示，营销力指标关注商机获取能力，交易力指标关注成交转化效果，保障力指标关注交易质量及买家体验度，具体如表 8-1 所示。

表 8-1　商家星等级指标

	定制场景指标		快速交易场景指标
商家力	新增指标： ① 商品成长平均分（非直接下单品） ② 实力优品数（非直接下单品） ③ 证书数（加分项） 取消指标：商品信息质量分	商品力	新增指标： ① 商品成长平均分（直接下单品） ② 实力优品数（直接下单品） 取消指标：商品信息质量分
营销力	新增指标： ① 商机数 ② 营销能力分 ③ 平均回复时间 取消指标：点击率	营销力	新增指标： ① 点击率 ② 营销能力分 ③ 平均回复时间 取消指标：商机数

续表

定制场景指标		快速交易场景指标	
交易力	新增指标： ① 信用保障交易额 ② 复购率 ③ 商机转化率 ④ 支付转化率 取消指标：买家数	交易力	新增指标： ① 信用保障交易额 ② 复购率 ③ 信用保障买家数 ④ 总转化率
保障力	新增指标： ① 风险健康分 ② 按时发货率 ③ 买家评价分 ④ 异常履约率 取消指标：满意订单率和出口可视化	保障力	新增指标： ① 风险健康分 ② 按时发货率 ③ 买家评价分 ④ 异常履约率 取消指标：满意订单率和出口可视化

3. 升级三：分层标准进一步细化

随着数字化人、货、场打造的逐步深化，越来越多的优质商家沉淀了大量的数据，而这些数据将逐步在商家星等级中广泛应用。平台在原有分层的3星标准之上孵化出4星和5星，1～5星四大能力项分数要求分别是60分、70分、80分、85分、90分，具体如图8-9所示。

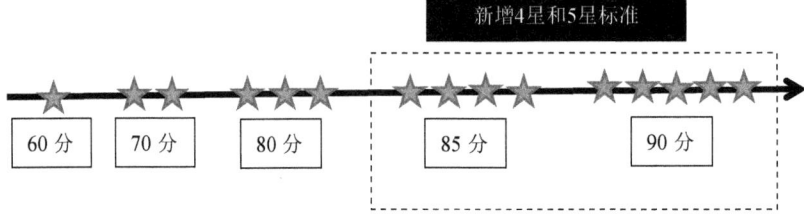

图8-9 星等级和能力项分数对应关系

4. 升级四：全方位丰富商家权益

为鼓励和支持更多的商家提升综合实力，给买家带来更优质的体验，商家星等级权益体系全面升级。升级后，星等级商家将在从流量到服务的各方面都享受到更切实的权益。3星以上（包括3星）商家则享有全部专属权益，包括搜索优先、行业营销活动优先报名、Weekly Deals 优先报名、金融活动优先参与、供应链费用折扣、供应链服务优先、线上专属客服及享有数据管家行业版和粉丝通使用权。2星商家除不能享有线上专属客服外，其他权益全部享有。1星商家享有的权益就比较少了，只有搜索优先、Weekly Deals 优先报名、金融活动优先参与及粉丝通使用权。

以上权益无须申请，平台会根据商家星等级和配合度，视具体活动的安排和招商要求决定星等级商家是否享有权益。星等级商家必须满足以下条件，如出现任一条件不满足，阿里巴巴国际站有权取消其对应的权益：商家须保持信用保障标识展示状态；商家所有的阿里巴巴国际站用户账号（包括但不仅限于活动报名账号）的违规分值<24分，且严重违规次数<1次。

8.2.2 商家星等级指标

商家星等级现分为定制星等级和快速交易星等级。每种星等级仍旧有四大能力项，四大能力项得分根据各子项指标系数综合计算而得，各子项指标值越高，四大能力项分数就越高。定制星等级各指标定义及应对之策如表 8-2 所示，快速交易星等级各指标定义及应对之策如表 8-3 所示。

表8-2 定制星等级各指标定义及应对之策

能力项	指标名称	定义	应对之策
商家力	商品成长平均分(非直接下单品)	当前店铺内所有非直接下单品的商品成长分的平均值（商品成长分是网站通过对商品的内容表达、效果转化、商品服务 3 个维度下的多项数据指标进行综合评定后的量化分值）	检查每件商品的商品信息质量，优化标题关键词，提高点击率；问题商品全部处理；外贸直通车推广
商家力	实力优品数（非直接下单品）	当前店铺内所有非直接下单品中实力优品的个数（实力优品是指商品成长分≥80 分且非重复铺货的商品）	首页放精品诚企视频，延长买家停留时长；优化商品详情页，如放商品视频等；处理重复铺货
商家力	证书数	已上传并验证通过的证书数量。计入分值的证书类型包括企业体系类认证证书（如 ISO 系列），产品认证证书（CE、UL 证书等），商标证书（自有商标）及专利证书	尽可能地上传公司所有的认证证书
营销力	商机数	最近 30 天内针对商品信息和公司信息发送的有效询盘数和 RFQ 报价量	按照买家采购流程设计商品详情，加商品详情视频以提升询盘率；精准 RFQ 报价
营销力	营销能力分	反映商家多场景触达买家的能力，是基于商家广告的基础操作、流量获取和投入意愿综合计算出来的营销能力分	重视顶展，外贸直通车等广告投入
营销力	平均回复时间	7 天内买家发来的所有有效询盘的平均回复时间，以小时为单位计算并四舍五入	设置邮件回复模板，提高回复速度，包括询盘的二次回复
交易力	信用保障交易额（实收）	最近 90 天内实际挂账的信保订单金额（去掉虚假交易订单）	引导买家通过信保交易；用信保交易话术提高成交率
交易力	复购率	在最近 90 天内的店铺信保交易买家中，有 2 笔及 2 笔以上订单的买家比例，即最近 90 天内在店铺产生过 2 笔及 2 笔以上订单的交易买家数/最近 90 天内在店铺产生过订单的所有交易买家数	做好后续跟进
交易力	商机转化率	在最近 30 天内的店铺访客中，从店铺访客转化成商机买家的比例，即最近 30 天内访问店铺且有商机行为的买家数/最近 30 天内访问店铺的买家数（商机买家是指对店铺产生过商机行为的买家，商机行为包括对店铺发过 TM 咨询、询盘，发起订单）	优化详情页内容

续表

能力项	指标名称	定 义	应对之策
交易力	支付转化率	在最近90天内的店铺访客中，从商机买家转化成支付买家的比例，即最近90天内访问店铺且有订单支付行为的买家数/最近90天内访问店铺且有商机行为的买家数（商机买家是指对店铺产生过商机行为的买家，商机行为包括对店铺发过TM咨询、询盘，发起订单）	利用样品、促销活动等方式引导买家下单
保障力	风险健康分	根据最近365天内在网站发生违规扣分、违规频次、严重程度的综合打分，违规来源包括虚假交易、知识产权、禁限售、贸易纠纷、图片盗用、滥发信息等	严禁使用品牌禁售词，使用其他品牌需要去后台注册授权信息；不盗用他人的图片；上传知识产权等证书
	按时发货率	最近180天内已付款且按时发货的订单数/（最近180天内已付款的订单数-最近180天内已付款但未到约定发货时间的订单数），所有订单状态须是未取消且未提起拒付的	信保订单按时发货；如有意外，联系买家修改发货期
	买家评价分	根据买家在交易完成后对商家的商品质量、商家服务、按时发货3个维度的所有历史打分取平均值	优化产品质量、商家服务，并按时发货

表8-3 快速交易星等级各指标定义及应对之策

能力项	指标名称	定 义	应对之策
商品力	商品成长平均分（直接下单品）	当前店铺内所有直接下单品的商品成长分的平均值（商品成长分是网站通过对商品的内容表达、效果转化、商品服务3个维度下的多项数据指标进行综合评定后的量化分值）	检查每件商品的商品信息质量，优化标题关键词，提高点击率；问题商品全部处理；外贸直通车推广
	实力优品数（直接下单品）	当前店铺内所有直接下单品中实力优品的个数（实力优品是指商品成长分≥80分且非重复铺货的商品）	首页放精品诚企视频，延长买家停留时长；优化商品详情页，如放商品视频等；处理重复铺货
营销力	点击率	最近30天内，商品信息或公司信息在搜索结果列表页或类目浏览列表等页面被买家点击的次数/被买家看到的次数，即点击/曝光	商品类目要正确，优化商品标题、关键词，提高被买家搜索到和点击的概率
	营销能力分	代表商家多场景触达买家的能力，是基于商家广告的基础操作、流量获取和投入意愿综合计算出来的营销能力分	重视顶展，外贸直通车等广告投入
	平均回复时间	7天内买家发来的所有有效询盘的平均回复时间，以小时为单位计算并四舍五入	设置邮件回复模板，提高回复速度，包括询盘的二次回复
交易力	信用保障交易额（实收）	最近90天内实际挂账的信保订单金额（去掉虚假交易订单）	引导买家通过信保交易；用信保交易话术提高成交率

续表

能力项	指标名称	定义	应对之策
交易力	复购率	在最近90天内的店铺信保交易买家中，有2笔及2笔以上订单的买家比例，即最近90天内在店铺产生过2笔及2笔以上订单的交易买家数/最近90天内在店铺产生过订单的所有交易买家数	做好后续跟进
	信用保障交易买家数（实收）	最近90天内店铺实际匹配到当前未取消的信用保障订单的买家数（去掉虚假交易订单）	积极引导买家通过信保下单
	总转化率	在最近30天内的店铺访客中，从店铺访客转化成支付买家的比例，即最近30天内访问店铺且有订单支付行为的买家数/最近30天内访问店铺的买家数	利用样品、促销活动等方式引导买家下单
保障力	风险健康分	根据最近365天内在网站发生违规扣分、违规频次、严重程度的综合打分，违规来源包括虚假交易、知识产权、禁限售、贸易纠纷、图片盗用、滥发信息等	严禁使用品牌禁售词，使用其他品牌需要去后台注册授权信息；不盗用他人的图片；上传知识产权等证书
	按时发货率	最近180天内已付款且按时发货的订单数/（最近180天内已付款的订单数-最近180天内已付款但未到约定发货时间的订单数），所有订单状态须是未取消且未提起拒付的	信保订单按时发货；如有意外，联系买家修改发货期
	买家评价分	根据买家在交易完成后对商家的商品质量、商家服务、按时发货3个维度的所有历史打分取平均值	优化产品质量、商家服务，并按时发货

8.3 外贸直通车

8.3.1 外贸直通车的含义及其优势

1. 外贸直通车的含义

外贸直通车是卖家自主设置多维度关键词，免费展示产品信息，通过大量曝光产品来吸引潜在买家，并按照点击量付费的网络推广方式。

外贸直通车的设计原理如下。

首先，卖家预估买家查找产品时可能会搜索的关键词，然后卖家竞标购买这些关键词。那么，当买家输入关键词查找相关产品，产品搜索匹配到该关键词时，卖家的产品排名就会靠前。匹配包括精准匹配与扩展匹配，精准匹配是"买家搜索的词=卖家竞标的词"，如买家搜索"A+B"，卖家竞标词也是"A+B"；扩展匹配是"扩展词=卖家竞标词"，如买家搜索"A+B"，卖家竞标词为"A+B+C"。

2. 外贸直通车的优势

（1）流量大。

Aleax 是网站流量查询平台，在站点 alibaba.com 的下属各子站点中，offer.alibaba.com 占了 61.54%的流量，而外贸直通车的流量来自 offer.alibaba.com，也就是说外贸直通车的流量占阿里巴巴主站流量的一半以上，可见其流量之大。

（2）排名靠前。

外贸直通车产品所在的位置都比较靠前。

（3）展示免费。

外贸直通车产品的特点是展示免费、点击扣费。阿里巴巴国际站平台的流量逻辑是曝光→点击→反馈，当产品获得大量曝光后，点击量一般情况下也会很大，进而才会有反馈，这一系列曝光、点击、反馈的数据沉积下来就会形成数据积累。

（4）撒网模式。

外贸直通车是通过添加多维度关键词来进行全面推广的，也就是说无论是搜索热度高的关键词还是搜索热度低的关键词，只要有人搜索，卖家的产品就会展现在买家面前，这种推广模式即为撒网模式。

（5）精准推广。

卖家可以通过外贸直通车的产品推广设置灵活变动想推广的产品，如不是当季的产品，可以先取消推广，并暂停推广相应关键词。另外，卖家还可以手动开启、关闭外贸直通车推广服务来精准把控推广的时间段。

8.3.2 外贸直通车的三大规则

1. 外贸直通车产品展示规则

我们的外贸直通车产品将被展示在哪些位置？打开阿里巴巴国际站平台的页面，搜索"beach ball"，搜索结果页的第一个产品的标题前面有一个小皇冠，这个产品所在的位置就是顶级展位，是卖家花高昂的推广费买下来的，如图 8-10 所示。

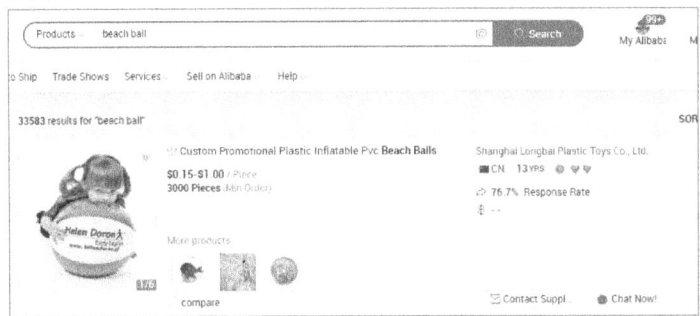

图 8-10　顶级展位

第 8 章　阿里巴巴国际站经营优化 | 193

在顶级展位的下面有 5 个外贸直通车展位,如图 8-11 所示,这 5 个产品的右下角有 AD 标记,表示这 5 个产品是卖家开通了外贸直通车付费推广上来的。

图 8-11　外贸直通车展位

页面右侧还有 10 个外贸直通车展位,页面底栏还有 5 个外贸直通车展位,如图 8-12 所示。因此,首页共有 20 个外贸直通车展位和 1 个顶级展位。另外,其他页面每页还有 15 个外贸直通车展位。

图 8-12　底栏的 5 个外贸直通车展位

2. 外贸直通车产品排名规则

外贸直通车产品的排名是由哪些因素决定的?是否关键词出价高排名就会靠前?其实并非完全如此。事实上,外贸直通车产品的排名主要是由关键词出价和推广评分这两个因素来决定的。

外贸直通车产品的排名=关键词出价×推广评分

从上面的公式可以看出，在产品排名不变的情况下，推广评分越高，关键词出价就越低。推广评分就是产品星等级，是指关键词与产品的相关程度和产品的买家喜好度，它是影响产品展现区域及排名的重要因素之一。单独一个产品拿出来是没有评分可言的，只有和不同的关键词匹配之后才会有评分的概念。当我们把关键词加进外贸直通车后台进行推广之后，每一个词都会有后台进行匹配之后给出的一个评分。根据我们所选的关键词和产品的相关度，评分有 5 个等级，分别是一星到五星，如表 8-4 所示。

推广评分五星：表示能通过比较有竞争力的竞价排到前 5 名，建议维持。

推广评分四星：表示点击率较高，能通过竞价排到前 5 名，建议维持。

推广评分三星：表示相关性较好，能通过竞价排到前 5 名，建议进一步优化点击率。

推广评分二星：表示相关性较差，无法进入前 5 名，不管出多高的价格也无法在前 5 名展示出来。

推广评分一星：表示相关性较差，无法进入前 5 名，需要对产品信息进行优化。

没有推广评分，表示关键词与产品不相关，无法进行推广。

如果关键词没有对应的推广产品，即对应的推广产品数是 0，就不会有对应的预估排名，这时候是无法出价的。

表 8-4 推广评分星级与关键词和买家喜好度的关系

星　　级	关键词与产品的相关度	产品的买家喜好度
一星	低	低
二星	低	较高
三星	高	低
四星	高	较高
五星	高	高

从表 8-4 不难看出，关键词与产品的相关度和产品的买家喜好度这两个因素影响了推广评分星级的高低。关键词与产品的相关度必须要高才能达到三星。如果卖家有一个一星的产品，其先去优化产品的买家喜好度，结果仍是一个一星产品，因为首先需要解决的是关键词与产品的相关度的问题。如果相关度的问题解决了，那么推广评分星级至少能达到三星。如果推广评分星级是一星或者两星，那么无论花多少钱进行外贸直通车推广，产品都无法进入前 5 名，只能在侧栏和底栏显示。

如何使关键词与产品的相关度较高呢？注意两个要素，一是发布的产品的标题中有没有包含外贸直通车推广的关键词，如果包含，就意味着相关度较高。二是发布时选择的产品类目与现在要推广的关键词在阿里巴巴国际站首页呈现出来的类目是不是同一个。如果不是，就意味着相关度不高。

推广评分星级从三星提高到五星需要关注买家喜好度。而买家喜好度则主要看该产品的点击率和反馈率。要提高产品的点击率和反馈率，首先要有好的产品图片，产品图片直接影响买家的视觉感受，其次是产品详情页要体现产品的优势等。

表 8-5 中有 4 个卖家，A 出价最高，但因为 A 的推广评分低于 C，所以 A 的排名低于 C。

表 8-5　4 个卖家的外贸直通车排名比较

卖家	出价/元	推广评分	总分	排名	扣费/元
A	16	20	320	2	14.1
B	14	20	280	3	12.6
C	12	30	360	1	10.8
D	10	25	250	4	10.0

3．外贸直通车推广扣费规则

外贸直通车产品扣费=（下一名出价×下一名推广评分）/卖家自己的推广评分+0.1

从扣费公式也可以看出，推广评分越高，扣费就越少。

这里要澄清扣费与出价之间的关系，扣费不等于出价，一般扣费是小于或等于出价的。当产品排在竞争该关键词的最后一名时，或者产品是这个关键词下曝光的唯一一个推广产品时，则所需要支付的点击价格为该关键词的底价，即最后一名的扣费等于出价。

如果一个 IP 在一段时间内重复点击多次，那么只扣费一次；产品免费曝光，产品只有在外贸直通车的推广位上被点击了才会产生费用。

从表 8-5 可以看到，推广评分的高低影响扣费金额的高低，所以提高推广评分是降低外贸直通车扣费的关键要素。

例如，目前当日扣费上限为 120 元，已消耗 115 元，现在被点击的关键词按照扣费规则应该扣费 8 元，但实际最后结算的扣费是不会超出当日扣费上限的，所以最终扣费 5 元。

8.3.3　如何操作外贸直通车

1．推广流程

外贸直通车的推广流程如图 8-13 所示。

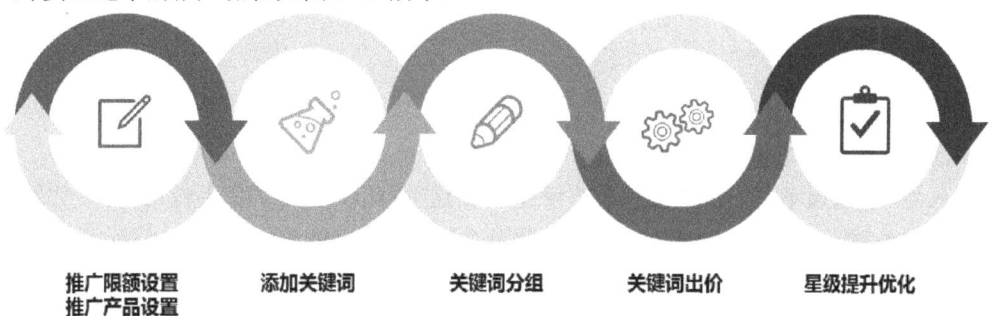

图 8-13　外贸直通车推广流程

第一步：推广限额设置，推广产品设置。

进入"My Alibaba"→"营销中心"→"外贸直通车"→"账户"页面，设置推广限额。关键词每日最低限额是 80 元，定向推广和全店推广每日最低限额是 50 元。设置推广产品时，卖家可以自主设置想要推广的产品，或者取消某个产品的推广。

第二步：添加关键词。

在推广初期，要尽量多地添加关键词。关键词的覆盖面越广，产品被展示的机会也就越大，吸引的潜在买家也就越多。

第三步：关键词分组。

单击"推广工具"中的"关键词工具"选项，为添加的关键词选择分组，如图 8-14 所示。

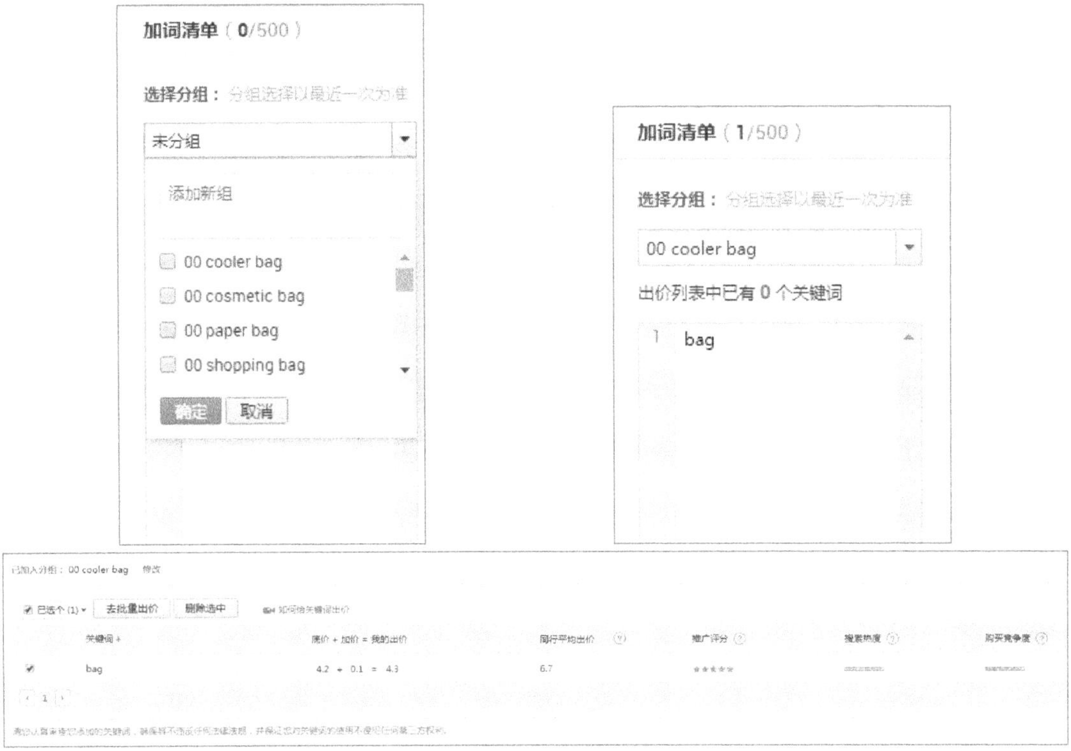

图 8-14 关键词分组

第四步：关键词出价。

进入"外贸直通车"页面，单击"推广管理"，在这里可以对已添加的关键词出价，如图 8-15 所示。选中关键词，单击"启动"按钮，外贸直通车就开始出价了。

图 8-15 关键词出价

2. 其他功能

（1）智能推广。智能推广是外贸直通车新推出的一种推广方式，与关键词推广并列。智能推广分为定向推广和快速引流，两种推广的每日最低限额是 50 元。

定向推广：卖家只需根据营销目标灵活选择不同的推广产品，无须选词买词。定向推广支持建立多个推广计划，不同计划支持单独设置预算和出价。卖家可根据自己的需要，设置出价的上限（即最高出价）、每日消耗上限和需要推广的产品，如图 8-16 所示。

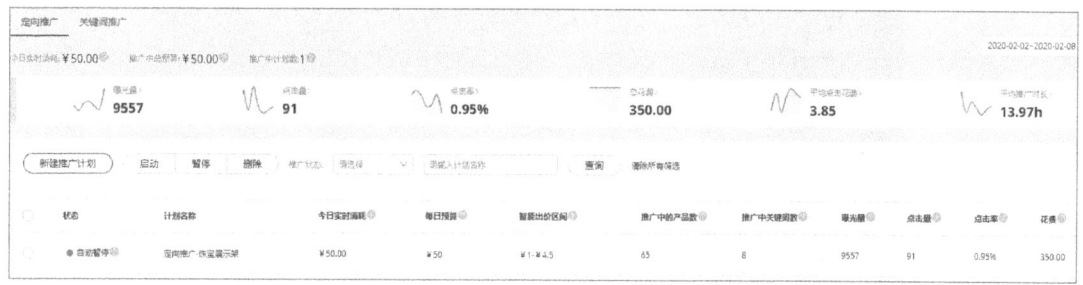

图 8-16　定向推广

快速引流新增了智能选品功能，卖家只需设置出价和预算，剩下的都由系统完成，如图 8-17 所示。系统还能通过推广数据的积累，帮卖家找出"爆款"。

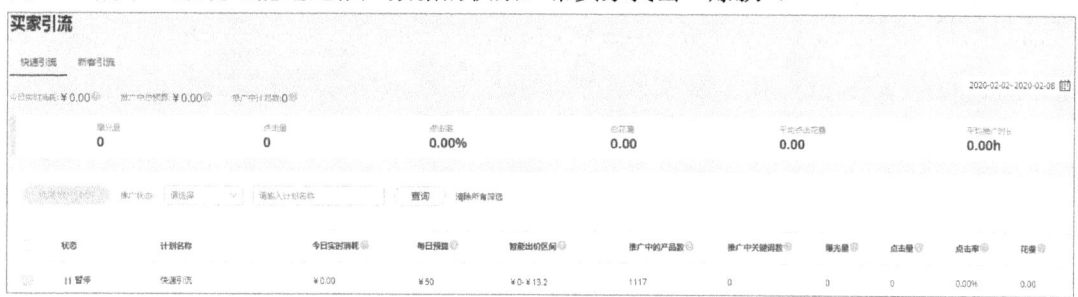

图 8-17　快速引流

（2）使用推广工具。外贸直通车还可以使用关键词工具和优化工具。优化工具主要包括重点词关注、预算工具、质量分优化、选品工具、账户清理、翻译优化助手等，如图 8-18 所示。

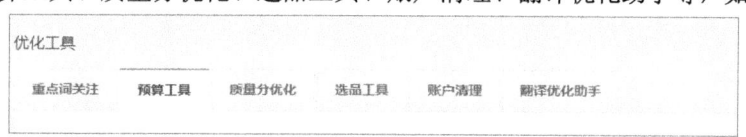

图 8-18　优化工具

（3）查看外贸直通车数据。可以查看外贸直通车数据的变化情况，分析数据，发现问题，以采取相关措施，如图 8-19 所示。

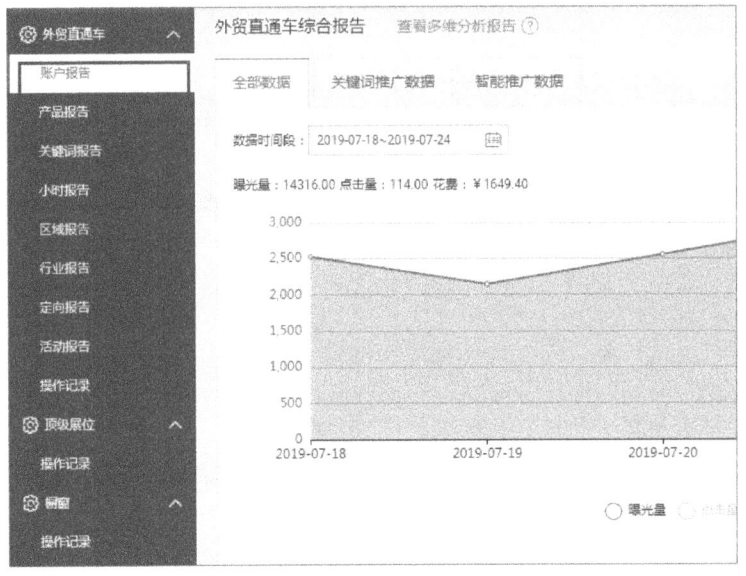

图 8-19　外贸直通车数据

（4）设置外贸直通车账户。可以根据需要进行全局投放设置和专属投放设置，如图 8-20、图 8-21 和图 8-22 所示。

图 8-20　外贸直通车账户常用设置

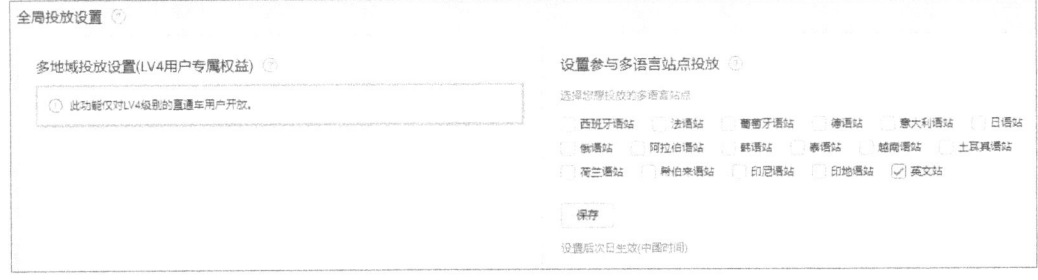

图 8-21　外贸直通车账户全局投放设置

图 8-22　外贸直通车账户专属投放设置

8.4　阿里巴巴数据管家的应用

8.4.1　我的店铺

"数据管家"下面的"我的店铺"栏目全面展示了店铺访客的情况,具体分为3个部分:店铺效果、访问行为、店铺访问详情,如图 8-23 所示。通过对这些数据的统计分析,我们可以更好地了解访客各方面的情况,推测出店铺存在的问题,并有针对性地制订解决方案。

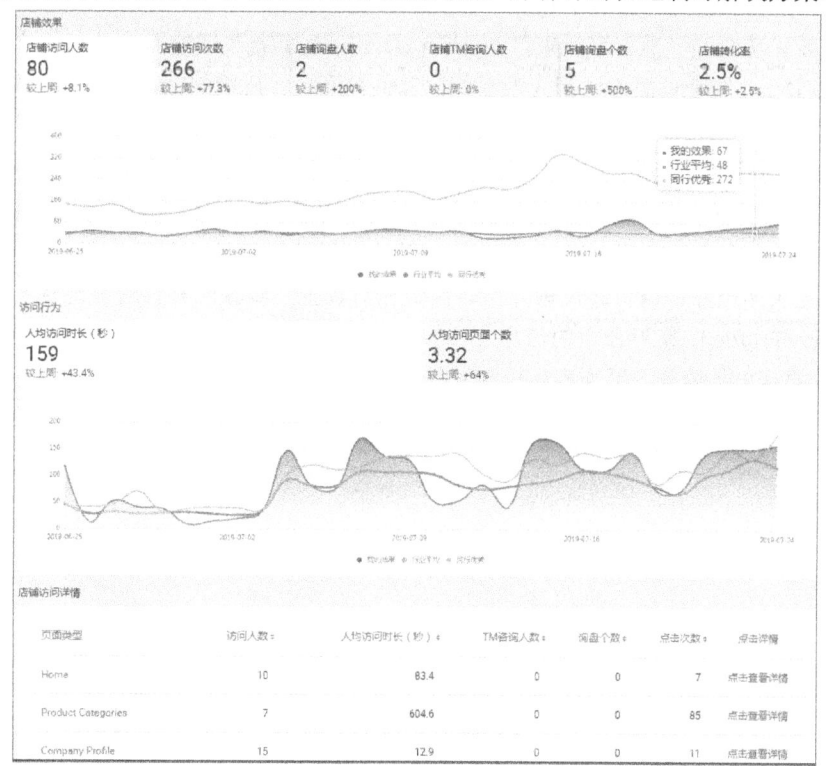

图 8-23　"我的店铺"页面

从“店铺访问详情”页面可清晰地看到各个板块的数据，包括页面类型、访问人数、人均访问时长（秒）、TM 咨询人数、询盘个数、点击次数、点击详情等数据。其中，页面类型包括以下 5 个页面：Home（店铺首页）、Product Categories（产品目录）、Company Profile（公司简介）、Contacts（联系）、Product Detail（产品详情），如图 8-24 所示。

店铺访问详情

页面类型	访问人数	人均访问时长（秒）	TM咨询人数	询盘个数	点击次数	点击详情
Home	10	83.4	0	0	7	点击查看详情
Product Categories	7	604.6	0	0	85	点击查看详情
Company Profile	15	12.9	0	0	11	点击查看详情
Contacts	13	33.8	0	0	0	点击查看详情
Product Detail	59	120.3	0	5	0	点击查看详情

图 8-24 “店铺访问详情”页面

从图 8-24 中，我们可以了解到各个页面类型的数据情况，以及哪些页面是卖家需要重点关注和优化的，从中我们可得知以下几点。

（1）一般店铺超过一半的流量来自 Product Detail，也就是说访客是直接访问产品页面的，因此 Product Detail 这个页面的访问人数自然比其他页面多，反馈的概率也比其他页面高。

（2）Home 页面访问人数多、点击次数少、转化率低（这里的转化率指访问转化为点击的比例），人均访问时长也比其他页面短。我们从中可以判断出店铺首页存在问题，卖家应考虑重新规划、改进店铺首页的布局，应该把主打产品和优势产品放在醒目的位置，并实时更新，不断优化调整。

（3）其他页面虽然可以引起反馈，但访问数相对较少，卖家应有针对性地优化这些页面，如在 Company Profile 中完善公司的信息。

图 8-25 显示出具体每个页面有哪些模块比较重要，以及访客都点击了页面的哪些模块。

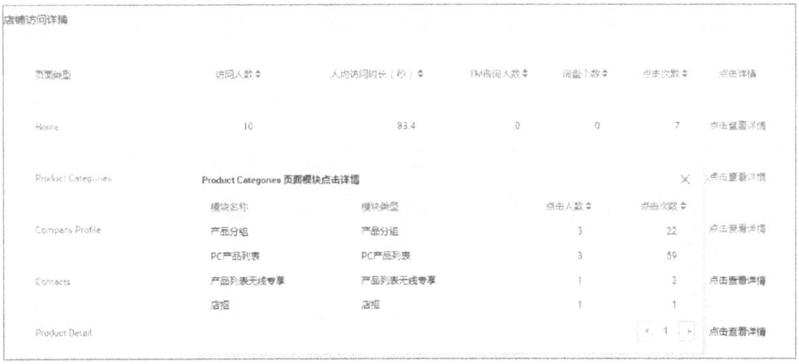

图 8-25 页面模块展示

8.4.2 我的效果

"我的效果"栏目有助于卖家快速了解全局业务,以便更好地抓住商机,另外卖家还能通过超链接快速进入各核心业务页面。

1. 询盘流量概览

询盘流量概览展示了曝光、点击、访客、反馈、TM 咨询客户数和及时回复率的数据及我的效果趋势曲线图,如图 8-26 和图 8-27 所示。

图 8-26 询盘流量概览 1

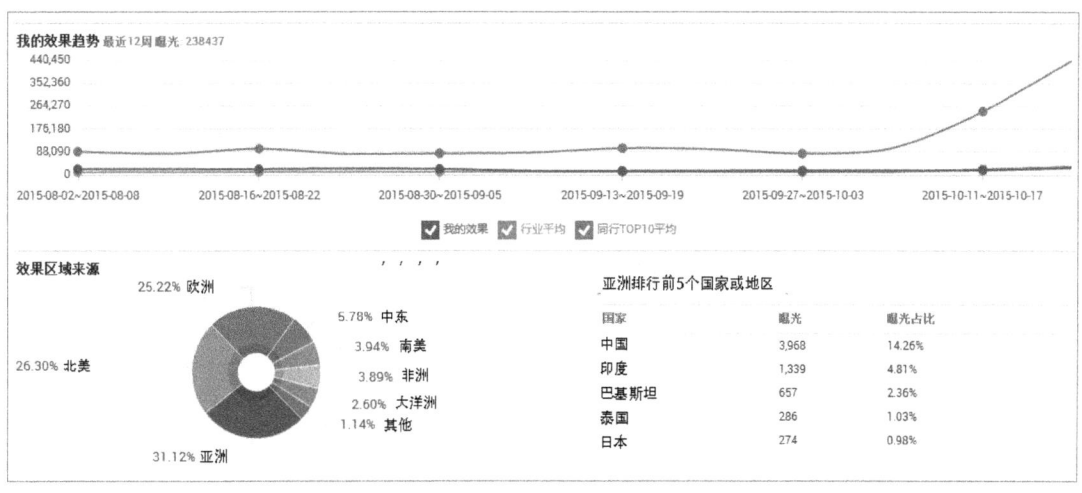

图 8-27 询盘流量概览 2

注意:

- 其中按月统计是统计近 6 个月的数据。
- 除及时回复率之外,每个数据项均清晰地展示了各效果区域的来源。

2. 外贸直通车概览

外贸直通车概览如图 8-28 所示。

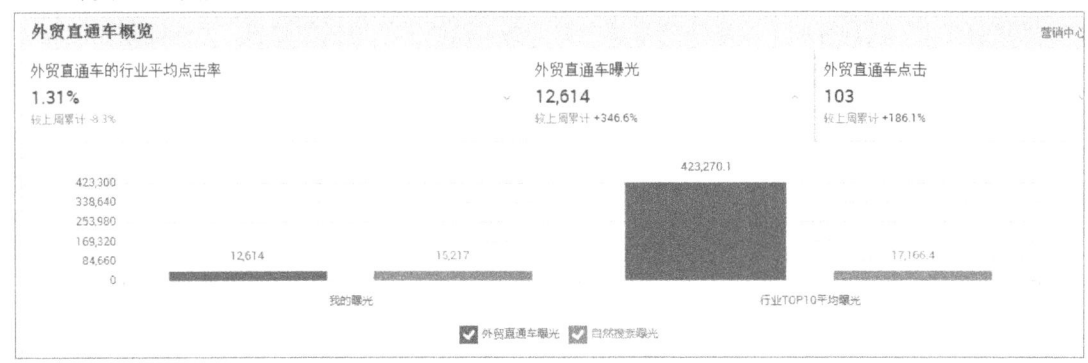

图 8-28　外贸直通车概览

3. RFQ 概览

RFQ 概览展示了"我的""同行平均""同行 TOP10 平均"的具体数据，如图 8-29 所示。

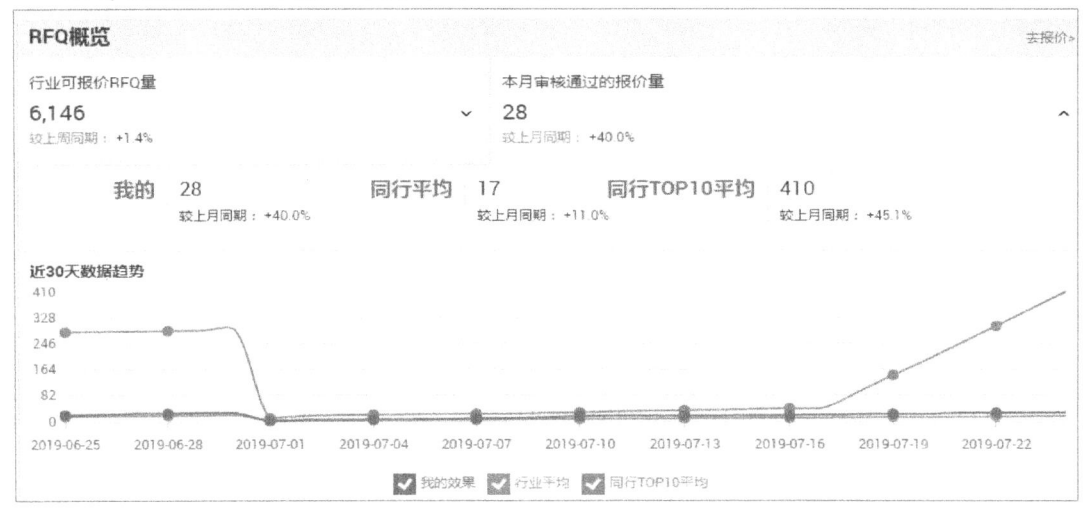

图 8-29　RFQ 概览

4. 订单概览

订单概览可展示公司的信用保障数据，重要性不言而喻。订单概览包括"提交信保订单数（近 180 天）"、"已付款信保订单数（近 180 天）"，以及"已发货信保订单数（近 180 天）"3 个模块。在这里，还可以看到"我的""同行平均""同行 TOP10 平均"的具体数据，如图 8-30 所示。

第 8 章　阿里巴巴国际站经营优化 | 203

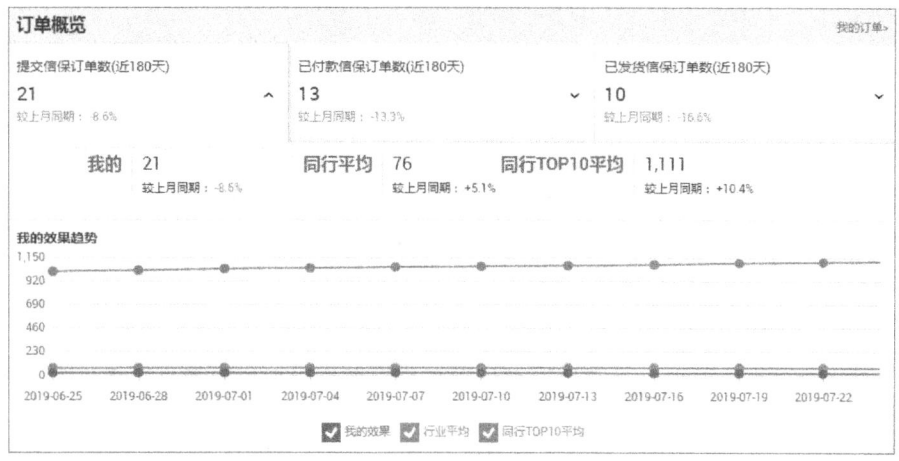

图 8-30　订单概览

5. 营销概览

营销概览如图 8-31 所示。

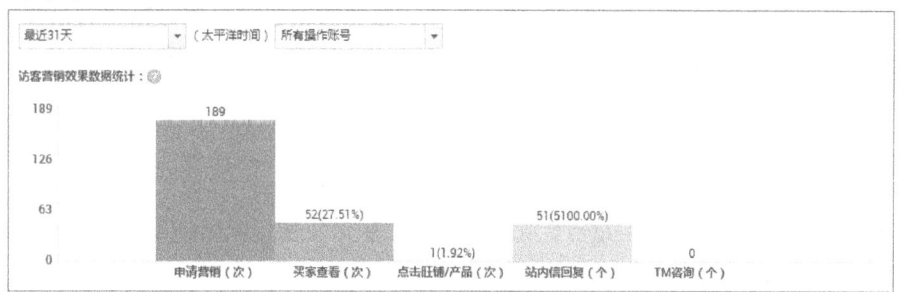

图 8-31　营销概览

6. 产品概览

产品概览仅展示近 15 天反馈排行 TOP5 的产品及零效果时长分布图，如图 8-32 所示。

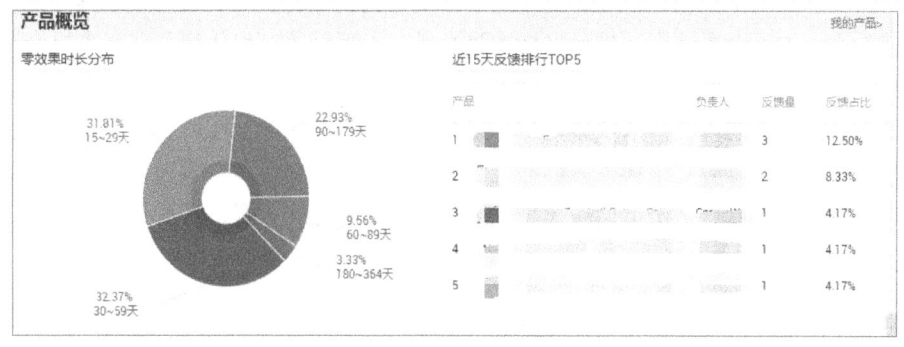

图 8-32　产品概览

8.4.3 我的词

在"我的词"栏目中,选择按周或按月查看,就能看到每个词带来的效果。

"我的词"包括两部分词。一部分是已设置的产品关键词或参加外贸直通车推广的词,对这部分词可以重点关注其效果;另一部分是还没有设置的词,但是买家通过这些词找到了产品,对这部分词可以关注其是否有市场机会。

"我的词"有两种查看方法。

一是直接输入关注的词,查看该词为产品带来的曝光量、点击量及外贸直通车的推广效果等。

二是按照点击率、曝光量、点击量分别进行排序,查看哪些词为产品带来了好的效果,哪些词还有市场机会。

找到了需要关注的词,接下来评估它们的效果,找到优化的方向。

(1) 根据曝光量来评估和优化。

对于曝光量还不够的词,需要增加曝光机会,优化排名。可以先单击"查看"按钮,查看目前的排名情况,如果需要提升排名,主要手段有设置为橱窗、参加外贸直通车、优化产品信息等。

(2) 根据点击率来评估和优化。

影响点击率的主要因素是产品图片、产品属性和交易条款等产品信息,以及旺旺是否在线。因此,对于点击率不佳的词,应重点优化产品信息,也可以在国际站使用该词进行搜索,学习和借鉴优秀卖家展示产品信息的经验。

对于点击率已经不错的词,可以再看看是否还需要提升这些词的曝光机会,以带来更多的点击量。

(3) 根据市场热度和竞争度来评估和优化。

有些词虽然效果不够好但市场热度比较高,说明其仍然有市场机会,可以考虑加大对这些词的推广力度,如可以通过提升排名来增加曝光量,也可以通过优化产品信息来提升点击率。

有些词市场热度一般,说明市场机会有限,这时需要通过优化产品信息来提升点击率。

(4) 根据已设置的词和买家搜索词的一致性来评估和优化。

点击每个词就可以看到该词是否已经被设置为关键词,对于那些没有被设置但买家能通过其找到产品的词,可以评估一下这些词是否适合产品,再进行设置,看看效果。

8.4.4 我的产品

"我的产品"栏目基于卖家自身的产品数据,对产品效果中的曝光、点击、点击率、反馈数据进行数据分层,每一个指标均分为高、中、低3层,并用柱状图进行展示,如图8-33所示。

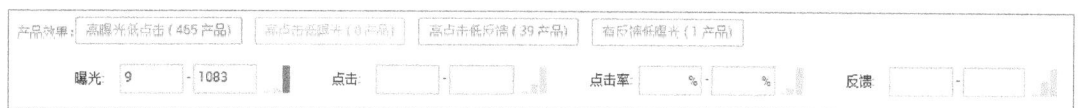

图8-33 "我的产品"页面

将鼠标放在指标区间的柱状图上,其所表示的区间数字也会自动填充到前面相应的文本框内,如图8-34所示。

图8-34 以柱状图表示的区间数字自动填充到前面相应的文本框内

曝光、点击、点击率、反馈指标分层定义如表8-6所示。

表8-6 曝光、点击、点击率、反馈指标分层定义

指标	高	低	中
曝光	高曝光(同时满足两个条件,下同): 1. 曝光量≥周期内有曝光产品的平均曝光量 2. 曝光量TOP20%的产品	低曝光: 有曝光且曝光量最少的20%或者曝光量等于0的产品	中曝光: 不满足高、低曝光条件的产品
点击	高点击: 1. 点击量≥周期内有点击产品的平均点击量 2. 点击量TOP20%的产品	低点击: 有点击且点击量最少的20%或者点击量等于0的产品	中点击: 不满足高、低点击条件的产品
点击率	高点击率: 1. 点击率≥周期内有点击产品的平均点击率 2. 点击率TOP20%的产品	低点击率: 有点击率且点击率最低的20%或者点击率等于0的产品	中点击率: 不满足高、低点击率条件的产品
反馈	高反馈: 1. 反馈量≥周期内有反馈产品的平均反馈量 2. 反馈量TOP20%的产品	低反馈: 有反馈且反馈量最少的20%或者反馈量等于0的产品	中反馈: 不满足高、低反馈条件的产品

根据数据分层,分别展示 4 个产品诊断分析标签。单击标签,会弹出满足条件的产品的详细信息,同时下方的柱状图、指标区间及产品列表也会自动参与检索,如图 8-35 和图 8-36 所示。

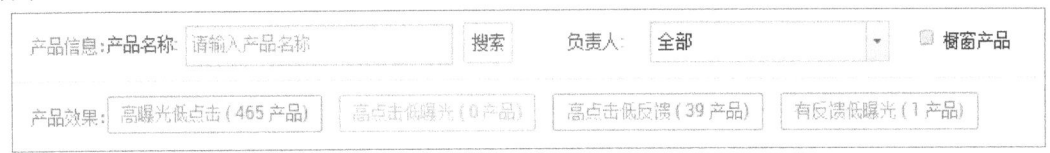

图 8-35　自动检索 1

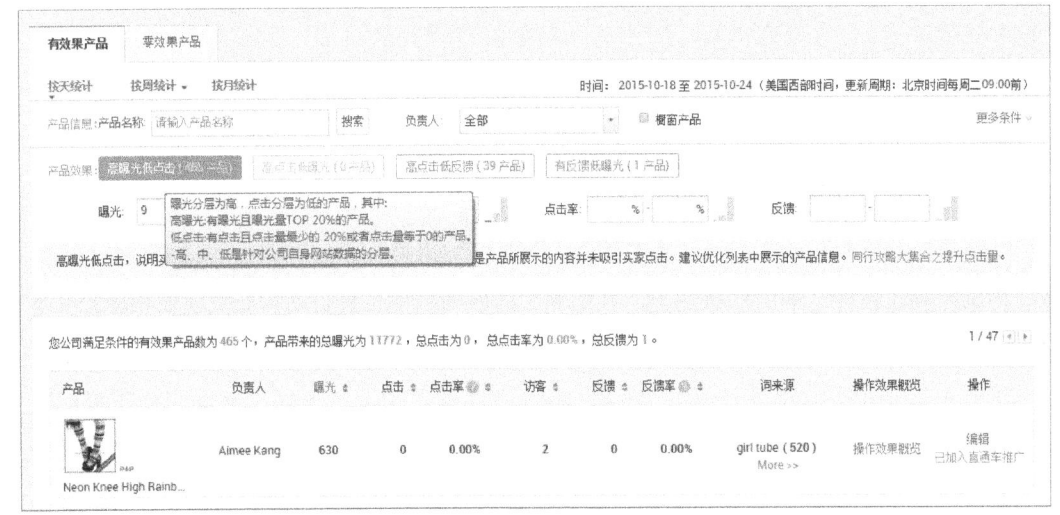

图 8-36　自动检索 2

每个标签的含义如下。

(1)高曝光低点击表示曝光分层为高、点击分层为低的产品。其中,高曝光指有曝光且曝光量 TOP 20% 的产品,低点击指有点击且点击量最少的 20% 或者点击量等于 0 的产品。

(2)高点击低曝光表示点击分层为高、曝光分层为低的产品。其中,高点击指有点击且点击量 TOP 20% 的产品,低曝光指有曝光且曝光量最少的 20% 或者曝光量等于 0 的产品。

(3)高点击低反馈表示点击分层为高、反馈分层为低的产品。其中,高点击指有点击且点击量 TOP 20% 的产品,低反馈指有反馈且反馈量最少的 20% 或者反馈量等于 0 的产品。

(4)有反馈低曝光表示反馈大于 0、曝光分层为低的产品。其中,有反馈指反馈大于 0 的产品,低曝光指有曝光且曝光量最少的 20% 或者曝光量等于 0 的产品。

8.4.5　我的子账号

子账号数据呈现了所有子账号按天、按周和按月统计的数据,可以分别查看。

(1) 按天统计的数据：可以查看每天的数据及数据的变化情况。

(2) 按周统计的数据：可以汇总分析一周的数据，研究一周的曝光、点击、反馈，并与前几周的数据进行对比。

(3) 按月统计的数据：可以总结一个月的数据，并通过数据查找问题。

TM 在线时长需平均每天保持至少 8 小时，如果不方便在 PC 端操作，可以下载卖家阿里旺旺到移动端，在移动端登录。

曝光、点击和反馈之间的关系一般为，100 个曝光转化为 1 个点击，10 个点击转化为 1 个反馈。

子账号数据如图 8-37 所示。

子账号	My Alibaba 登录天数	TM在线时长(H)	数据管家访问天数	产品数	新发产品数	审核通过的报价数	曝光	点击	反馈
Stone Van	6	9.6	7	50	1	0	5087	75	11
Aimee Kang	6	44.0	6	1546	0	24	8514	77	10
Ivy Liu	1	0.0	0	589	0	0	2221	21	3
Spring Luo	6	38.3	4	824	0	17	5408	46	2
Nina Yuan	2	15.3	0	244	0	0	654	2	2
Leonie Liu	5	43.9	0	361	0	0	1659	23	2
Lynn Zheng	5	43.9	0	23	0	0	642	7	1
Kathleen Nee	6	37.4	0	473	0	0	3235	32	1
Grace Zhu	0	0.0	0	87	0	0	396	3	0
全部	37	232.4	17	4197	1	41	27816	286	32

图 8-37　子账号数据

8.5　搜索诊断

8.5.1　搜索诊断板块

重复铺货、类目错放等一些作弊行为会扰乱正常的市场秩序，降低买家的体验度，故这类作弊产品在搜索排序上会降级并受到平台严惩。搜索诊断工具会帮助卖家诊断出这些产品并给出操作建议，其他诸如信息质量过差导致的搜索排序效果不佳的产品也会被提醒。

搜索诊断板块主要包括五大选项：搜索诊断首页、关键词诊断优化、排名查询工具、供应商诊断优化、产品诊断优化，如图 8-38 所示。

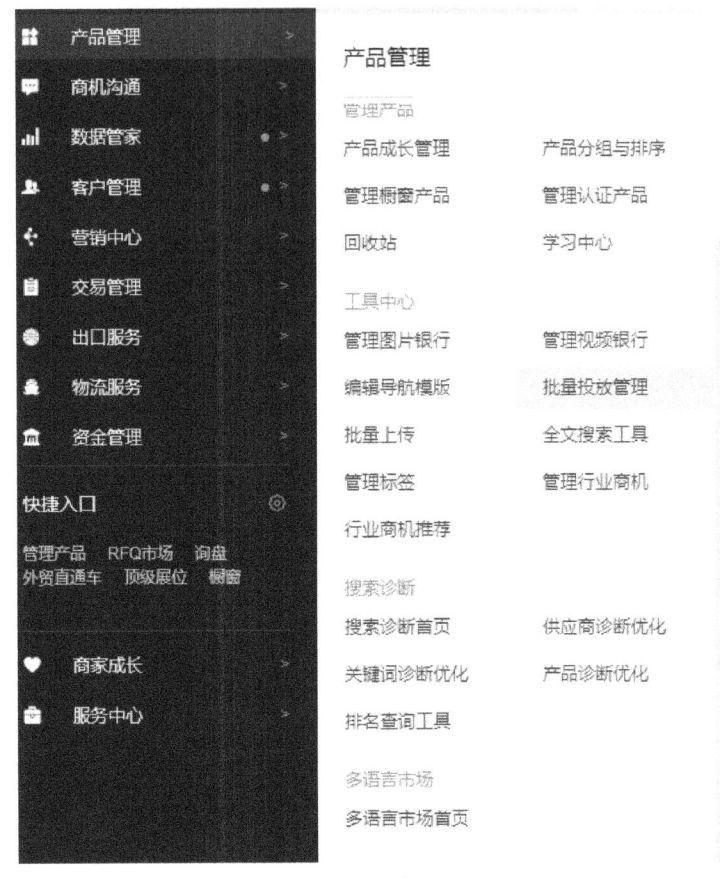

图 8-38　搜索诊断板块

8.5.2　搜索诊断各选项

1．搜索诊断首页

进入"搜索诊断首页",会看到产品分层和产品分层效果。产品分层有精品、普通产品、低质产品 3 个层次,分别有对应的产品总数和待优化问题产品的数量,直接单击数字就能跳转到对应的产品管理页面。

产品分层效果主要从曝光量和访客量两方面来展示。精品在搜索场景及其他推荐场景活动中有优先排名的机会,获得的曝光量和访客量也高于普通产品和低质产品,如图 8-39 所示。

2．产品诊断优化

进入"产品诊断优化"页面,卖家会看到待优化问题产品和零效果下架产品。

待优化问题产品包括重复铺货、类目错放、图片质量不佳、标题缺少核心产品词、标题拼写错误、标题堆砌/滥用、价格不合理、产品信息冲突、产品信息不完整等产品。每个诊断标准旁边都有问题产品的数量，直接单击就可跳转到对应的产品管理页面，如图 8-40 所示。

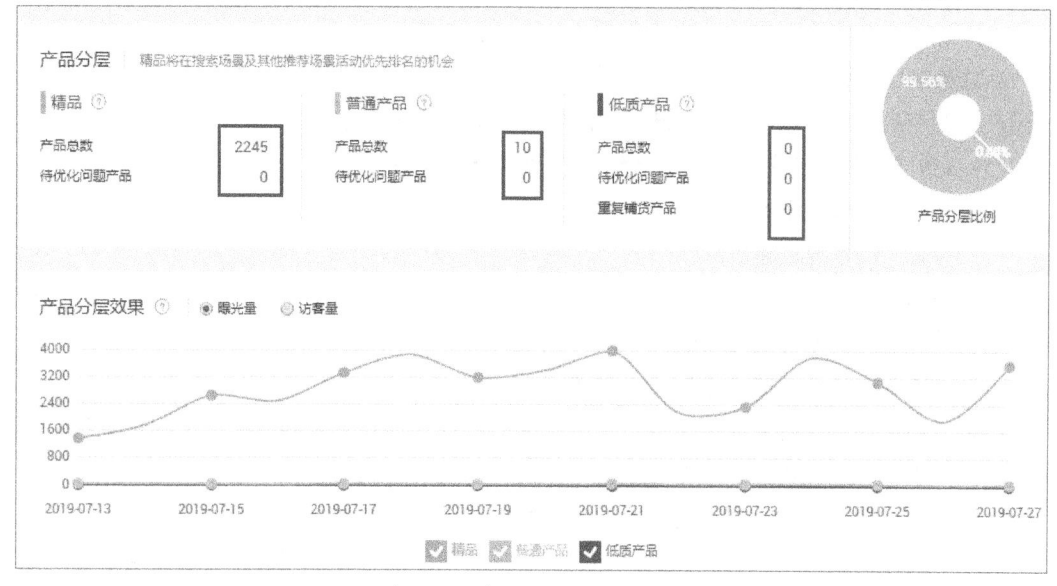

图 8-39　产品分层和分层效果

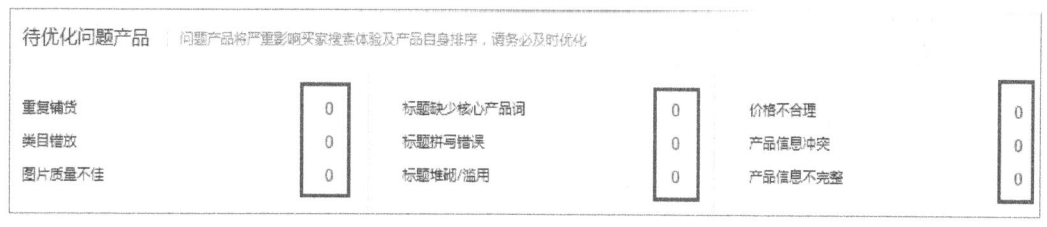

图 8-40　待优化问题产品

零效果下架产品是指由于连续 365 天零效果且未操作被系统强制下架的产品，不包括用户主动下架的产品，如图 8-41 所示。

图 8-41　零效果下架产品

零效果产品是指产品访客数、询盘（反馈）、收藏数、分享数、比价数、TM 咨询、批发订单、信用保障订单等全部数据都为零的产品。

零效果产品的主要影响如下。

（1）对产品本身而言，若产品为公司的主打产品，则必定是日常维护的重点，零效果无疑打击了推广人员的积极性，同时使产品推广效果达不到预期目标。

（2）对于公司整体而言，如店铺内产品总量达到2万及以上，而且180天以上零效果产品占产品总量的比例超过10%，则要及时做出相应处理，否则可能对产品排序效果产生影响。零效果产品占产品总量的比例越大，产品排序受影响的程度也会越大。

（3）365天及以上零效果且无有效编辑的产品会被自动下架。

那么如何改善零效果产品的情况呢？

（1）检查产品信息质量。

检查产品信息是否填写完整、准确，还要检查标题、关键词、简要和详细描述、属性等各方面是否符合海外买家的语言习惯。

（2）检查关键词与买家搜索词是否存在偏差。

例如，通过检查关键词的曝光量，可以发现，该关键词是不是买家很少使用甚至不使用的搜索词，如果是，就应挑选有热度的关键词替换。

（3）检查关键词是否存在使用偏差，避免过多地重复使用某个关键词。

同一个关键词在不同产品上的效果是有差异的，一般而言是递减的。建议不要多个产品使用同一个关键词，应使用不同的关键词，从而获得买家的关注。

为了确认以上所做改善是否有效，我们可以在1~2周后，再次查看产品效果。编辑零效果产品的信息后，其不一定能够成为有效果产品。有可能替换后的关键词热度太高，导致排名不佳，或热度太低，导致没有买家搜索，或者也有可能依旧存在过多重复使用的情况。不论是哪一种情况都在提醒我们，选择关键词要谨慎。

3. 供应商诊断优化

供应商诊断是对搜索排序中的重要维度供应商质量进行诊断并提出优化建议，其由两部分组成：被鼓励的行为及影响效果的行为。

被鼓励的行为包括彰显信用、建立买卖信任，展示真实交易信息，线上活跃、积极服务买家等行为。影响效果的行为包括重复铺货、店铺维护管理不足、不合理多发产品等可能扰乱市场秩序的行为。具体如图8-42所示。

通过对供应商质量进行诊断优化，增加彰显信用、建立买卖信任的行为（见图8-43）提高店铺整体权重，进而提升产品排名。对比"我的表现"和"优秀供应商的表现"，通过起草信用保障订单，达成信用保障交易。

对比我们确认的订单数和RFQ报价数与优秀供应商之间的区别，提高在商机管理中心确认的订单数和RFQ报价数，提高RFQ报价质量，以改善RFQ报价获得更多RFQ报价权益，形成良性循环，如图8-44所示。

第 8 章 阿里巴巴国际站经营优化

图 8-42 被鼓励的行为诊断详情

图 8-43 增加彰显信用、建立买卖信任的行为

图 8-44 改善 RFQ 报价

相比普通订单,信用保障订单会给卖家带来更多流量。如果卖家想在外贸直通车上花少量的钱,获得较多的流量和询盘,那么信用保障订单是最好的选择,如图 8-45 所示。

图 8-45　信用保障交易量和优秀同行表现对比图

4. 关键词诊断优化

关键词健康度检测结果如图 8-46 所示。

图 8-46　关键词健康度检测结果

快速优化关键词的方法是按照后台建议来优化关键词。后台会直接给出诊断建议,如对于高曝光低点击的关键词,单击每个词后面的"立即优化"按钮即可,如图 8-47 所示。

图 8-47　关键词诊断优化

5. 排名查询工具

排名查询工具能查询卖家公司账号下发布的产品的排名情况，目前能展示搜索结果前 20 页的产品。

8.6 信用保障服务

8.6.1 什么是信用保障服务

阿里信保产品是阿里巴巴国际站推出的跨境 B2B 信用保障交易产品的简称，是根据外贸大数据为中国外贸企业向全球买家所做的信用背书。具体来说，阿里巴巴对每个卖家在国际站上的基本信息和贸易额等其他信息综合评定后会给予卖家一定的信用保障额度，用于帮助卖家向买家提供跨境贸易安全保障。如果发生卖家恶意拖欠货物、恶意拒不发货，或者没有按照与买家约定的时间发货，没有按照买家的质量要求交付货物等情况，阿里巴巴国际站将先行给买家赔付。这样在一定程度上解决了国外买家对国内卖家的信用质疑，刺激了买家的采购欲望。同时，阿里巴巴的一达通业务负责完成报关、报检、收汇、出货等工作。这样，买卖双方都在阿里巴巴国际站留下了交易订单数据，再用税务系统、海关系统的单据，进行系统验证以便防止出现虚假交易。这样一来，交易数据就可以沉淀为信用数据，信用数据可以帮助卖家获得更多订单。另外，卖家和买家的信用数据可以转化成订单融资的额度。卖家可以以这个额度要求买家先付货款，反之买家也可以将这个额度作为赊销的额度，先拿到货物再付货款。其中，这部分资金的周转时间和资金用度都以信用保障体系来支撑。

信用保障服务对买家有三大好处。

（1）资金安全。保障买家所有实付资金安全至确认收货后 30 天。
（2）产品质量。若买家在保障期内发现货物与合同约定不符，则可发起纠纷申请赔偿。
（3）按时发货。若卖家未按合同约定日期发货，买家可在逾期后发起纠纷申请赔偿。

信用保障服务的截止时间为确认收货后 30 天。信用保障订单通过一达通或无忧运输发货，额度释放时间提前至发货日当天。

8.6.2 信用保障服务的操作方式

1. 申请信用保障服务

信用保障服务可以在线申请。进入阿里巴巴国际站，单击右上角的"Orders"按钮，单击"起草信用保障订单"，签订"信用保障协议"，同时签订"超级信用证协议"即可开通，如图 8-48 所示。

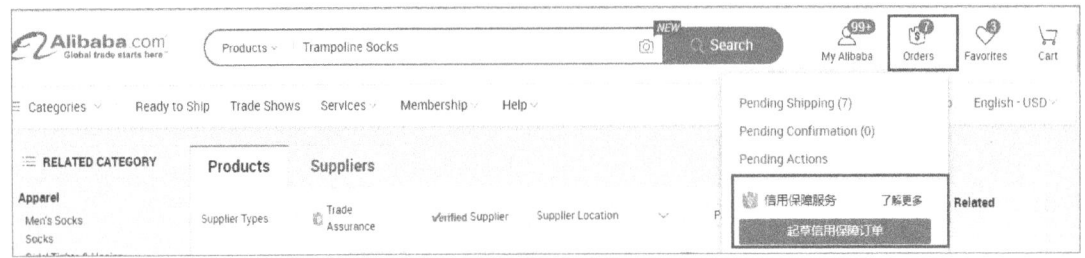

图 8-48　在线申请信用保障服务

2. 起草信用保障订单

第一步：进入"My Alibaba"→"信用保障交易管理"→"起草信用保障订单"页面。

第二步：选择支付方式，如图 8-49 所示。

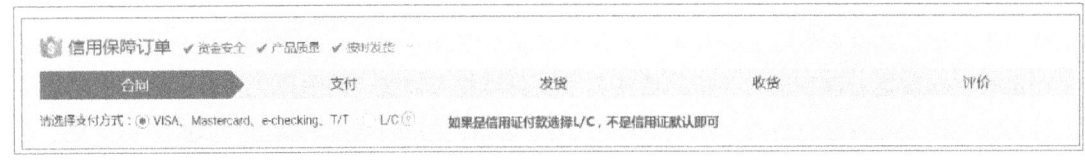

图 8-49　选择支付方式

第三步：填写各部分相关信息（注：其中打"*"号的为必填项）。

（1）买家信息：买家的邮箱必须是海外邮箱；起草订单后，买家信息无法修改。

（2）产品信息：可以选择添加产品和添加合同两种方式。添加产品时，推荐添加已发布的产品，也可以添加未发布的产品，最多上传 5 个附件。

（3）运输条款：运输条款包含收货地址、运输方式、发货日期、出口方式等内容。

① 收货地址：建议卖家和买家确定订单信息时，提前确定收货地址。如后期需要修改，预付款到账前，卖家可直接修改；预付款到账后，由卖家提请修改，买家确认。

② 运输方式：可以选择空运、海运、快递、陆运、邮政大小包 5 种运输方式，选择后会出现运费填写文本框，填写后会自动计入订单总价。

③ 发货日期：可以指定发货日期或选择收齐预付款或尾款后 N 个自然日内发货（注意：发货日期须填写确定的日期，不能使用"about 30～35"这样的时间表达，因为这样系统会按照最少的日期计算发货日期。另外，计算发货日期也需加入周末和节假日。

④ 出口方式：信用保障订单的总金额在 5000 美元以上的，必须选择"通过一达通代理出口"，发货需关联一达通委托单；信用保障订单的总金额在 5000 美元以下的，可以自主选择"通过一达通报关出口"或者"不通过一达通报关出口"两种方式，不通过一达通报关出口的订单可选择阿里物流或第三方物流。起草"不通过一达通代理出口"的订单，卖家无须开通一达通服务。出口方式一经选定，在付款前只可修改一次，付款后不能再修改。

（4）支付条款：预付款必须≥1 美元，起草订单时，统一用美元核算。

(5) 订单备注：有国际标准的写国际标准，无国际标准的可参考行业通用标准或合格率。总之，越明确越好。

第四步：勾选运输条款和支付条款后提交订单。

8.6.3 信用保障额度及其提升

1. 概念

信用保障额度简称"保障额度"，指卖家签署信用保障协议并通过评估及审核后获得的可用于保障服务的保障金数额，是一达通在特定条件下可帮助卖家向买家垫付退款的资金限额。每完成一个信用保障订单，信用额度会有相应提高。

信用保障冻结资金简称"冻结资金"。在卖家与买家签订交易合同后，买家预付款或已付合同款金额超过该笔交易合同对应的保障额度的，卖家同意一达通自行或指示相关合作方冻结超出的金额，用于履行本合同项下垫付退款的义务。此时，冻结资金=交易合同预付款或已付合同款-交易合同的保障额度。

2. 信用保障额度评估要素

信用保障额度的评估要素有以下几个。

(1) 卖家公司的基本情况，如工商认证信息、与阿里巴巴的合作年限、平台操作表现等。

(2) 卖家的经营能力。卖家经营能力的评估主要是依据最近 6 个月内达成的贸易流水，平台会根据最近 6 个月内的贸易流水授予信用保障额度，设置最高上限，并根据流水类型设置不同权重。一般情况下，权重最高的是通过信用保障订单产生的流水；仅通过一达通完成出口的订单次之；平台依据卖家自营出口数据也会设置较低的上限和权重。

(3) 卖家的资信状况。卖家的资信状况主要依据阿里巴巴国际站违规处罚累计扣分，扣分会导致信用保障额度降低，超过一定分值或有其他重大违规行为则无法使用该服务。

(4) 其他风险因素，如公司和法人代表的征信情况、纠纷处理等。

信用保障额度的提升需要长期的积累，这是一个循序渐进的过程，无法通过单个行为或事件迅速提升。

3. 如何提升信用保障额度

(1) 多走信用保障订单和一达通出口服务订单，积累交易数据。

(2) 在信用保障服务额度管理页提交近 6 个月内的自营出口流水，可申请提高额度，提交后次月 10 日额度更新。

(3) 注重诚信经营，避免出现因违规操作被扣分或因产生纠纷被投诉等情况。

8.6.4 超级信用证

一般供应商会将信用保障服务和超级信用证搭配使用。

信用证结算标准化久经考验，且有担保银行的背书，因此外贸企业通常都会选择信用证结算方式。但是，信用证条款复杂，外贸企业需要设立专人处理信用证业务，或者委托专业机构代理此项业务。另外，信用证回款周期一般为45~60天，这个期限也会给资金实力较弱的中小型企业带来压力。

签订超级信用证协议后，卖家使用一达通的外贸综合服务平台向海外买家出口货物，由一达通代为收取信用证项下的外汇款。在卖家满足相关条件且通过一达通审核后，一达通根据实际情况选择为卖家提供信用证项下审证、制单、审单、交单、收汇等其中一项或几项的综合服务，包括卖家作为受益人的交单服务和一达通作为受益人的交单服务。经专家团队审核无风险的信用证，阿里巴巴基于信用证正本，给予70%的打包贷款，即让卖家在收到信用证正本的时候，就可以进行融资，利用融资进行生产，然后出货后，马上通过买断的方式，收回30%的尾款，这样在一定程度上解决了买卖双方的资金压力和风险问题，是一种双赢的交易方式。

 **思考与实训**

一、思考题

1．阿里巴巴国际站搜索排序规则是什么？
2．什么是商家星等级？商家星等级的指标包括哪些？
3．什么是外贸直通车？如何操作？
4．什么是信用保障服务？其意义是什么？

二、操作任务书

1．通过学习到的外贸直通车的相关知识，在外贸直通车后台完成添加关键词、关键词分组和关键词出价，请操作一遍。

2．通过学习到的信用保障服务的知识，在阿里巴巴后台起草一份信用保障订单，请操作一遍。

3．请将下面表格的空白部分填写完整。

供应商	出价	推广评分	排名	扣费
A	7	40		
B	6	50		
C	5	50		
D	5	30		
E	10	20		

第 9 章
跨境电商综合服务平台

学习目标
- 了解一达通各项业务的操作流程
- 了解一站式外贸综合服务平台的作用
- 了解一达通的业务模式

关键术语

一站式外贸综合服务平台；一达通

9.1 一站式外贸综合服务平台

根据国家统计局数据，在我国近 4000 万家的中小型企业中，约有 500 万家是外贸企业，其对外贸易额约占我国对外贸易总额的 60%，而这约 500 万家中小型外贸企业也正是外贸代理服务的主要客户群体。

外贸代理服务并不是一个新的领域。过去，市场上一直存在着各种不同类型的 B2B 服务商提供外贸代理服务。例如，报关行负责为企业制作报关单据并报关，货代为企业订舱并负责运输，保险公司和银行为物流运输保驾护航，而财务公司为企业处理账务并协助退税等相关业务……这些独立的服务商，各自发挥专长帮助企业完成某一个出口环节，最终串联起来使一批货物顺利出口。

为了提振外贸，政府多次在促外贸"国六条"和《关于支持外贸稳定增长的若干意见》中提出支持外贸综合服务企业的发展，为中小型企业提供专业化的服务。海关总署也多次提及从企业管理、企业分类、数据联网等方面支持以跨境电商为代表的新型贸易平台及外贸综合服务企业的发展。

外贸综合服务平台立足一般贸易进出口专业服务，依托 IT 技术，使进出口流程从复杂走向标准化，使进出口服务资源从分散走向集约化，形成以服务为核心的全球供应链服务体系。当前的服务内容主要包括通关、物流、金融、退税四大业务板块及一些周边增值类服务。例如，浙江某家具出口企业需将家具出口到德国，为完成出口流程，该出口企业需要分别找报关行、海运机构、银行、保险公司等协助完成交付环节并最终完成结汇，这样就形成了一条出口链路。如果将这些业务外包给一达通，那么一达通将使这条链路标准化，委托哪家银行、寻找哪家船公司、签订什么样的监管条件、支付多少费用、多长时间完成等都被记录下来并输入系统。之后，其他需要发货至德国的浙江外贸企业都可以走这条链路，从而获得规模效益，得到更好的服务，增强议价能力。而一站式外贸综合服务平台则通过"团购"金融、海运、保险、陆运、退税融资、贸易融资等服务获利。

9.2 一达通简介

9.2.1 一达通的价值

阿里巴巴一达通外贸综合服务平台为外贸企业提供"一揽子"外贸服务解决方案，使外贸企业的通关、物流、外汇、退税等环节变得更快捷，并降低了成本，平台还提供配套的金融服务，以集约化的方式来解决外贸企业的服务难题。

以企业业务流为例，在商机获取环节，平台可为企业提供商业数据服务、行业和产品资讯，帮助外贸企业拓宽市场思路，找到更多可持续发展的方向；在达成交易环节，平台提供买家资信调查、担保服务、资质代办及代理谈判，有效地提高成交概率，降低企业风险；在生产环节，平台提供包装服务；交易完成后，平台提供收款协助和追讨服务；另外，平台从企业整体运营出发进行相关人才的储备和培养，帮助企业进行各类政府项目的申报和企业宣传以提高企业的影响力等。这一系列在生态链中能够提供服务的环节和模块，都可以通过外贸综合服务平台以第三方服务嵌入的形式完成。一达通通过汇聚不同的服务提供商，打造完善的外贸企业服务生态，满足了处于不同发展阶段的企业需要。

9.2.2 一达通的服务内容

目前，一达通可以提供的服务包括通关服务、物流服务、外汇服务、退税服务和金融服务。

1. 通关服务

通关服务是指一达通可以帮助外贸出口企业完成全国各大口岸海关的申报。

首先，填写"出口报关信息表"，签署"出口服务订单确认函"；其次，由一达通安排通关；最后，海关通关放行。

出口采用的物流方式不同，需要提供给一达通的审核资料也会有所不同，具体参考如下。

整柜出口需提供出口报关信息表、箱单、订舱单、重柜纸、过磅单。

空运出口需提供出口报关信息表、箱单、订舱单、过磅单。

快递出口需提供出口报关信息表、箱单、运单。

中港运输出口需提供出口报关信息表、司机资料、六联清单、过磅单。

散货仓需提供出口报关信息表、箱单、入仓单。

上述物流方式均需提供清晰的产品图片、包装图片和外箱图片，图片中还需体现产品的品牌和型号，以核对报关资料。产品不同，出口报关信息表需要填写的信息也会不同。海关一般都要求提供产品相关参数、产品功能、产品图片、出口口岸等必要的信息。

2．物流服务

一达通可以提供海运、空运、快递和陆运物流服务。

（1）海运。

阿里巴巴海运与各大物流服务商合作，除为客户提供船东专区、海运整柜及拼箱服务外，也提供报关、拖车及目的港送货到门等增值服务，还可在线查询船期和订舱等。现已开通上海、宁波、深圳、大连、天津、青岛、厦门、广州八大起运港。海运整柜覆盖了欧地线、中东印巴线、东南亚线、日韩线、非洲线、美加线、中南美线等各大航线。海运服务流程如图 9-1 所示。

图 9-1　海运服务流程

（2）空运。

阿里巴巴联合全球优质空运服务商，提供在线查看空运运费、在线比价、在线下单，以及拖车、报关等服务；北京、上海、杭州、广州、深圳等多城市起运，航线覆盖 170 多个目的国和区域。全球 TOP 空运服务商 Kuehne + Nagel（德迅）和 DHL Global Forwarding（DGF）已经入驻阿里巴巴。Kuehne + Nagel 提供空运"门到门"运输服务；DHL Global Forwarding 在线提供 3 种报价，以满足不同时效的需求。空运服务流程如图 9-2 所示。

图 9-2　空运服务流程

（3）快递。

阿里巴巴联合知名快递服务商，在全国 36 个城市由快递公司在客户完成线上下单支付后上门取件。航线覆盖 200 多个目的国，运费低、速度快。目前，支持上门取件的国际快递服务商有 UPS 和 FedEx，在线查询报价时只需输入发件所在地的准确邮政编码查询即可。快递服务流程如图 9-3 所示。

图 9-3 快递服务流程

(4) 陆运。

一达通提供内地与香港的运输、集港拖车及中俄欧 3 种陆运服务。该服务的特色在于车辆监控技术领先，确保货物安全抵达；整合优质运输服务，合理规划降低成本；承运车辆资源充足，满足旺季运力需求。

陆运服务流程如图 9-4 所示。

图 9-4 陆运服务流程

① 内地与香港的运输：货物从珠三角至香港的，可以提供送货上门服务；可承接各地送货至深圳仓库，再集中发货到香港。该服务可在线查询、下单和支付并及时监控货物流转状态。拼车低至每公斤 0.5 元，当天入仓当天派送。

② 集港拖车：提供有运力保障的集装箱拖车服务。

③ 中俄欧：可提供货物从国内各地出口到俄罗斯的"门到门"运输服务，运输速度较快，节省时间，运价透明，通关较安全。

3. 外汇服务

结汇时银行按现汇买入价汇率结算，付汇时银行按现汇卖出价汇率结算。

国内结汇：11:30 之前收到的外汇按 11:30 实时挂牌汇率结汇，11:30 之后收到的外汇按照 16:30 实时挂牌汇率结汇，16:30 之后收到的外汇顺延到下个工作日结汇。

中国香港结汇：12:00 之前收到的外汇按 10:30 中国银行挂牌汇率结汇，12:00 之后收到的外汇按 15:30 中国银行挂牌汇率结汇。

结汇步骤：收到海外买家汇款水单；联系外贸顾问提交水单；接到外汇到账通知，确认最终收款账户；查收水单及外汇款。

4. 退税服务

一达通提供的退税服务可以帮助企业快速合规办理退税，并在 3 个工作日内支付退税款。

退税步骤：一达通提供开票资料和"供货合作合同"给卖家；卖家开出增值税发票，在"供货合作合同"上盖章，将其与通关单原件快递给一达通；卖家接到"发票收讫"通知；卖家接到打款通知，查收水单及退税款。

5. 金融服务

一达通可以提供的金融服务有网商流水贷、超级信用证、备货融资、赊销保、锁汇保、退税融资。

（1）网商流水贷。

网商流水贷由阿里巴巴联合多家银行共同推出，是一种无抵押、免担保、纯信用贷款的服务。使用阿里巴巴一达通出口基础服务的卖家可以以出口额度积累授信额度。

网商流水贷和一般的银行贷款有一定区别。流水贷是以累计的卖家贸易数据为企业的信用基础，提供相应的贷款，额度高、门槛低、手续简便。而一般的银行贷款需要抵押和担保，还需要提供证明信用和还款能力的资料。

2018年7月，阿里巴巴国际站收银台新增"信用支付"方式，支持卖家使用网商流水贷额度购买国际站的付费服务和支付第三方费用，包括出口通和金品诚企会员费、外贸直通车充值、顶级展位费、橱窗费、旺铺装修费、培训费等。使用信用支付之前要先开通流水贷。

作为一种纯信用贷款，企业可以免费申请网商流水贷的授信额度，该贷款无抵押、免担保，年化综合成本最低12%。企业如有资金需求还可在1年有效期内随时支用，不支用不收费。网商流水贷的贷款额度最高可达200万元人民币，并且还款灵活，既可随借随还，又可按月付息、到期还本。

申请流水贷需要同时满足以下3个条件：第一，企业法定代表人或个体工商户负责人是年龄为18～65周岁的中国大陆居民；第二，企业注册时间满1年；第三，是阿里巴巴国际站付费会员及一达通会员。

（2）超级信用证。

在前文已对超级信用证有所介绍，在此不再详细说明，只介绍其优势。

超级信用证的优势：专家团队审证、制单，满足条件即可买断收汇风险，由阿里巴巴承担收汇风险；发货交单后，最高可申请100%提前收款，提前回笼资金，交单后3个工作日内到账；发货交单后可累计信用保障服务交易额，沉淀更多交易数据。

（3）备货融资。

企业在备货期间紧急需生产或采购资金的时候，可以向一达通申请备货融资，以提升企业的接单能力。该业务是一种低息的短期贷款服务，由阿里巴巴联合网商银行推出。企业在信用保障订单收齐预付款（或收到信用证正本）后即可申请放款，企业账户和个人账户均可收还款，企业可以随借随还。

备货融资的优势在于：帮助企业解决了其在备货期间产生的生产、采购临时性的资金需求；额度高，最高可贷200万元人民币，利息较低，日息低至0.035%；放款灵活，企业账户和个人账户均可收还款；还款简单灵活，随借随还，既可用自有资金还款，又可用外汇还款，还可在信用证交单后融资还款。

（4）赊销保。

赊销保是指卖家为买家提供外贸赊销业务时，一达通为其提供的买家资信展开调查、代买保险和贸易融资等一揽子金融服务。赊销保的优势在于：买家调查，所有买家均经过阿里巴巴的审核，确保了买家的安全性；保险覆盖，一达通为卖家代买保险；快速融资，最高80%的融资款将在发货后3个工作日内到账。

赊销保服务降低了卖家向买家提供赊销业务的风险，减少了资金周转压力，帮助卖家打开了过去承接困难的赊销市场。其风险在于一旦买家不履约，卖家就没有办法收到剩余的20%尾款。

规避该风险有两种办法。一是提高报价，用利润率去尽量覆盖尾款比例。买家考虑到赊销的便利，一般会愿意接受更高的报价。二是向买家收取预付款，以减少应收款金额，这也会降低收不回尾款的风险。

（5）锁汇保。

外贸企业为规避外汇风险，希望结售汇时锁定汇价在前、实际交割在后，这时就可委托一达通与银行签订协议，约定将来办理结售汇的外汇币种、金额、汇率及交割日期，在约定的交割日，根据协议约定的汇率办理结售汇。

一达通要求使用锁汇保的客户须同时委托一达通进行通关、外汇及退税，且根据币种、金额、交割汇率及到期日等情况缴纳一定比例的保证金，部分客户可根据实际情况申请减免保证金。

锁汇保的优势在于：门槛低，单笔业务最低2万美元起；快速锁定，高效便捷；分批分期结汇，锁定方便；优势报价，免费锁定，无忧保值。

（6）退税融资。

通过一达通报关出口且符合国家出口退税标准的中小型外贸企业可在相关单证齐全后3个工作日内，向一达通申请垫付出口退税款。退税款能快速到账，而且无须提供担保和抵押，帮助中小型外贸企业加速资金流转。

9.3 一达通业务操作

9.3.1 如何开通一达通业务

1. 登录和报名

进入一达通首页，如图9-5所示。单击"申请一达通服务"按钮，跳转到一达通服务申请页面。在线提交资料后，联系阿里巴巴客户经理签署《外贸代理出口协议书》并提交，接着等待通过一达通出货产品的预审和工厂的预审，审核通过后就可以使用一达通服务了。

目前，只有首次通关金额大于或等于1000美元的阿里巴巴注册会员才能单独使用一达通服务。

图 9-5　一达通首页

2. 产品预审和开票人预审

为确保外贸进出口服务操作的合法合规，一达通设定了服务使用准入检测流程，即产品预审和开票人预审。

首先，在一达通平台单击"进入操作平台"按钮，进入一达通操作后台，再单击"添加产品"选项，进入"添加产品"页面，输入产品的名称，然后单击"搜索"按钮，就会查找出与产品相关的HSCode（海关编码），根据实际情况选择相应的海关编码。其次，进入"产品参数"页面，填写相关的产品属性参数，如果默认页面上没有所上传产品的相关属性参数，可以单击页面右侧的"自定义"按钮添加，然后保存。再次，选择产品的相关联系人，以便在产品有问题时，一达通相关人员或者一拍档可以联系到相应人员。最后，提交预审。

产品预审通过后，还要通过开票人预审。满两年以上且类型为工厂的一般纳税人可以由一达通代理出口退税。在一达通操作后台中选择"添加开票人"选项，进入页面后，依次填写开票人公司信息和证照信息，然后提交预审即可。

9.3.2　外贸基础服务流程

1. 出口综合服务流程

关于退税方式，我们可以选择"一达通负责退税"，即通关、外汇、退税都交由一达通处理；也可选择"客户自行退税"。在此，以"一达通负责退税"为例进行说明，服务类型选择如图 9-6 所示。

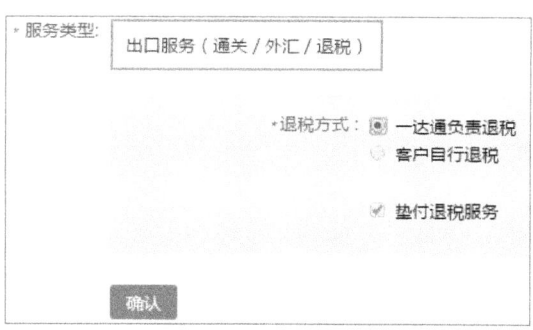

图 9-6　选择服务类型

如果我们选择"一达通负责退税",须填写收汇方式、离境口岸、出境关别、报关方式和本单联系人等相关信息,如图9-7所示。

图9-7 填写相关信息

关于出境关别,我们可以直接输入港口城市或港口名称,也可以直接输入港口代码,如图9-8所示。

图9-8 选择出境关别

关于报关方式，我们可以选择"一达通负责报关"或"客户自行报关"，如图9-9所示。

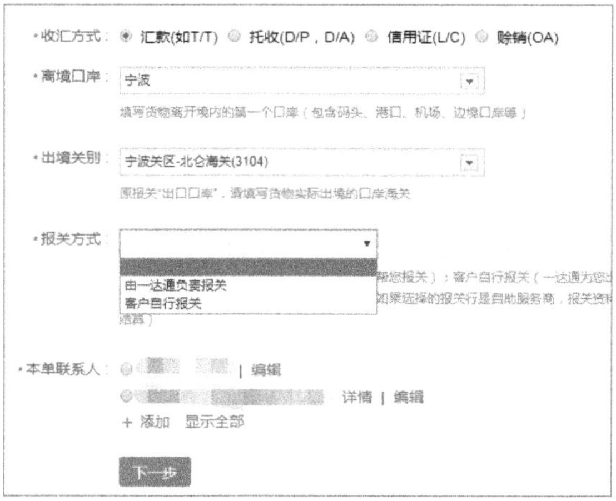

图 9-9　选择报关方式

选择好收汇方式与报关方式后，输入产品及开票人信息，输入产品信息如图 9-10 所示。

图 9-10　输入产品信息

① 指定货物报关单价：是指客户直接告知一达通产品的报关金额，一达通会按照此报关金额安排后续收汇和开票工作。

② 指定含税开票金额：是指客户告知一达通上游工厂的含税开票金额，一达通会按照此含税开票金额核算出口报关金额，并据此安排后续收汇工作。

③ 指定货物报关单价与含税开票金额：是指客户通过一达通获得的收入若高于供货工厂的货物总价，则高出部分需在国内开服务费发票进行结算。

④ 出货产品清单：填写出口产品的相关信息及报关信息。

⑤ 境外贸易商：提单、发票箱单上面的收货人或境外付汇人。

⑥ 境内货源地：开票工厂的工商注册地（出口代理）或经营单位所在地。

⑦ 合同类型：具体有 3 个选择，"系统自动生成"是指由一达通系统自动生成；"客户提供合同号"是指客户需要提供自定义合同号；"商检合同号"是指输入商检通关单或换证凭条上的合同号。

最后，上传附件，确认信息无误。

如果是客户自行报关，报关形式分无纸化报关和有纸化报关两种，可以自行选择，如图 9-11 所示。在订单管理页面中可以查看所有订单和订单状态。

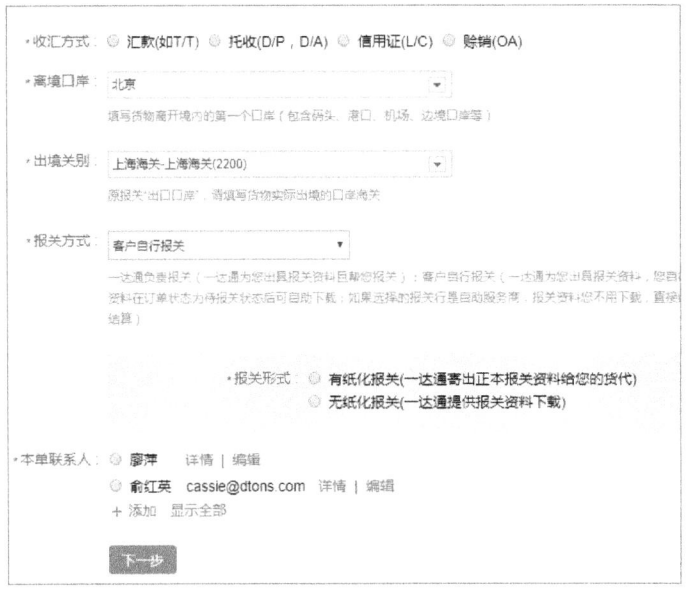

图 9-11　选择报关形式

2. 出口代理服务流程

出口代理服务流程如下：下单→报关出口 →一达通开具《代理出口货物证明》→退（免）税申报→收结汇→外贸服务补贴款项发放→结算。

（1）下单。既可人工下单又可自助下单，但必须在截关时间前至少 2 个工作日提供出口货物的相关资料。如果是法检产品且法检备案已完成，至少要提前 5 个工作日。

（2）报关出口。选择预审通过的产品，根据实际出货信息填写数据（口岸、数量、件数、重量、境外贸易商等信息）。

（3）一达通开具《代理出口货物证明》。收齐相关资料后，一达通在 7 个工作日内将开具《代理出口货物证明》并寄还客户。

（4）退（免）税申报。退（免）税申报可由客户在当地自行办理，从出货之日起至次年 4 月 30 日前完成申报。

（5）收结汇。一达通账号收到外汇款后，将在一个工作日内完成结汇。

结汇规则如下。

深圳中行和浙江中行：

当日 11:30 之前收到的外汇款以中国银行 11:00 至 12:00 现汇买入价结汇。

当日 11:30 至 17:30 收到的外汇款以中国银行 16:00 至 17:30 现汇买入价结汇。

17:30 之后收到的外汇款顺延至下一个工作日结汇。

中国香港中行：

当日 12:00 之前收到的外汇款以中国银行 10:30 挂牌汇率结汇。

当日 12:00 至 24:00 收到的外汇款，以中国银行 15:30 挂牌汇率结汇。

（6）外贸服务补贴款项发放。自助下单享受 1 美元补贴 1 分人民币；人工下单不享受外贸服务补贴。

（7）结算。客户发起结算后，一达通将结算款项汇至客户对公账户。

9.4　一达通物流服务

一达通的物流业务包括海运、空运、快递和陆运。先登录阿里巴巴国际站账号，进入"My Alibaba"→"物流服务"→"查询报价并下单"页面，如图 9-12 所示。

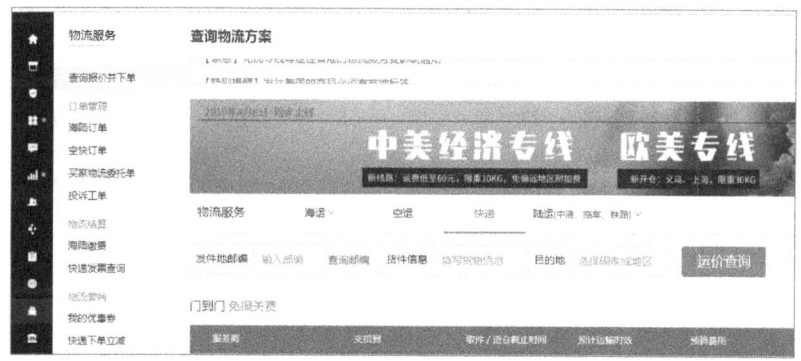

图 9-12　"查询报价并下单"页面

然后，按以下步骤开展：选择物流方案→创建物流订单→等待审核结果（国际快递订单无须审核，直接发货至指定仓库）→送货进仓等待入库→待货物入库后付款→服务商安排运输→在线跟踪货物状态。

目前，阿里巴巴物流服务免收平台服务费和平台手续费。另外，服务类型不同，物流收费标准也会不同，具体物流运费可以直接访问阿里巴巴国际物流服务平台，或者进入"My Alibaba"→"物流服务"→"查询报价并下单"页面进行查询，如图9-13所示。

图9-13　物流运费查询

1. 海运

第一步：登录"My Alibaba"，单击"物流服务"下的"查询报价并下单"选项，选择"物流服务"为"海运"下的"海运拼箱"，接着输入始发港、目的港、体积、重量和货好时间，然后单击"运价查询"按钮，就会显示方案列表，如图9-14所示。

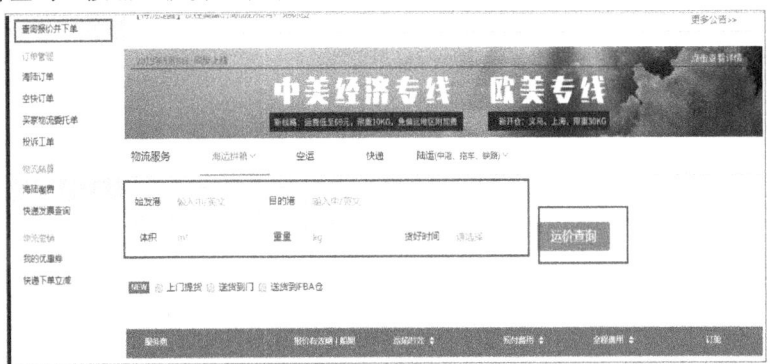

图9-14　查询物流方案

在查询结果页面，勾选"上门提货""送货到门"选项就可对查询方案进行筛选。查询方案显示"提"，就说明该物流方案是支持上门提货服务的；显示"送"则说明该物流方案是支持送货上门服务的，如图9-15所示。

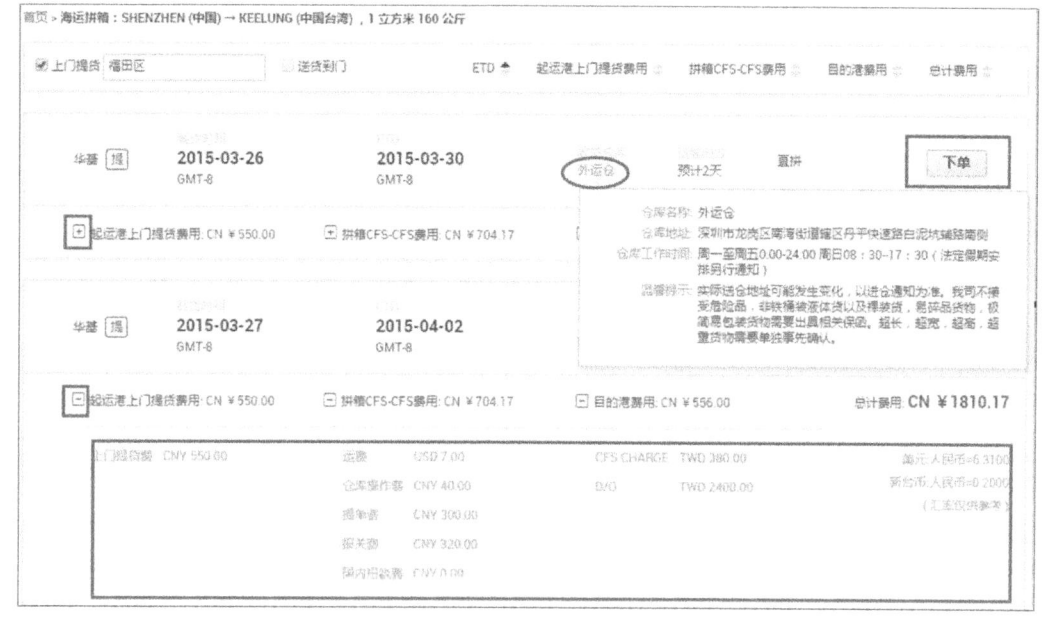

图9-15 查询结果页面

选择好方案后，单击"下单"按钮即可。

第二步：创建物流订单，将发货信息填写完整，然后提交。

首先，确认船期，填写订单信息。订单信息分为"商品信息"和"收/发货人信息"两项。确认船期，如图9-16所示。

图9-16 确认船期

填写商品信息。注意"中文商品描述"和"英文商品描述"为必填项。单击"增加商品"按钮，可输入多种商品，一个订单最多填写20个商品，如图9-17所示。

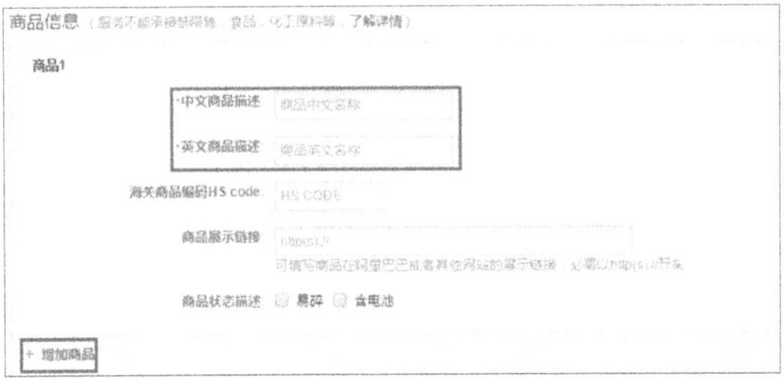

图 9-17 填写商品信息

填写商品总包装信息并单击"继续下单"按钮。"总申报价值"和"商品包装信息"也是必填项，如图 9-18 所示。

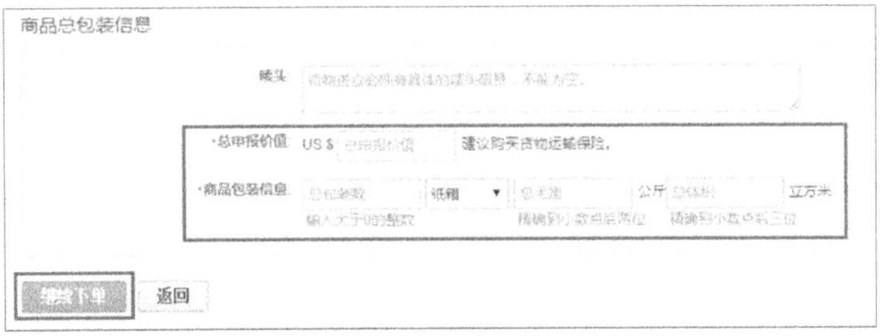

图 9-18 填写商品总包装信息

其次，填写收/发货人、通知人、委托人及其他信息，然后提交订单。

订舱委托人信息中的公司名称、联系人、电话/手机、邮箱为必填项。订舱委托人信息可以保存下来，以后下单时直接勾选常用订舱委托人即可，不必重复输入。

确认费用预估信息后，勾选线上协议《海运拼箱服务协议》，单击"提交订单"按钮。系统提示订单提交成功后，会显示出阿里物流订单号，单击"查看详细"按钮，可查看订单详情。

第三步：等待订单审核结果。

等待承运商审核客户填写的商品是否可运，一般一个工作日之内即可得到反馈。可在"管理物流订单"页面查询订单详情。

第四步：订单审核通过后，平台会将进仓通知发送到客户在下订单时填写的订舱委托人邮箱。客户要及时安排送货并寄送报关资料。

第五步：仓库收货后安排报关出运并提供费用账单。

服务商根据订单船期来安排报关出运等事宜。货物出运后，下一步就是根据一达通提供的费用清单安排付款。

第六步：货物跟踪如下。

已出口通关：出口报关成功，一个工作日内同步。

上船离港：船离港，一个工作日内同步。

订单完成：物流费用支付完成，安排签发提单。

2. 国际快递

国际快递"仓到门"运输服务操作流程如下。

第一步：登录"My Alibaba"，单击"物流服务"下的"查询报价并下单"选项。

首先，选择"物流服务"为"快递"，输入发件地邮编、货件信息、目的地，单击"运价查询"按钮，查询物流方案，如图9-19所示。

图9-19 查询物流方案

其次，在查询结果中选择合适的方案，单击"下单"按钮，如图9-20所示。

图9-20 选择合适的方案

注意：
（1）国际快递"仓到门"运输服务有 UPS、DHL、FedEx、TNT、EMS、TOLL。
（2）FedEx 提供 FedEx IE（国际经济快递服务）和 FedEx IP（国际优先快递服务）两种服务。
（3）UPS 提供 UPS Expedited（全球快捷服务）和 UPS Express Saver（全球速快服务）两种服务。
（4）DHL Express-HK 承运商为香港 DHL。

第二步：创建物流订单，将发货信息填写完整，提交订单。

确认仓库信息，下单后将货物发送到对应仓库，如图 9-21 所示。

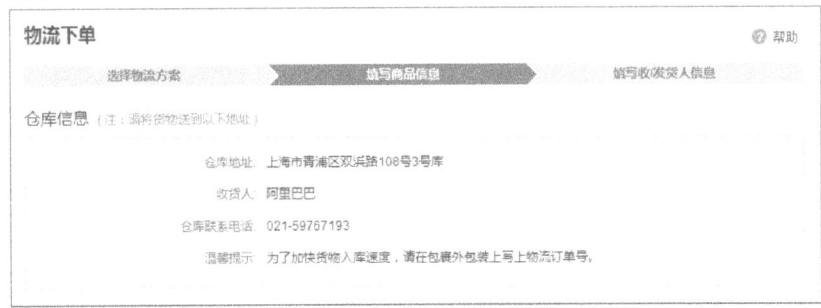

图 9-21　确认仓库信息

发货信息包括国内快递承运方、物流运单号、快递包裹件数及包裹的长宽高和重量等信息。分多个包裹发货的订单就会产生多个物流运单号，此时需单击"增加物流运单号"按钮，确保把同一个订单的所有物流运单号信息都填写上，包括中英文商品描述、海关编码、商品件数及商品状态等。

注意：
（1）国际快递方式无法安排出运电池及含电池的商品。
（2）必须准确、详细、具体地填写商品品名。如果一个订单包含了多个需要申报的品名，单击"添加商品"按钮，输入不同品名的商品信息。
（3）产品或产品外包装带有®、™或明显 Logo 标识的品牌货物，需提供品牌授权书方可安排出运，否则无法安排出运。
（4）申报价值超过 600 美元的商品，要按要求正式报关。

填写收/发货人信息并确认预算价格，确认预算费用，勾选用户协议，提交订单。在"备注信息"栏备注说明注意事项。

第三步，将货物发到阿里巴巴指定合作仓库。

发货到仓库的国内物流费用须由客户自行承担。货物重量和包装尺寸也有限制：1×长+2×宽+2×高的总和不超过 330 厘米；单边最大尺寸为 270 厘米。FedEx、DHL、UPS、TNT、TOLL 按体积重量计费；EMS 按照实际重量计费，但若单边超过 60 厘米，需按体积重量计费。

第四步，支付相应费用之后，仓库安排发货。

单击"付款"按钮,支付国际物流费用,费用多少由系统根据仓库反馈的信息自动计算。支付成功后,系统将通知仓库发货。

3. 国际空运

目前,在线提供空运服务的服务商分为两种。一种是全球 TOP 空运服务商,如空运服务商 DHL Global Forwarding(敦豪全球货运),是有 200 年历史的德国邮政的三大业务之一,也是供应链解决方案的领导品牌。其网点遍布全球 220 多个国家和地区,提供一站式物流服务。另一种是国内服务商,如中海环球货运有限公司、北京民航鹏远航空服务公司、港中旅华贸国际物流股份有限公司等优质空运服务商。

在可空运的货物中,液体、粉末、化工品等特殊货物需要出具化工研究院的证明;含有磁性的货物需要做磁检,不能运输磁性范围超过航空公司要求的货物;不得空运法律禁止的货物;法律限定的货物,需办理手续后才能空运;不得空运会对航班安全造成威胁的危险品。

需注意的是,凡是空运货物都需要出具非危保函;需根据货物性质及重量、运输环境和承运人的要求,采用适当的内、外包装材料和包装形式,妥善包装货物;精密、易碎、怕震、怕压、不可倒置的货物,必须有严密的包装措施以防止货物损坏。

 思考与实训

一、思考题

1. 一达通的功能和价值是什么?
2. 一达通提供哪些外贸综合服务?
3. 什么是超级信用证?怎样操作?
4. 什么是赊销保?怎样操作?

二、操作任务书

1. 登录一达通页面,尝试外贸综合服务通关、结汇、退税的操作。
2. 登录一达通页面,尝试外贸金融服务流水贷、超级信用证、赊销保、锁汇保的操作。

第10章 跨境电商网络营销手段

学习目标

- 掌握搜索引擎营销方法
- 掌握电子邮件营销方法
- 了解 LinkedIn、Facebook 等社区营销平台

关键术语

搜索引擎营销、电子邮件营销、社区营销

10.1 搜索引擎营销

近20年来,互联网领域发展较为迅速的技术之一就是搜索引擎。互联网每时每刻都在创造着我们无法想象与掌控的海量信息,如果没有搜索引擎的帮助,那么我们在寻找需要的信息时就像大海捞针一样。

10.1.1 搜索引擎工作原理及应用现状

1. 网页蜘蛛

我们之所以能够通过搜索引擎很快地找到我们所需的信息,是因为搜索引擎已经预先为我们收录了大量的信息。而对于这些信息,搜索引擎只能到浩瀚的互联网中去抓取。那么搜索引擎是用何种方式把全球十几亿网民每天产生的海量信息收录在自己的信息库中的呢?又是如何做到以最快的速度获取这些信息的呢?

对这个问题的回答离不开"网络爬虫"这一概念。"网络爬虫"也叫"网页蜘蛛",是一套计算机程序,该程序不分昼夜地访问各个网页,并以最快的速度将访问到的网页信息带回数据仓库。为了获得更全面、更多的信息,搜索引擎会派出很多网页蜘蛛昼夜不停地在互联网上抓

取网页信息，这些网页蜘蛛可以从浏览器上的搜索工具栏进入，也可以从搜索提交页面提交上来的网页进入，爬行到各个网页，然后顺着网页的超链接进入下一个网页，这样不断地爬行，不断地抓取。因为有些网页信息量很大，网页蜘蛛只会去抓取网页中的标题、描述、关键词等有价值的信息。所以，如果希望网站的大部分网页信息都被网页蜘蛛抓取，就不能把网页设计得太长，放太多内容。

被网页蜘蛛抓取回来的信息杂乱无章，胡乱地堆放在一起，此时的信息还不会出现在我们的搜索结果中。接下来，数据分析系统将通过关键词描述等方法将这些信息分门别类地整理、压缩后，再编辑到索引里。还有一部分抓取回来经过分析发现无效的信息则会被丢弃。只有经过编辑放在索引下的信息，才能够在搜索结果中出现。最后，搜索引擎通过对用户输入的关键词进行分析，为用户找出最为接近的结果，再通过关联度将它们由近及远地排列下来，呈现在用户眼前。

我们可以把网页蜘蛛看作一个用户，这个用户来访问我们的网站，然后再把我们网站的内容保存到自己的电脑上。为了实现访问，网页蜘蛛首先需要通过链接去发现网页，发现了这个网页后就会把该网页下载下来并且存入到临时的网页仓库中，与此同时提取这个页面上的所有链接，循环反复地进行搜索。

搜索引擎的工作原理概括如下：网页蜘蛛发现链接→根据抓取策略抓取网页→转交数据分析系统分析网页→建立索引库，如图10-1所示。

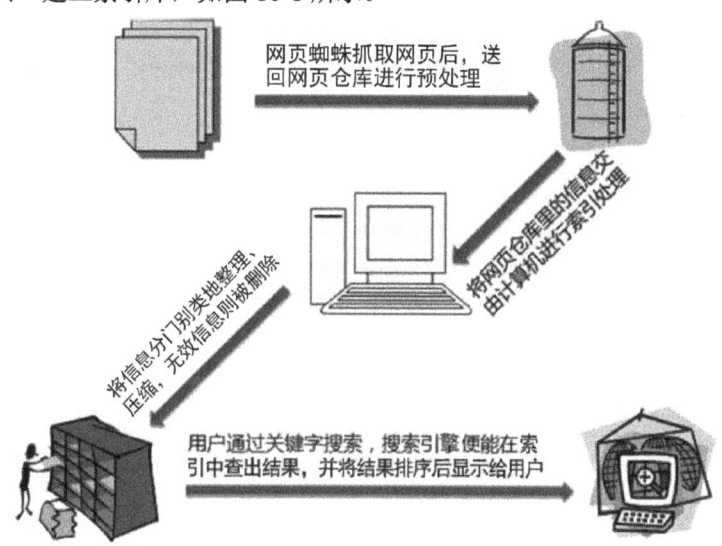

图 10-1 搜索引擎的工作原理

2. 抓取网页

互联网上的网页每天都会增加很多，网页蜘蛛不可能没有头绪地胡乱抓取，它有自己抓取网页的策略。

（1）深度优先策略。

深度优先策略是指网页蜘蛛在一个网页发现一个链接时，它就顺着这个链接爬下去，然后在下一个网页又发现一个链接，又顺着爬下去，并且将这些网页信息全部抓取，如图 10-2 所示。

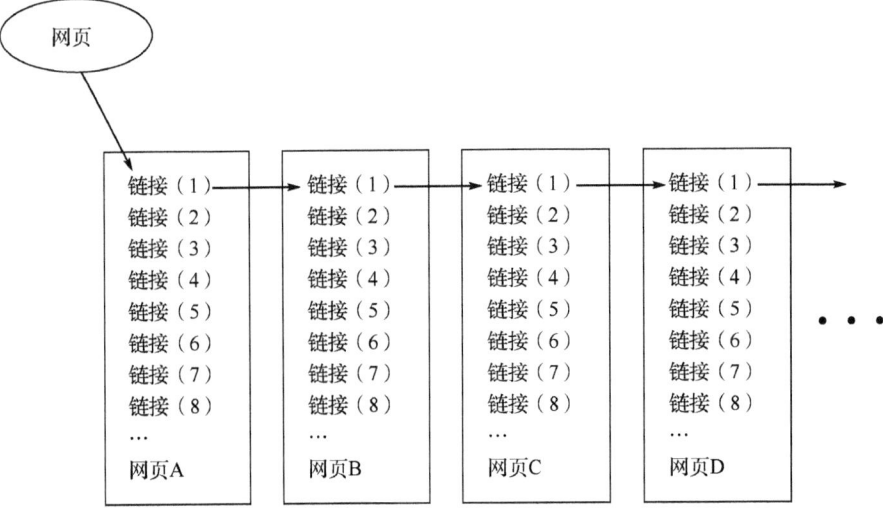

图 10-2　深度优先抓取策略

（2）宽度优先策略。

宽度优先策略是指网页蜘蛛先把整个页面的链接全部抓取一次，然后再抓取下一个页面的全部链接，如图 10-3 所示。

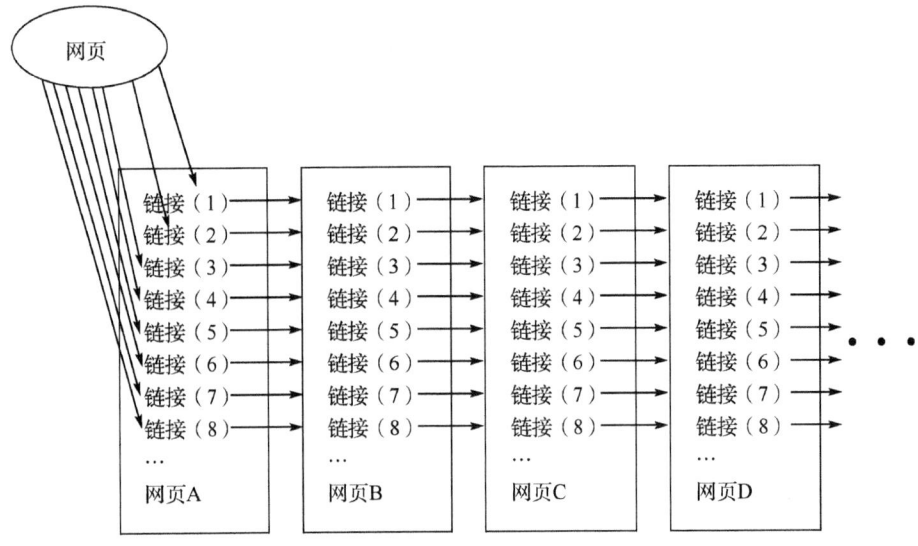

图 10-3　宽度优先策略

(3)权重优先策略。

网页蜘蛛一般都是深度优先和宽度优先两种策略一起使用,并且会考虑这条链接的权重。对于权重较高的链接,会采用深度优先策略;对于权重较低的链接,就采用宽度优先策略。

网页蜘蛛根据链接的层级高低及这条链接拥有的外链数量和质量来判断该链接的权重。一般层级太多的链接不会被抓取,但也不是绝对的,还要考虑其他因素。

(4)重访抓取策略。

重访抓取策略是指前一天网页蜘蛛来抓取过某一网页,第二天这个网页又出现了一些新的信息,那么网页蜘蛛第二天就又会来抓取新的信息。重访抓取分为全部重访和单个重访。所谓全部重访指的是网页蜘蛛对于上次抓取的网页,在某一天全部重新访问再抓取一次。单个重访一般是针对某个更新频率比较快、比较稳定的网页,如果网页很久不更新,网页蜘蛛访问过几次发现网页信息一直没有变化,它就不会再来访问了。一般来说,网页蜘蛛会隔一段时间来访问一次,如隔月访问一次,或者等全部重访的时候再访问一次。

以上就是网页蜘蛛抓取网页的一些策略。网页蜘蛛把网页抓取回来后,数据分析系统就开始进行数据分析。

3.数据分析

数据分析系统一般会通过以下几个步骤来处理网页蜘蛛抓取回来的网页。

(1)网页结构化。通过网页结构化,删掉全部 HTML 代码,仅提取出信息。

(2)消噪。通过消噪,留下网页的主题内容,删掉没用的信息。

(3)查重。通过查重,查找并删除重复的网页与信息。

(4)分词。通过分词,提取出正文信息,把信息分成多个词语并排列起来,存入索引库,同时计算这个词在该页面出现的次数。

(5)链接分析。通过链接分析,统计出该页面的反向链接的数量、导出链接的数量及内链的数量,然后赋予该页面一定的权重。

4.建立索引库

完成数据分析后,这些经过处理的信息就会被放到搜索引擎的索引库中。

10.1.2 搜索引擎营销模式

搜索引擎营销也被称为 SEM(Search Engine Marketing),它是一种营销方法,是根据用户使用搜索引擎的习惯,使网页在关键词搜索结果中排名靠前,从而引导用户点击,达到品牌展示和促进销售的目的。其基本思想是使用户发现信息,然后点击进入该网站或网页进一步了解信息。

受互联网海量信息的冲击,用户使用搜索引擎变得越来越没有耐心,多数用户只关注搜索结果前几页的内容，如果前几页没有满意的结果，一般会立刻变换关键词或者更换搜索引擎重新进行搜索。因此，为了获得用户更多的关注和点击，继而带来更多的商业机会，通过搜索引擎营销让自己的网站在搜索结果中排名靠前就显得很有必要。以下以阿里巴巴国际站的搜索引擎营销为例进行说明。

1．流量来源

阿里巴巴国际站的曝光流量主要分为自然流量、付费流量、信保流量、采购直达流量四部分。

自然流量又称为免费流量，指在阿里巴巴国际站通过打造优质排名获得的流量。

付费流量指卖家通过外贸直通车直接以出价方式获得排名，将产品展示在阿里巴巴平台上获得的流量。

信保流量指卖家通过完成信保订单，彰显信用，被系统选入阿里巴巴国际站精品商城获得的展示流量。

采购直达流量指卖家通过进入阿里巴巴国际站采购直达市场浏览求购信息，主动出击发起报价后获得的流量。

2．影响搜索排名的因素

搜索是各类大型网站的基本功能，它能让用户高效快捷地表达自己的需求并得到网站返回的结果，而排名则是这一类结果的体现。因为搜索排名主要是买家需求的体现，所以阿里巴巴国际站的搜索排名也是从买家角度出发逐步进行筛选后做出决策的，目标是让买家快速高效地找到合适的产品、卖家或者资讯。

影响搜索排名的因素如下。

（1）商业因素：包括卖家是否是付费会员，产品是否是橱窗产品，以及企业认证信息完整度、企业年限等。

（2）信息质量：包括产品图片、产品标题、产品属性、详细描述、交易信息、物流信息等。

（3）买家偏好：包括产品点击率、询盘率等。

（4）信用保障及交易：包括交易中是否使用了信用保障服务，信用保障订单的订单量、交易额、交易时间、交易记录等。

（5）作弊行为：包括是否存在重复铺货行为、是否存在恶意类目错放行为等。

（6）相关性分段：包括类目相关性和文本相关性。

（7）供应商因素：包括店铺转化率、买家咨询回复时间、买家咨询回复率、零效果产品清理等。

我们可以通过"产品管理"→"搜索诊断"→"排名查询工具"看到自己的产品的排名情况，如图10-4所示。

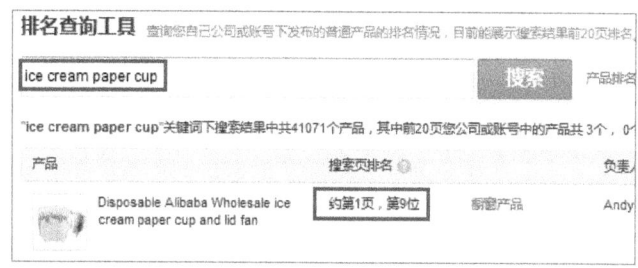

图 10-4　查看排名

3．搜索引擎营销方式

（1）竞价排名。

所谓竞价排名，即卖家为自己的网页购买关键词排名，按点击量付费。只有卖家付费了，其网站才能被搜索引擎收录，且付费越高排名越靠前。卖家可以通过自主设定每次点击付费的价格，控制自己在关键词搜索结果中的排名，并通过设定不同的关键词被不同的意向买家搜索到。

（2）购买关键词广告。

所谓关键词广告，即将卖家的广告内容在搜索结果页面中显示，卖家可以根据需要更换关键词，其作用相当于在不同页面轮换投放广告。

（3）搜索引擎优化。

所谓搜索引擎优化（SEO），即对网站进行优化设计，使网站在搜索结果中排名靠前。搜索引擎优化包括网站内容优化、关键词优化、内部链接优化、外部链接优化、图片优化、代码优化等。

10.1.3　利用搜索引擎分析市场

谷歌开发了很多帮助卖家了解产品及行业情况的工具，有助于卖家找到精准的推广方式。下面以谷歌趋势（Google Trends）和谷歌全球商机洞察（Google Market Finder）为例来进行说明。

1．谷歌趋势

谷歌趋势是谷歌推出的一款基于搜索日志分析的应用产品，它通过分析谷歌全球数以十亿计的搜索结果，告诉用户各个时期某一关键词在谷歌中被搜索的频率和相关统计数据。通过谷歌趋势，我们可以比较直观地判断出产品的需求地区，可以详细地分析产品的需求趋势等。

图 10-5 的波浪图显示了 2019 年 6 月至 2020 年 2 月 wig（假发）的搜索量。从图中可以看出，wig 的搜索量峰值出现在 2019 年 10 月左右。

图 10-5　2019 年 6 月至 2020 年 2 月 wig 的搜索量

如果卖家想要查看一段时间内的热点变化情况，输入某时间段热门需求的相关字词，如"过去 12 个月"，即可得到热门搜索。如将图 10-5 中的"全球"改为"美国"，"过去 12 个月"改为"过去 90 天"，再将"相关搜索"右侧的"热门"改为"上升"，如图 10-6 所示。那么，波浪图的数据将是每天的数据，地理位置则为美国，右侧则是过去 90 天内飙升的搜索词。

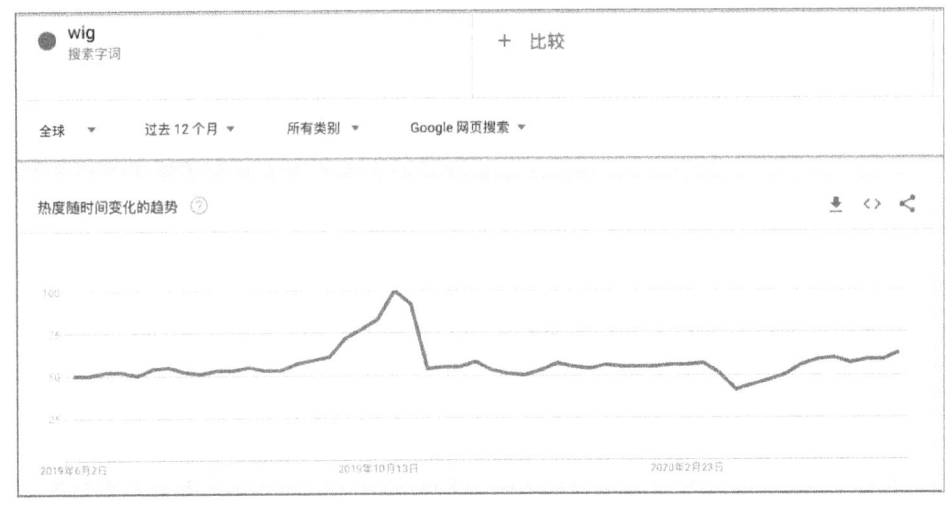

图 10-6　限制条件下的 wig 搜索结果

通过以上信息，不难判断出某特定卖家的产品搜索热度最高的时间出现在哪几天，对该产品有需求的国家或城市在哪里，哪些型号的产品是最近买家的搜索热点等。

2. 谷歌全球商机洞察

谷歌全球商机洞察的主界面如图 10-7 所示。

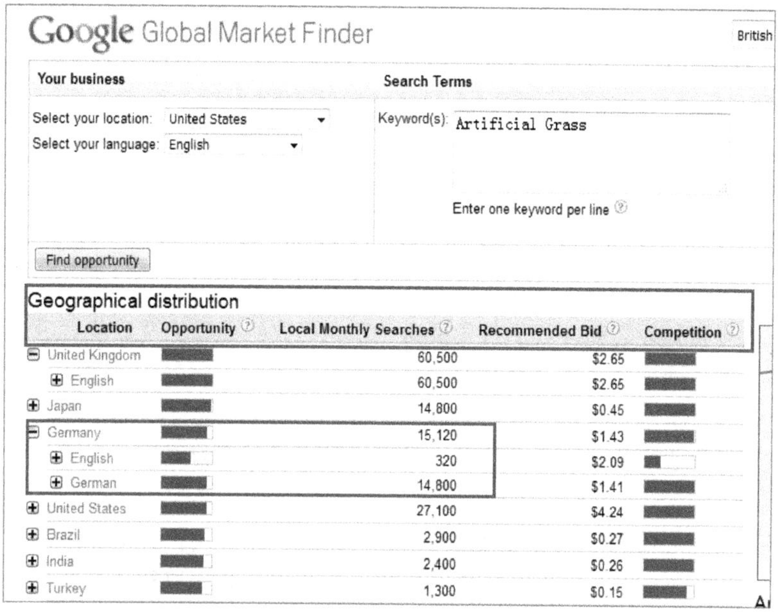

图 10-7 谷歌全球商机洞察的主界面

在图 10-7 右侧 "Keyword(s)" 文本框内输入产品关键字，在左侧 "Select your location" 下拉列表框内选择国家，就可跳转到如图 10-8 所示的界面，左侧划线区域内是一系列详细数据，由这些数据可以判断产品在下列国家中的商机情况。点开国家前面的 "+"，就能看到产品在每个国家有几种语言的搜索，每种语言的表述是什么，以及搜索热点词是什么。

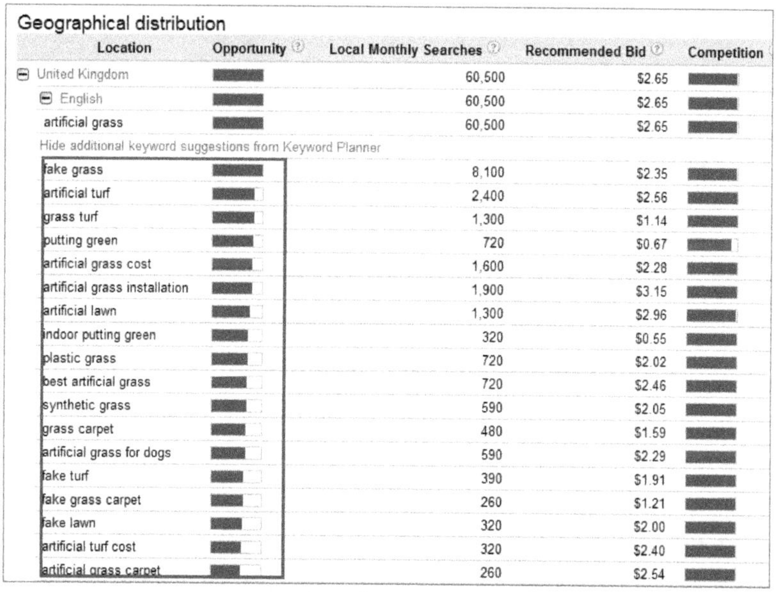

图 10-8 谷歌全球商机洞察的搜索结果

通过谷歌全球商机洞察，卖家可以得到以下信息：产品在哪些国家热度最高？产品在每个国家的竞争程度怎么样？产品在每个国家的语言表述是什么？产品在每个国家的热搜词有哪些？这些信息可以帮助卖家找到对产品有需求的国家。

10.1.4 利用搜索引擎分析竞争对手

1. 确定竞争对手

在决定进入外贸行业之前，我们首先要做的就是研究行业趋势及竞争对手。如果没有分析行业趋势和竞争对手而贸然进入一个行业，只能产生两种结果：一是关键词排名较低；二是即使关键词排名达到了第一也没有什么流量，也不会带来询盘或者订单。

我们只需在搜索引擎中输入产品的核心关键词，出现在搜索结果前两页的网站基本上就是主要竞争对手。

在开始进行研究之前我们先要安装必备的分析工具。首先，下载火狐浏览器（Firefox），在菜单中找到"可用附加组件"，搜索 SEO 关键词，会看到火狐浏览器罗列出了下载热度较高的附加组件，选择"SEO Site Tools"或者"SEO Toolbar"进行安装，如图 10-9 所示。

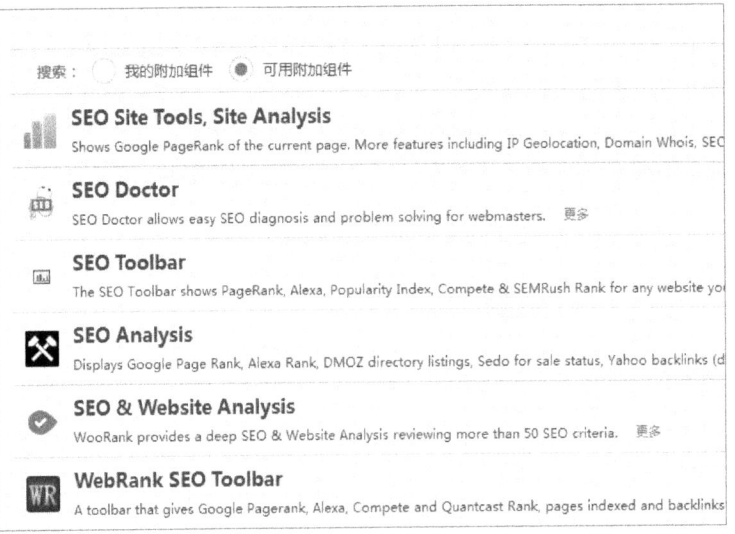

图 10-9　为火狐浏览器安装附加组件

安装好附加组件之后，使用火狐浏览器打开谷歌网站，在搜索框中输入关键词"Wedding Dresses"（婚纱）。网站就会显示自然搜索结果的排名，如图 10-10 所示。

用谷歌趋势和谷歌全球商机洞察工具分析一下"Wedding Dresses"这个关键词的全球搜索量及竞争程度，不难发现这是一个热度很高的关键词，全球每月搜索量非常高并且竞争十分激烈。可想而知对于这样一个热度很高的关键词来说，排在自然搜索结果前三位的网站一定是非常优秀的网站。无论是网站结构、内容及外链建设方面，都有值得我们学习的地方。

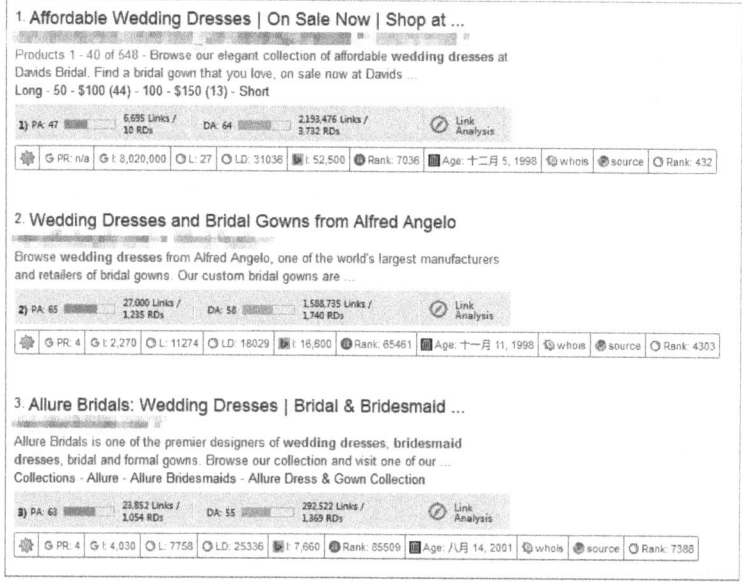

图 10-10　自然搜索结果的排名

2. 分析竞争对手

如上，以关键词"Wedding Dresses"进行搜索，找到搜索结果前三位的网站并进行分析。如图 10-10 所示，排在第一位的网站的 DA、PA 分别为 64、47。DA 是"Domain Authority"的简称，是指页面所在域名的权重，满分为 100 分。PA 是"Page Authority"的简称，是指基于链接计算的页面的权重，满分为 100 分。对于做垂直类产品的网站来说，这是一个非常不错的得分。

排在自然搜索结果第二位、第三位的两个网站，它们的得分与排在第一位的网站相差无几。那么是什么原因决定这 3 个网站的排名次序呢？这和 Alexa 排名有关。

我们来看第二个指标：Alexa 排名，这 3 个网站的 Alexa 排名分别为 7036、65 461、85 509。这是什么意思呢？Alexa 排名是指该网站的世界排名，主要分为综合排名和分类排名。Alexa 提供了包括综合排名、到访量排名、页面访问量排名等多个评价指标，这也是当前较为权威的网站访问量评价指标。Alexa 每 3 个月公布一次新的网站综合排名。此排名的依据是用户链接数（Users Reach）和页面浏览数（Page Views）3 个月累积的几何平均值。

那么，是什么决定了网站的 Alexa 排名呢？卖家需要对网站做哪方面的改进可以提升 Alexa 排名呢？对用户有价值的网站内容、合理的网站内链结构都是决定网站 Alexa 排名的重要因素。除此之外，还有一个重要的决定因素，那就是外链。

从图 10-10 中，我们可以看到排名第一的网站，其网页共有 2 193 476 个 link（链接）、3732 个 RD（域名总数）。排在第二位、第三位的网站的这两个指标远远低于排在第一位的网站。

RD 是"Root Domains"的简称，是指链接到这个网页 URL 的域名总数。

我们都知道，外链就像是对一个网页的投票，得到的投票越多，这个页面就越受欢迎。对于一个网页来说，来自同一个网站的反向链接再多，也还是一个人或者一个网站的投票，不能反映外链的广泛度。只有来自成千上万不同的域名的反向链接，才意味着得到了成千上万个人的投票。所以，我们在判断一个网页的外链数量的时候需要看这个网页获得的 RD。

那么，是不是 RD 的数量越多就越好呢？答案当然是否定的。排名与外链数量之间并没有绝对的对应关系。对于某些关键词来说，一些外链很少的网页也可以获得很高的排名。即使网站的外链非常多，但其排名可能仍然没有那些外链较少的网站高。下面来解释一下何种外链才是有价值的外链。

（1）单向链接。

最好的外链是对方网站主动给予的单向链接，而我们不需要链接回去。这表明不是友情交换投票，而是对方网站对我们网站的认同并给予的投票。在谷歌看来，这样的单向链接才是最有价值的外链。

（2）经过编辑的外链。

外链分为很多种，比较有价值的外链是嵌入在软文中的链接。例如，对方网站在一篇专业文章中很自然地提到了我们的网站，并且给予了我们一个反向链接，这表明对方网站认为我们的网站上有浏览者需要的较为权威、有用的信息，所以才会提供一个反向链接，这种外链是比较有价值的外链。

（3）内容相关的外链。

一个与目标网站内容相关的外链才是好的外链。例如，一个财经网站给做婚纱的网站一个单向链接，两个网站的主题是完全不匹配的，即使这个财经网站拥有再高的网站权重，也不能够提高婚纱网站的排名。

（4）导出链接数目较少的网页的外链。

一个网页上存在的导出链接数目越多，每一个链接所能分得的权重就越少。所以，如果一个网站的网页上没有内容全部都是各种导出链接，那么即使这个网站拥有较高的权重，其对网页的排名提升效果也不大。只有有实质性内容的新闻或者博客网页上的导出链接才有价值。

（5）来自正规网站的外链。

我们在添加外链的时候要关注正规网站，不要在违法或色情网站上添加外链。搜索引擎对于这类网站的惩罚是非常严厉的，如果我们在这类网站上添加了外链，也有可能被搜索引擎一起惩罚。

（6）来自"gov""edu"等域名的外链。

"gov""edu"这类域名是不可以随便注册的，这类域名大多与政府机构、大学或者科研机构有关，域名本身就很难获得，加上这类网站存在垃圾内容的可能性比具有其他后缀域名的网站要小很多。所以，来自这些域名的外链也是非常有价值的。

10.1.5 利用搜索引擎寻找买家

除参加世界各地的展会、购买第三方平台的会员等方法外，跨境电商从业人员还应该学会利用搜索引擎来寻找买家。下面介绍如何利用搜索引擎来寻找买家。

1. 关键词法

搜索与产品相关的关键词，会出来很多个网页，这些网页都跟我们搜索的产品有着千丝万缕的关系。对这些搜索结果进行深度挖掘可以找到很多买家，或者是非常有价值的行业论坛。

例如，在谷歌中搜索"solar energy products"，可以看到搜索引擎给出了几个关键词推荐，这些被推荐的关键词并不是随便出现的，都是谷歌通过算法计算出的跟我们输入的关键词相关且搜索热度较高的长尾关键词，如图 10-11 所示。

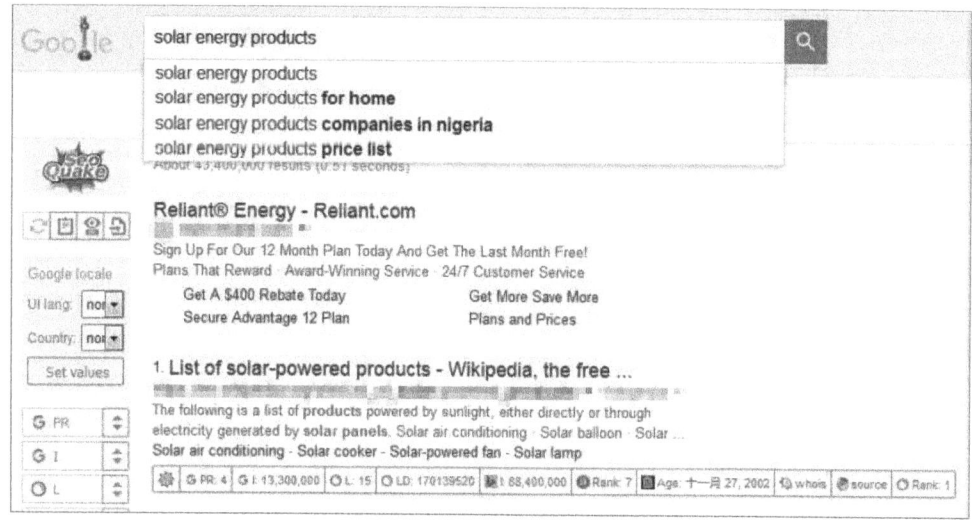

图 10-11 相关关键词推荐

当我们选中某个关键词时，下面会出现相应的搜索结果，我们可以看到有付费的广告，也有自然搜索结果，如图 10-12 所示。一般来说，除去像"Wiki""Youtube"等网站，剩下的能够排在自然搜索结果第一页的都是权重较高的企业网站或者是行业论坛。这些企业本身就可能是大型代理商，需要从我国进口产品到本国销售，那我们就需要把此类网站的联系方式，如邮箱地址、电话等保存下来。如果是一些行业论坛那就更要关注了，因为很多买家会在论坛中发布一些求购信息。

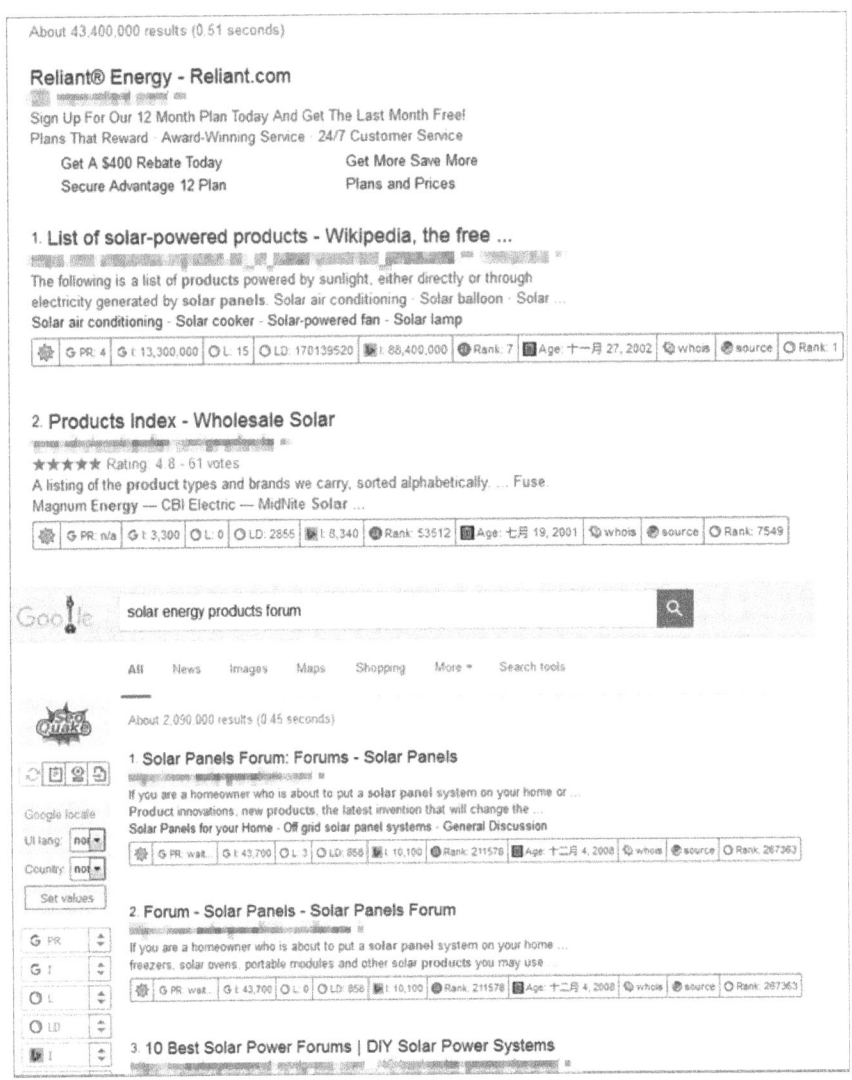

图 10-12　关键词的搜索结果

2. 纵向法

除利用搜索引擎寻找可能的直接买家之外，我们还可以利用纵向思维去寻找买家。例如，销售的产品是"PPR Pipes"（家用上下水输水管），我们就要思考，国外什么样的人群可能会成为买家。如果房子需要装修肯定需要这类产品，那么房子的主人一般会到什么地方购买呢？有可能是在装修公司的推荐下直接从他们那里购买，也有可能是到类似于建材大卖场的地方购买。那么这两类人不正是我们要寻找的买家吗？我们可以在谷歌搜索引擎中搜索这类公司发布的广告，如装修公司发布的广告，那么我们拿到联系方式之后就可以与之联系。利用纵向法，我们就可以寻找到一大批买家。

3. 横向法

除专业性很强的产品之外，大多数买家的采购类别都是可以延展的。例如，如果搜索到一位买家的求购产品是办公桌，那就可以类推这位买家可能也需要采购办公椅。有的买家的求购信息提到了金属相框，那么同样这位买家很有可能也会对木质相框感兴趣。依此类推，我们会发现潜在买家的范围在不断扩大。

但是，使用横向法寻找买家不能急躁，因为买家目前求购的产品并非我们所推荐的产品。我们需要耐心地与其沟通，让他对我们的产品品牌有一个好的印象。也许当时他们对我们的产品并没有需求，但是假以时日当他们需要采购类似产品的时候可能会第一时间想到我们的品牌，这就足够了。

10.2 电子邮件营销

10.2.1 电子邮件营销的含义及特点

所谓电子邮件营销是指卖家利用电子邮件将广告、产品信息、销售信息、市场调查、市场推广活动信息等向目标客户批量发送，以便和目标客户建立沟通，促进销售。

电子邮件营销的特点在于：精准高效，卖家可以将特定的推广信息投递给特定的目标客户；信息丰富全面，文本、图片、动画、音频、视频、超级链接等都可以投递；具备追踪分析能力，卖家可以通过分析目标客户对电子邮件的点击行为来获取销售线索。

10.2.2 电子邮件营销的相关概念

1. 打开率

打开率是指电子邮件被打开的数量与发送的电子邮件总数的比率。电子邮件的打开率是通过在电子邮件中放置一个微型图片来追踪的，但是许多电子邮件服务商都会拦截图片，使图片无法显示。

2. 点击率

点击率是指点击数和电子邮件打开数（注意不是总数）的比率。这个参数非常重要，因为电子邮件营销的目的就是吸引客户访问卖家的网站。

3. 送达率

送达率是指到达客户收件箱的电子邮件数和电子邮件发送总数的比率。有些电子邮件会被投入垃圾邮件箱或因收件人不详而被退回。

4. 个性化

个性化是指在发送的电子邮件中包含收件人的用户名、姓名、公司等个性化内容。

5. 列表清理

列表清理也被称为列表优化，可以使收件人列表保持良好的状态。列表中因拼写错误、账户过期等导致无效的电子邮件地址越多，被标记为垃圾邮件的概率就越大。这也会使数据报告不能真实地反映出电子邮件发送的效果。

6. CAN-SPAM

CAN-SPAM 是美国于 2003 年通过的一部联邦法律。它规定了发件人发送电子邮件时必须遵守的一系列条款，违反了这些条款，就会被视为垃圾邮件发送者，并处以罚款。

7. 退订和反订阅

退订和反订阅是指收件人从发件人的收件人列表中自行退出，包括两种方式：完全退订和针对某一列表的退订。完全退订是指收件人要求退出发件人所有的收件人列表，不再收到由发件人发出的任何电子邮件；针对某一列表的退订是指收件人要求退出发件人的某一收件人列表，不再收到由发件人发给这个列表的任何电子邮件。例如，收件人不愿意收到特惠信息，但是又想收到每周新闻，他们就可以退出特惠信息的列表。

8. HTML 格式邮件和纯文本邮件

电子邮件有 HTML 和纯文本两种格式。HTML 格式的电子邮件可以包含色彩、表格和图片，而纯文本格式的电子邮件只能包含文字。并不是所有电子邮件的客户端都支持 HTML 格式的电子邮件，一些移动客户端就不支持，所以两种格式的电子邮件都有必要发送，要经过反复测试才能知道哪一种格式的电子邮件更适合。

9. 退信数

退信数是指因"无法送达"而退还给发件人的电子邮件数。电子邮件地址拼写错误和收件箱已满等原因都有可能造成退信。如果收件人列表是通过购买、租借得到的，那退信数指标就比较重要了，因为它能告诉发件人，购买的邮件地址中有多少个是无效的地址。

10.2.3 电子邮件营销的实用技巧

1. 设计电子邮件

（1）文字写作技巧。

① 电子邮件主题控制在 18 个字符以内，避免使用"！""……"等符号，以防乱码。主题词应避免带有网站地址，如"×××.com 某公司祝您新年好"。

② 邮件内容精炼、版面简洁，突出主题。不使用敏感词及促销词，如免费、优惠、特惠、

特价、低价、便宜、廉价、情报、机密、保密、绝密、神秘、秘诀等。如果一定需要，建议把敏感词制作成图片。发送超过 20 万封的电子邮件时，要更换主题内容；发送超过 200 万封的电子邮件时，要考虑重新设计。

（2）图片设计技巧。

① 不同类型邮箱的邮件中的文字显示出来可能会不同。例如，QQ 邮箱中邮件的文字不能自动换行，除非在代码中事先有过设置；Gmail 邮件的字体会与最初设定的字体不同。

② 每张图片大小不超过 15KB，整页图片控制在 8 张以内。如果电子邮件模板只设计了一张图，建议将大图裁成 2~3 张小图，并适当保留一些文字。图片名称避免含有"ad"字符，以避免图片上传后显示成"被过滤广告"。

（3）链接处理。

① 链接数量控制在 10 个以内，如果所有图片的链接地址一样，须将所有图片合并成一张大图。

② 链接写成绝对地址，以确保收信人在单击链接时能够正常浏览内容。

③ 链接的长度不超过 255 个字符，否则会导致无法追踪或链接错误。

④ 不使用地图功能链接图片，因为多数邮箱会将该类电子邮件划分为垃圾邮件。

⑤ 有时用户收到电子邮件后无法浏览图片，为避免该情况，预先制作一份与电子邮件内容相同的 Web 页面，然后在邮件顶部标注"如果您无法查看邮件内容，请点击这里"，链接到放有同样内容的 Web 页面。

（4）主题设计。

收件人打开邮件前，最先入眼的就是邮件主题，主题的好坏甚至会决定收件人是否会打开这封电子邮件。在设计主题时，既重点突出又简洁有力的文字会是不错的选择。以下几种类型的主题是比较优质的主题。

① 问题类型的主题。以问题的方式提出的邮件主题一般能吸引收件人点击链接查看邮件。设置问题的目的是将收件人自然地吸引到问题的内容上去，引发他们的关注。问题的提出也有一定的技巧，如旨在激发读者的问题，"您需要买一个完美的礼物送给您的妻子/丈夫"；旨在指出一个常见的问题，"您是不是正困惑如何送一个完美的礼物给爸爸/妈妈"；旨在启发人们马上采取行动的问题，"您是否想收到一个令人惊喜的节日/圣诞礼物"。

② 幽默戏剧类型的主题。使用该类主题时，首先要了解收件人群体的兴趣、面临的挑战等，之后在邮件中嵌入戏剧性的主题内容，以幽默的方式引导收件人继续阅读邮件内容。例如，礼物戏弄法，"咚咚咚，特色礼品来报到啦"；建议一个新内容，"这个假期应该做点什么呢"；以轻松的假期来吸引人，"轻松休闲来××购物"。

③ 指令类型的主题。

以直接给收件人下指令的方式提醒他们现在就采取行动也是一个不错的主题。例如，利用报价做一个主题，"不要再等了，本周商品已优惠××%了"；设置一次活动，"我们这次××商品促销活动为您留好了位置"；更新最新消息，"本月即将来临的折扣清单"。

④ 公告类型的主题。

通过发布公告的方式来做一些简单的提醒。例如，提醒即将到来的节假日，"即将来临的××节日"；提醒人们不要错失机会，"不要错过我们 12 月份的特价促销活动"。

2．发送电子邮件

针对不同类型的客户，发送的电子邮件要有所区别。此外，类似"tom02191@gmail.com"的邮箱会给人留下不够专业的印象，卖家需选择一个专业的邮箱。邮件发送时间的选择也是很重要的，一般 11:00 到 13:00 和 19:00 到 21:00 这两个时间段是人们疲倦想要休闲一下的时候，人们在这两个时间段打开电子邮件的可能性会大大增加。

3．数据监测

电子邮件发送后的数据监测也是很重要的环节。通过对电子邮件的送达率、打开率、点击率等指标数据进行分析，来判断这份电子邮件设计的好坏，并加以改进和优化。Webpower、Focussend、思齐软件、亿邻商邮、脉展软件、绿邮网、华思邮件营销、亿业科技、Radica system 是当前比较知名的电子邮件服务提供商。

10.3 社区营销——领英营销

新媒体营销是指以微博、微信、直播等新媒体平台为传播和购买渠道，把产品的功能和价值等信息传送给目标受众，对其进行心理引导，使目标受众形成记忆和喜欢，从而实现品牌宣传、产品销售目的的营销活动。新媒体营销注重沟通性、差异性、创造性、关联性和体验性。

社区营销是新媒体营销的一种方式。互联网上有各种各样的关系型社区，如车友论坛、住宅小区论坛等。同一社区内的用户有共同的关注点，如兴趣、购物、社交等。他们在购物前大多会参考社区其他用户对产品的评价，其他用户的推荐甚至可能起到非常重要的作用。

下面我们以领英（LinkedIn）、Facebook 和 Intagram 为例，阐释社区营销的方法。

10.3.1 领英的功能

LinkedIn 成立于 2003 年，是商务人士尤其是有国际业务的企业员工或者自由职业者使用较多的社交网络服务网站。网站的目的是帮助注册用户维护他们在商业交往中认识并信任的联系人，即人脉。

通过 LinkedIn 平台，我们可以建立国际人脉关系，有更多的机会了解客户的背景信息。这些背景信息有助于我们在和客户沟通的时候得到客户的认可。

在 LinkedIn 上输入一家公司的名字就可以找到在平台注册过的所有跟这家公司相关的人员的简历。从简历中我们可以了解到这些人的基本情况，如毕业时间、工作经历、任职的公司、工作年限等。这些信息能帮助我们了解客户，如客户的兴趣爱好、喜欢的运动、崇尚的品牌等，甚至还可以帮助我们了解客户的公司结构。

LinkedIn 还能帮助公司找到潜在的合作伙伴。在平台上用公司产品的名字、公司的名字，或者专业术语等进行搜索，就会找到相关的业务公司和相关的产品爱好者，可以尝试加为"好友"，如果"好友"看到公司介绍和联系方式，对产品感兴趣，就会主动来联系。但切忌开门见山表明自己是什么产品的供应商，因为这种生硬的沟通方式基本上不会带来什么好的效果，甚至还会起到相反的作用。

注册 LinkedIn 的时候，注册信息最好填写完整，有助于和客户的交流。在交流的过程中，以委婉的方式宣传自己的产品，客户会更容易接受。

10.3.2　怎样在领英上推广

1. LinkedIn ≠ Facebook

虽然 LinkedIn 属于社交媒体平台，但和一般的社交媒体平台相比，它更偏向职业化。因此，借助 LinkedIn 的推广者，无论是发布文章还是发布动态，都需要表现出职业化的特点。以下是几点建议。

① 不要把 Linkedin 当成 Facebook 用：LinkedIn 不是用来分享日常生活的，而是用来分享职场生活的。

② 让自己显得更专业：专业铸就信任，当客户觉得你这个人非常专业的时候，他会觉得你是个非常值得信任的人。

③ 不要让你的动态过于"硬核"：虽然专业能提升客户的信任，但是不要忘了 LinkedIn 是一个社交媒体平台，不是学术期刊。太过"硬核"的动态显然是无法吸引客户的。LinkedIn 是一个专注于职场的社交媒体平台，因此你需要让你的动态符合平台的风格。

2. 优化个人资料

优化个人资料是在 LinkedIn 上引导流量的方式之一。你需要添加明确的公司信息和职位信息，从而方便客户找到你、认识你，如图 10-13 所示。

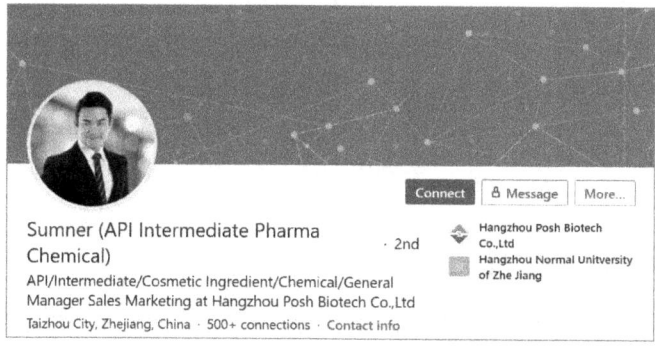

图 10-13　优化个人资料

个人资料应以展现专业素养为主，表达出乐意交往的意愿，强调个性化和专业性；同时，个人资料上的各项信息应彼此相关，方便客户能了解到更多关于你的信息；个人资料还应展现真实的个人，彰显气质，而不是简单地堆叠关键词；在填写个人资料的时候，应抓住目标客户的主要需求而不是面面俱到；有时候，个人资料可以适当增添一些别人的推荐和赞赏；最重要的一点是，个人资料中的所有可用字段都应填满并定期更新。

3. 通过视觉元素给个人资料加分

在个人资料中，一般的文字信息是基本项，视觉元素是加分项。LinkedIn 支持在个人简介中插入图片和视频，因此在添加个人简介的时候，可以放一些图片上去。如图 10-14 所示，可以在个人简介中添加公司的产品列表，通过视觉元素给个人资料加分。

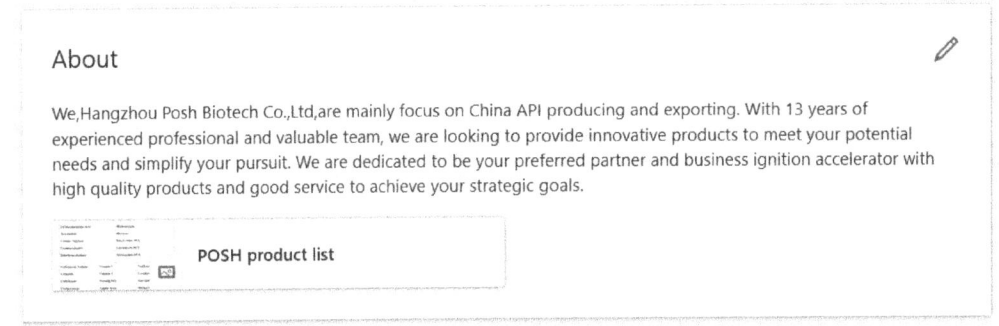

图 10-14　个人资料页

4. 构建有价值的关系网

一个有很多关注者却没有真正的人际交往的 LinkedIn 主页是缺乏价值的。只有把一般的连接转化成实际的人际交往，继而在社交圈中得到别人的认可，受到重视才是有价值的关系网。

如何在 LinkedIn 中建立关系网呢？首先，找出 LinkedIn 关系网中对你来说最有价值的人，这里的最有价值不是指财富和地位方面，而是指对你的帮助方面，通过资料去了解他们的目标、需要、价值取向、喜好，通过日常接触认识他们，给他们留下好的第一印象。然后，通过讨论相关问题，给予他们帮助，对受到的帮助致谢，祝贺他们取得的成就等，还可以利用 LinkedIn 的站内私信功能、打招呼功能等，帮助他们传播一些优秀内容。方法各有不同，但追求的目标效果是一样的，即你的内容出众有观点，能脱颖而出；善于倾听、关心他人，能给人留下更深刻的印象；LinkedIn 关系网中的成员给予你回报；别人喜欢分享你的内容，乐意与你进行讨论。

5. 用好 LinkedIn 推广功能

LinkedIn 聚焦职场社交，其使用者大多是职场人士，因此有机会接触到企业决策层人员是 LinkedIn 的优势所在。另外，LinkedIn 的推广功能比较完善，方便定位用户群体，其可以通过用户的毕业学校、企业名称、职业类别、职称、地理位置等多种条件的组合，尽可能精准地投放内容，不需要使用第三方工具。

LinkedIn 的营销度量工具从受众数量、印象、引起的活动、点击率、粉丝数、订阅数、费用等方面来度量推广效果，同时还可以将不推广的内容和推广的内容进行对比，多维度地分析推广的效果。职场人士的时间本来就少，空洞的推广内容易让人产生反感，因此通过 LinkedIn 进行推广时应注意推广内容的价值性。确保推广内容的价值需要一定的时间和精力的付出，但回报是企业可以在行业中获得较好的印象和较高的威信，品牌更容易受到青睐。

6．建立关系比建立连接更重要

企业面对的不仅仅是一般的个人用户，还有一些潜在的合作伙伴、供应商的管理人员，因此建立关系至关重要。关系主要体现在对客户的情感化管理上，如哪些人访问了你的主页、分享了什么内容、对内容有什么反馈，这些是企业和客户建立关系的基础。另外，企业要做问题的解决者，而不是产品的推销者，多提建议，少打广告，彰显价值。

10.3.3 如何通过"LinkedIn+Google"搜索组合找到目标客户

如何通过"LinkedIn+Google"搜索组合找到目标客户呢？这里推荐一个 site 公式：职位+公司+site:linkedin.com。当你刚注册 LinkedIn 的时候，你的好友数为 0。这时候你去搜索关键词加好友，会发现搜出来的都是"LinkedIn Member"，即超出 3 度人脉之外的人。而超出 3 度人脉的好友你是添加不了的，如图 10-15 所示。

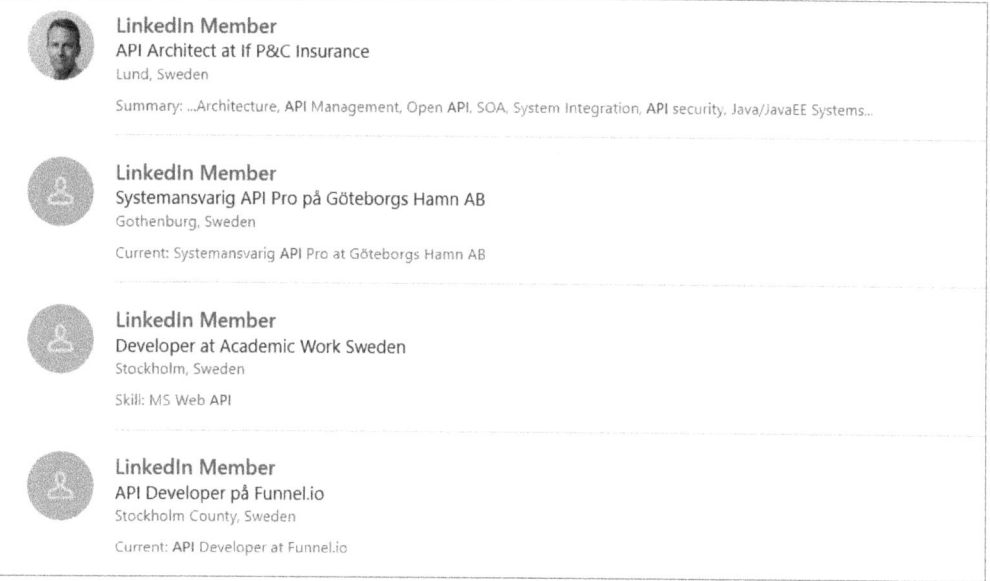

图 10-15　LinkedIn Member

这时候，我们就需要用到 site 公式来添加这些"Linkedin Member"了。以第一个人为例，具体操作如下。

（1）找到目标客户的职位和公司。第一个人的职位为 API Architect，公司为 If P&C Insurance。

（2）在谷歌中搜索 API Architect If P&C Insurance site:linkedin.com，如图 10-16 所示。

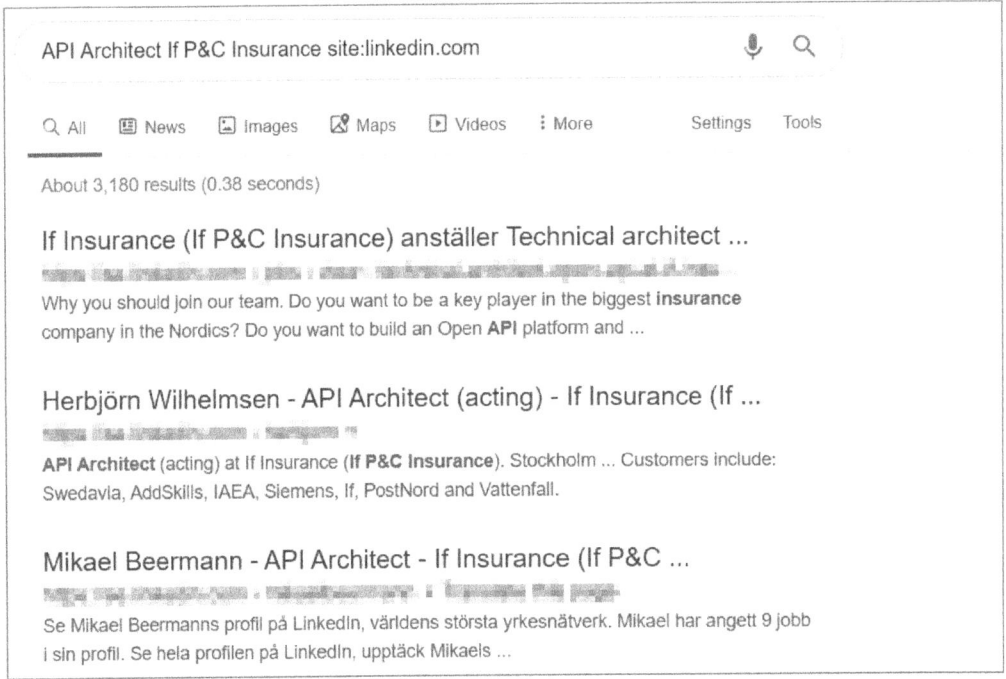

图 10-16　在谷歌中搜索 API Architect If P&C Insurance site:linkedin.com

（3）单击第三个链接，那就是我们的目标客户，如图 10-17 所示。

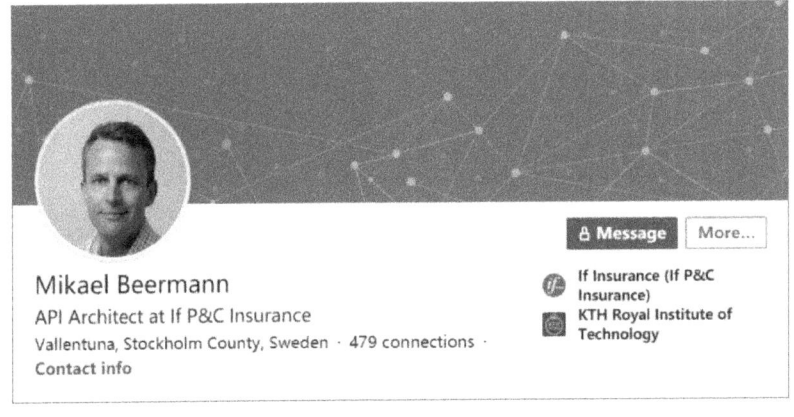

图 10-17　目标客户

（4）接下来我们单击"More…"，选择"Connect"，就能将其添加为好友了，如图 10-18 所示。

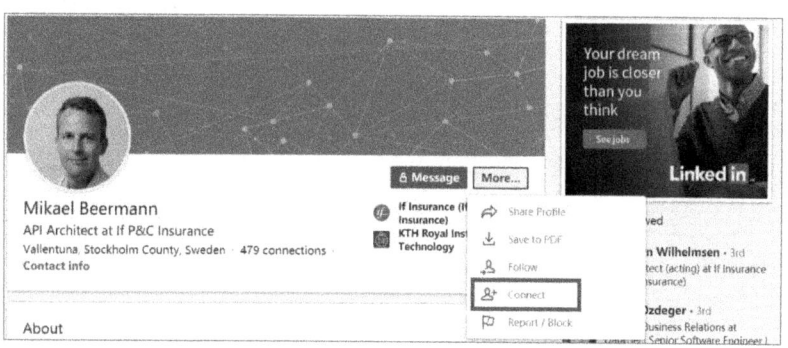

图 10-18　添加好友

site 公式在前期非常有用。你可以用这个公式快速积累好友数量。当你的好友数量超过 100 个的时候，"Linkedin Member"基本就看不到了，这时候你就不再需要用 site 公式了。

10.3.4　搜邮工具

skymem.info 是一个搜邮工具，用该工具可以搜到目标公司的邮箱，其首页如图 10-19 所示。

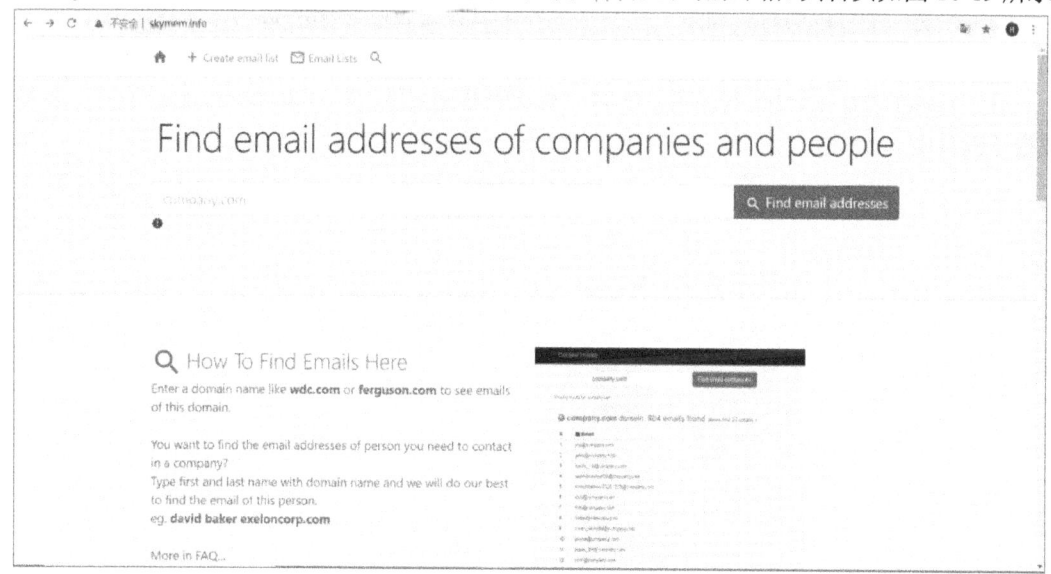

图 10-19　skymem.info 首页

以 Bayer Pharma 公司为例，具体操作如下。

（1）在搜索栏输入 bayerpharma.com。

（2）然后我们就能搜到这个公司的邮箱了，如图 10-20 所示。

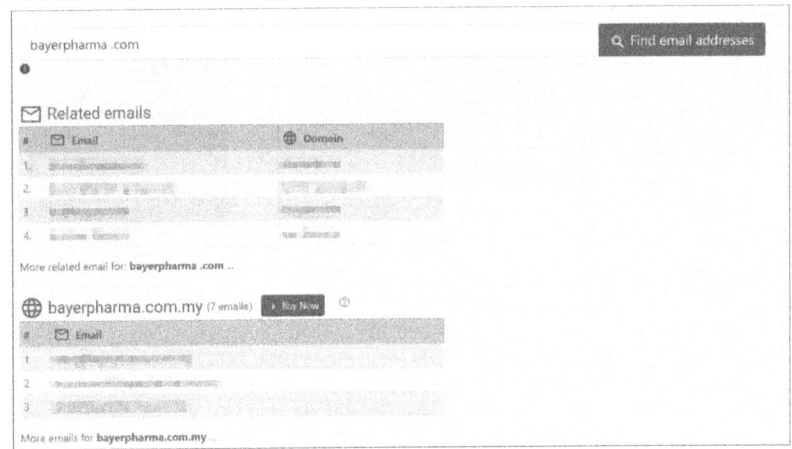

图 10-20　搜索 Bayer Pharma 公司的邮箱

搜到该公司的邮箱后，我们就能给这个公司发电子邮件了。

10.3.5　管理多个社交平台的 buffer 平台

buffer 是一个可以同时管理多个社交平台并可以设定发帖时间的第三方平台，不仅可以管理 LinkedIn，也可以管理 Facebook、Twitter 等。

通过 buffer 的数据分析，我们可了解客户喜欢的帖文类型。图 10-21 和图 10-22 为两个 buffer 数据分析页面。

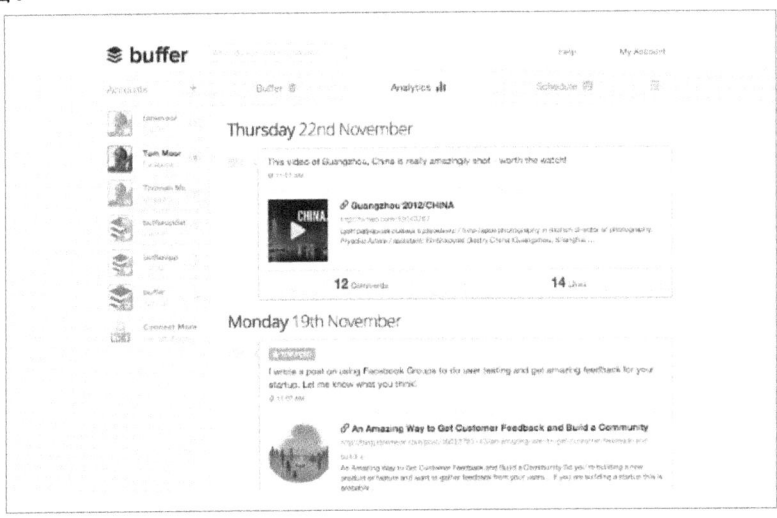

图 10-21　buffer 数据分析 1

图 10-22　buffer 数据分析 2

10.4　社区营销——Facebook 营销

10.4.1　如何通过 Facebook 寻找客户

以"Phone Case"（手机壳）为例。在搜索栏里输入"Phone Case"按回车键，然后单击"Pages"就能查看与"Phone Case"有关的 Facebook 主页了，如图 10-23 所示。

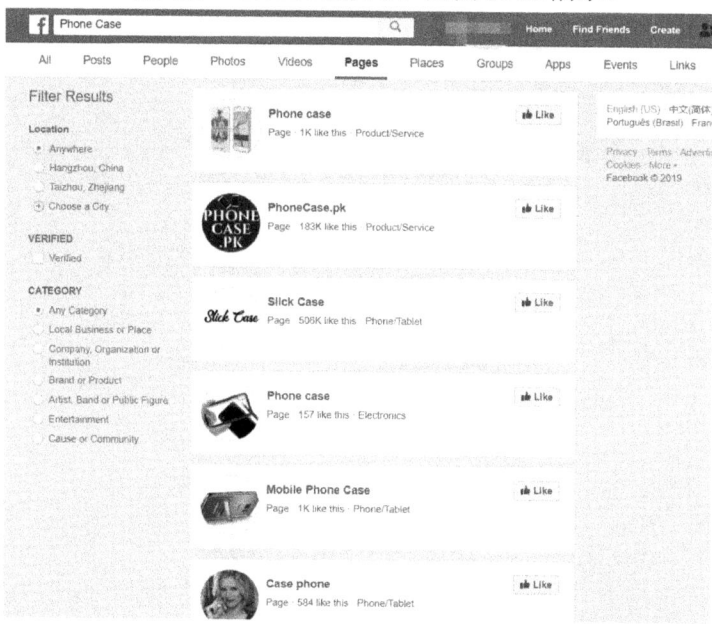

图 10-23　Facebook 主页

另外,还可以在页面左侧筛选主页,如图 10-24 所示。

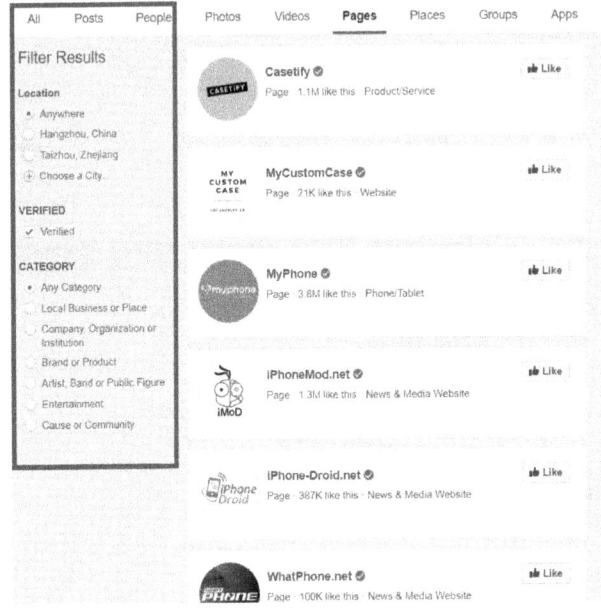

图 10-24　筛选主页

搜索到的主页大多会标注页面来源及有多少粉丝等,如图 10-25 所示。

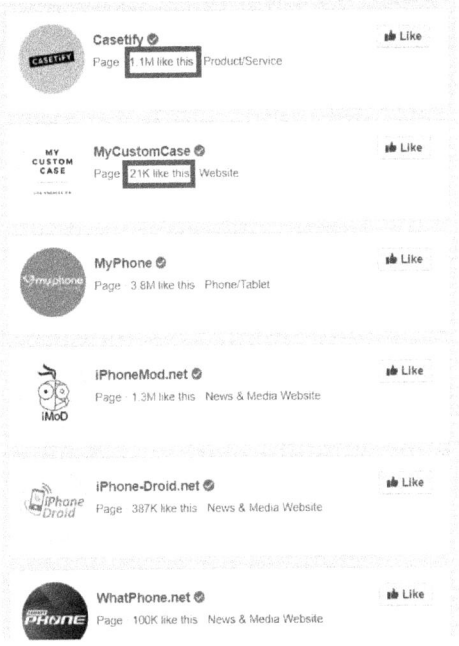

图 10-25　搜索到的主页

我们随便点击进入一个主页，可得到如图 10-26 所示的画面。

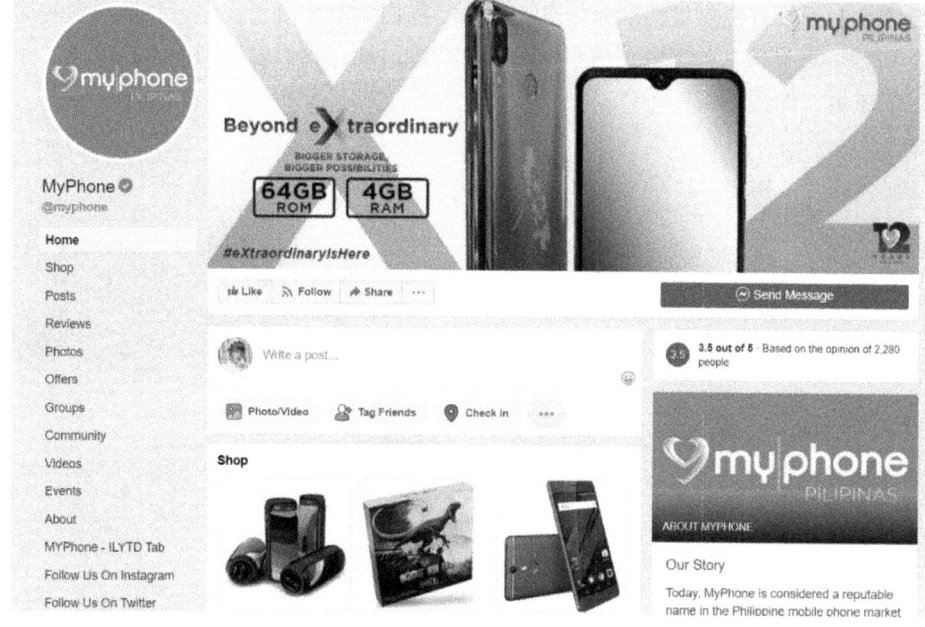

图 10-26　进入一个主页

从简介可以发现这是一个菲律宾的手机品牌，如图 10-27 所示。

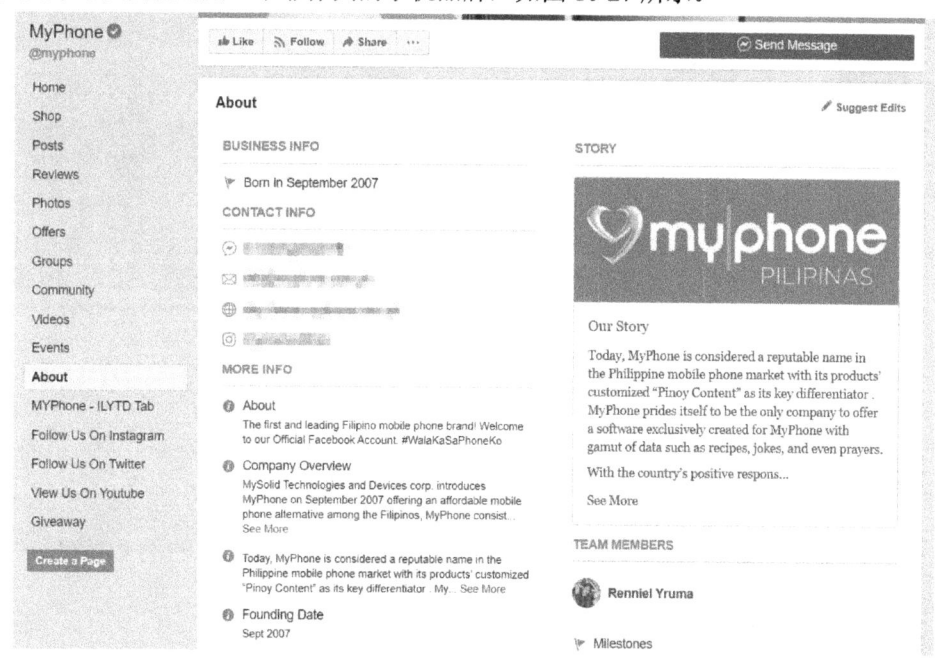

图 10-27　菲律宾手机品牌 My Phone

该页面上有我们需要的关键联系信息,如邮箱、网站、电话、管理者信息等,但是也有些网页的管理者几乎没有提供任何联系信息。例如,我们单击美国一家手机壳供应商的简介,如图 10-28 所示,这里什么关键联系信息都没有。所以,现在我们返回到前面的页面,即该手机壳供应商的主页,如图 10-29 所示。

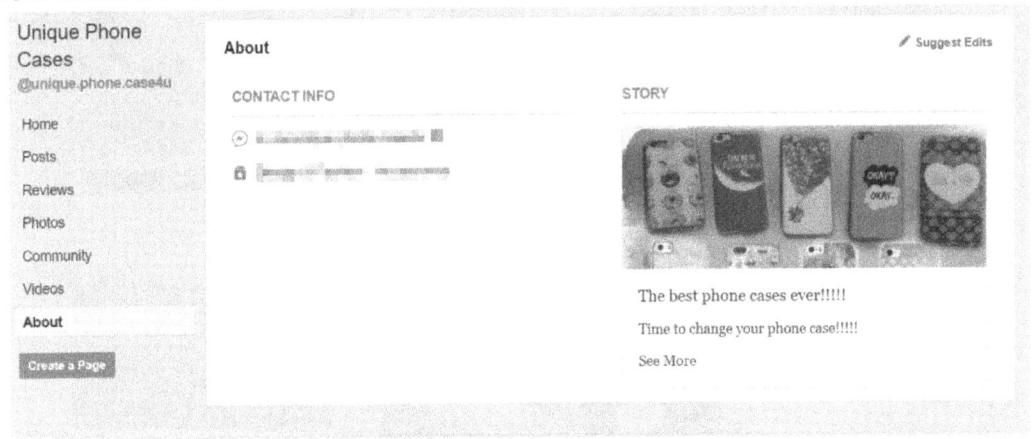

图 10-28　美国一家手机壳供应商的简介

如图 10-29 所示,我们单击"Send Message"按钮,就可以给这个手机壳供应商发信息了。

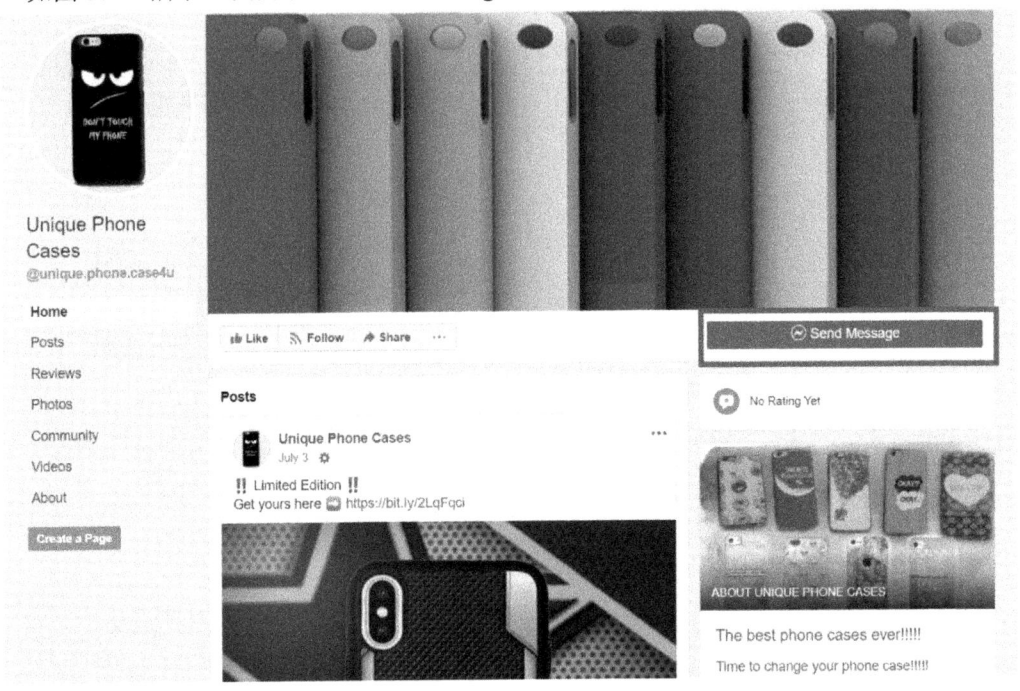

图 10-29　该手机壳供应商的主页

我们还可以通过反推法来获取联系信息。例如，如果想获得某个网站的邮箱地址，但很难找到它的具体邮箱。这时我们可以在这个网站找到它的 Facebook 图标，单击图标，进入其 Facebook 主页后就有可能获得想要的具体联系方式。以阿里巴巴为例，在右下角，我们可以发现很多的标签，如图 10-30 所示。

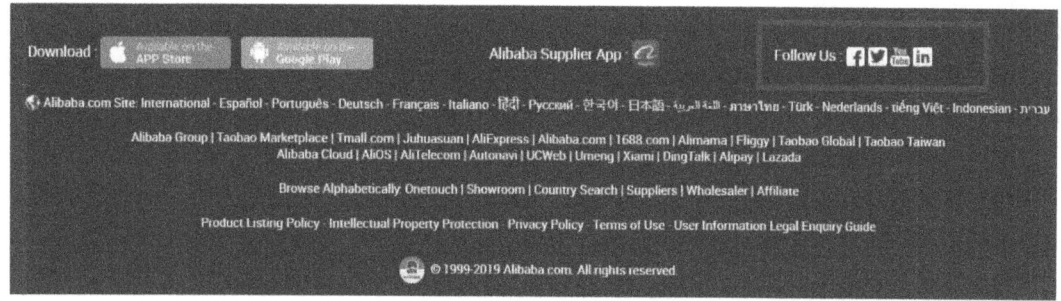

图 10-30　阿里巴巴网站的标签

单击"Facebook"后就可以跳转到其 Facebook 主页，发现我们想要的信息，如图 10-31 所示。

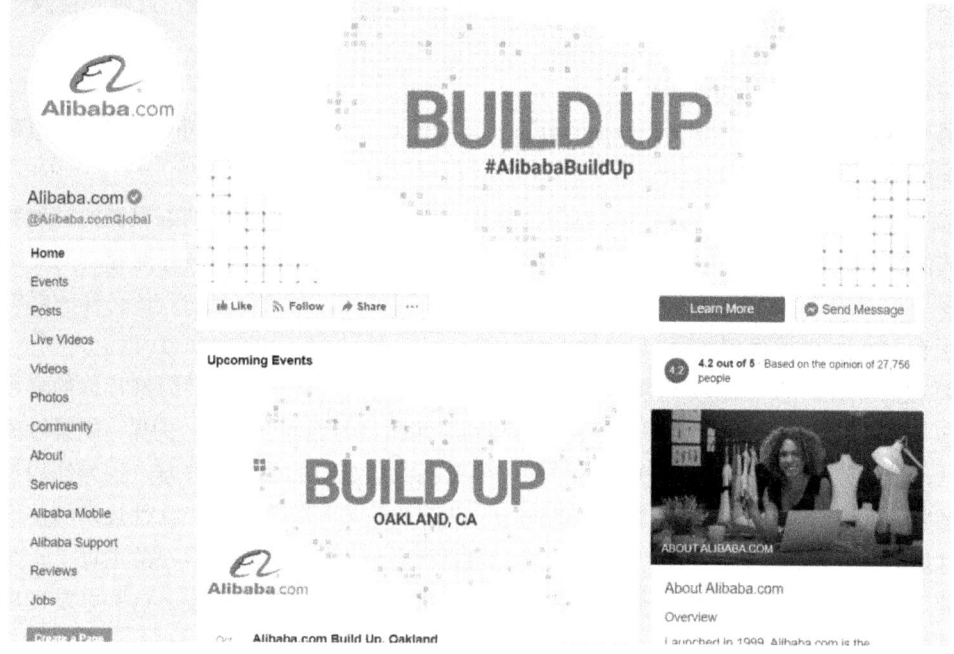

图 10-31　阿里巴巴的 Facebook 主页

10.4.2　如何通过 Facebook 为网站带来流量

Facebook 在流量上可以和谷歌并驾齐驱，外贸从业者不仅要抓住谷歌的流量，也要抓住

Facebook 的流量。那么如何利用 Facebook 为网站带来流量呢？以下是常用的几种方式。

（1）完善个人信息资料。Facebook 是交流式社区，人们都喜欢寻找自己感兴趣的人或事，此时如何写出一个让人们眼前一亮的个性化资料，是比较重要的。

（2）在涂鸦墙和照片夹中放置一些比较有意思的、有价值的信息。不建议在 Facebook 的涂鸦墙上放置很多产品广告，而应发一些和产品贴近的比较有意思的内容，来引导粉丝关注。

（3）建立起自己的关系网络。Facebook 是一个交友式的互动平台。要学会建立起自己的关系网络，发掘对你的网站感兴趣的人群。

（4）经常保持更新。必须时常更新 Facebook 上的各类信息，只有这样才能持续引来流量。

（5）活跃起来。多参与别人的博客分享，多参与各类的圈子才能让你的 Facebook 主页受到更多人的关注，或者给人留下深刻的印象。

（6）安排好你的个人主页。Facebook 有众多应用，你可以安排自己需要的应用。

（7）确定哪些是你需要的应用。在 Facebook 的众多应用中挑选出你最擅长和最需要的应用放在主页，如链接的发布和博客。

（8）使用 Facebook 的广告联盟。Facebook 提供网站的内部广告联盟，此项功能属于付费功能。

（9）建立一个自己的圈子。

① 建立自己的主页以便推荐给你的好友及关心你和你的产品的人，同时你的好友也可以将你的主页分享给他们的好友。

② 在涂鸦墙上发布文字、照片、视频及链接，使你的好友在他们的动态里能实时地看到你发布的信息。如果你的好友足够多，那么你的涂鸦墙就是展示你动态的最好舞台。

③ 加入群组。Facebook 是目前全球最活跃的社区平台，无论你想加入什么样的群组，都可以在 Facebook 中搜索到。

④ 建立群组，发布比较有吸引力的照片及视频，去人气比较旺的群组推荐你的群组。

⑤ 添加好友。不能盲目地添加好友，要有针对性和目的性地去添加。例如，如果做的是宠物网站，就应该先加入一些关于宠物的群组，然后再添加里面的成员为好友，因为他们都是对宠物感兴趣的人。再如，一个卖各类包的网站，就应该先加入时尚、年轻女性较多的群组里，因为这里的主体就是我们的目标客户群，进去相关群组后，我们可以在自己的主页上、照片夹里多放一些大家感兴趣的照片和内容，很快，你将会拥有成百上千的好友，这些好友日后会带来有价值的流量。

案例 10-1　社交明星公司的创新做法

沃尔玛　绑定节假日

沃尔玛在 Facebook 上共有 1500 多万名粉丝。沃尔玛常规的促销活动都能吸引成千上万名消费者，而最近的复活节填空题更是带来了 11 000 多条评论。不仅如此，沃尔玛的公司页面在产品宣传及与粉丝互动之间实现了良好的平衡,其中大部分内容均绑定节假日,如"全国宠物狗节"。

家得宝　Facebook 页面引人入胜

家居用品零售企业家得宝拥有 60 多万名粉丝,网站内容包括各种帖子、产品特卖信息和来自园艺部的各种令人愉悦的美学产品。此外,家得宝还定期发表照片帖子,组织产品竞猜活动,实现与粉丝的互动。家得宝的 Facebook 主页上较吸引人的是员工参与的企业公益项目,这有利于提高企业形象。

百事可乐　营销驱动型

百事可乐为其 Facebook 的约 800 万名粉丝提供了"百事大酬宾"的优惠,其页面更多是一种用户驱动型营销的有效载体,如照片上那些用百事易拉罐或百事可乐瓶摆成的逗趣造型或场景。此外,其页面还包括近期百事可乐的广告单元和幕后花絮。

迪士尼　激发粉丝怀旧

迪士尼可以使用多种素材,激发约 3.25 亿名 Facebook 粉丝的怀旧情结。公司从最受粉丝喜爱的电影中截取照片,发布之后往往能获得数万粉丝"喜欢"的反馈。另外,迪士尼 Facebook 的粉丝可以下载各种桌面墙纸,还能查看电影粉丝页面。

星巴克　引发评论最多

大约 18 万人在 Facebook 上讨论星巴克咖啡,因此该公司在 Facebook 上的页面与其他公司有很大不同。人们可以从 Facebook 好友聊星巴克的帖子中找到优惠信息、合适的社区服务和对不满消费者的直接反馈。此外,用户还可以轻松地管理星巴克会员卡,或向朋友发送电子礼物。

谷歌　最有深度的账户

谷歌的 Facebook 账户"A Googler"拥有大约 46 万名粉丝,其 Facebook 账户定期发帖,介绍谷歌的功能和内部观点。例如,近期的一个链接指向公司官方博客的一篇文章,内容是公司筛选最差广告的做法。此外,谷歌还慷慨地设置了一些外部链接,直接指向介绍公司实践的网站。在 Twitter 上,谷歌的影响力在于其个性化账户的深度,其开设了一批为专业人士提供更新的账户,谷歌地图、谷歌开发者和谷歌分析只是其中 3 个,各有 10 多万名粉丝。

10.4.3　如何在 Facebook 上做企业推广

(1) 企业信息的描述应尽量使用图片,因为相比于其他形式,人们更喜欢图片。

(2) 展示的重要性大于叙述。不要在 Facebook 上面直接发布产品信息、服务内容等,而是要尝试着阐述品牌和企业背后的人和故事。当企业不太玩 Facebook,专注把线下活动搞得风生水起的时候,人们反而会去 Facebook 上查找该企业的信息。

(3) 发布更新的时候要注意多样性。可以利用链接、优质文章、能带动情感的图片、短小精悍的视频、名人名言等,使页面内容多样化。推文结尾处可留问题,引发人们讨论。

（4）纯文字信息。每周放一条原创的有关企业的纯文字信息，阐述企业的新发展。关注同行最近在谈论什么话题，并参与讨论。

（5）好文章转载。每周转载 2 篇，发布时间控制在当地时间 12:00 到 14:00。原创文章发布时间放在 10:00 以后。当地时间 13:00 到 18:00 适合发布一些有趣的、有话题感的内容，因为在这段时间内外国女性比较空闲，写评论参与的概率较大。

（6）删除一切价值不高的、只是网站的链接分享的垃圾更新，否则可能会流失企业的活跃粉丝。

（7）Facebook 运营人员需了解企业，把企业的在线风格定位好，并保持一致。

（8）文章尽量用短句写。

10.4.4　怎样挑选 Facebook 的广告图片

选广告图片时要注意，挑选的广告图片要和产品或提供的服务直接相关；挑选的广告图片要色彩鲜明，能吸引别人的眼球，让人有种看了想再看的感觉；避免有太多的文字描述，要简单。

哪些 Facebook 广告图片会比较受欢迎呢？

1．微笑或开心的人

有微笑的或者开心的人的图片是提高图片点击率的重要因素。我们可以在产品的旁边放一个带着微笑的模特的图片进行展示，也可以用人们收到货物或者对货物感到满意的笑脸来展示。

2．颜色

Facebook 以蓝白两色为设计基调，如果发布的图片为相似的基调，则大部分人会直接跳过，因为它辨识度不够。所以，如果 Logo、产品的图片或者其他标志是蓝色的，建议换成其他更为鲜明的颜色，要确保图片颜色和背景具有对比度。图片要鲜明，加上广告中具有参与度的文案标题，会提高 Facebook 的点击率。

3．Facebook 广告 Logo

有些 Logo 图片即使使用了大量的色彩、可爱的动物或者小孩，还是不能吸引眼球。但是，用户看得时间长了还是能够记住一些品牌的，所以从长期来看还是有必要对 Logo 进行突出的。这里建议大家使用 Facebook 的 Power Edit 来创建 Facebook Campaign，然后创建和 Logo 相关的广告组。

4．有意义的主张

可以举办一场活动或者在图片中体现奖品。在做广告的时候这种具有号召性的东西特别能吸引人的注意，而且再配合"打折""促销"等字眼更容易吸引人的眼球，如图 10-32 所示。

图 10-32　吸引人眼球的图片

10.4.5　Facebook 账号被封锁的解决方法

Facebook 平台属于强关系平台，不能随便添加一些不认识的人。如果一天中添加好友过多可能会导致账号被封锁，这时我们可以采取以下方法来解决。

（1）注册的时候须填写正确的电话号码，以便验证。

（2）注册时不能随便将不认识的人作为好友。因为被封锁的账号申请解冻时会要求做脸部验证，如要求识别五个好友的脸。如果已经将不认识的人作为好友，那面临系统识别要求时怎么办呢？这个时候可用另外一个账号登录，查看被封锁的账号里面的"朋友"栏，按"Ctrl+F"组合键查找那个需要识别的人，检验头像和 Facebook 提供的是否一样，如果一样就说明他就是要找的人……这样依次类推地查找。

（3）预防为主，尽量避免 Facebook 出现验证。建议用其他 Facebook 账号一起授权来管理这个页面，如果一个账号被停用，还有其他的账号来辅助。

10.5 社区营销——Instagram 营销

10.5.1 Instagram 社交网站介绍

Instagram 是一款支持 iOS、Windows Phone、Android 系统的移动应用,其允许用户在任何环境下抓拍自己的生活记忆,选择图片的滤镜样式(Lomo/Nashville/Apollo/Poprocket 等 10 多种胶圈效果),一键分享至 Instagram、Facebook、Twitter、Flickr、Tumblr、Foursquare 或者新浪微博平台上。作为一款轻量级但十分有趣的 App,Instagram 在移动端融入了很多社会化元素,包括好友关系的建立、回复、分享和收藏等。

10.5.2 Instagram 的操作步骤

第一步:打开客户端,单击最下面的"没有账户,请注册"按钮,这里可以切换语言。
第二步:选择"邮箱或者手机号码注册"(Instagram 是可以直接使用 Facebook 的账号登录的)。
第三步:填写注册信息。填写完账户名称和密码后,单击下面的"继续"按钮。
第四步:这一步是让你关注一些好友,这里是可以直接连接 Facebook 的,如果你有 Facebook 的账号,就可以直接关注 Facebook 上的好友。当然,你也可以选择下面的"跳过"。
第五步:注册完成之后,就能登录了。

10.5.3 如何借助 Instagram 推广产品

1. 产品图片引人注目

产品图片要抓住客户的情感,引起共鸣,了解他们的需求,使他们在看到产品图片时,会有一种愉悦、丰富、健康的感觉。需要注意的是,引人注目的产品图片通常很简单,一般是白色背景。另外,产品图片要与季节、天气相符,这样会更容易受到关注。

2. 对产品图片进行号召性动作的说明

仅仅把产品图片上传是不够的,卖家要有目的地上传这些图片——传这些图是为了推广新产品,还是为了提升品牌价值?而这就体现在对图片的描述当中。客户一般关注的不仅是图片,还有图片描述。在图片描述中,增加一个号召性动作的说明,可以吸引客户点击。这些号召性动作的说明包括"你不得不看的……""点击图片看……""看看这几种方式……"等。但是,在此之前,你要确认这张产品图片拥有足够引人注目的魅力,让人有非看不可的冲动,并且要满足人们的消费需求。

3. 知道发动态的最佳时机

发动态的目的就是让客户看到，吸引更多的关注，但是我们往往忽略了发动态的时机问题。发动态的时间点是非常重要的，每个平台的活跃用户都有自己的浏览生物钟，不注意这个问题就会导致我们发的动态很少有人看，不会产生效果。Instagram 的最佳发动态的时间是美国东部时间 12:00 到 14:00 和美国东部时间 20:00 到次日 1:00。把握住这个时机，你就会发现效果会有明显的改善。

10.5.4　如何通过 Instagram 来吸引流量

许多开发客户的人员都会遇到如何用 Instagram 来吸引流量的问题。以下为几个吸引流量的要点。

（1）完善头像，充实你的内容简介及添加你自己的网站。一份充实的资料和一个确定的网站能够加深客户的信任程度，一份高质量的个人页面如图 10-33 所示。

（2）将 Instagram 与你其他的社交媒体账户相关联。你可以将你的 Instagram 与 Twitter 和 Facebook 相关联，这样你在 Instagram 上分享的动态将自动发布到 Twitter 和 Facebook 上。在"设置"中启动共享设置，即可将 Instagram 与其他社交媒体账户相关联，你还可以将公司的网址添加到主页，方便客户浏览你的网站。

（3）Instagram 还能上传视频，但是视频长度不能超过 15 秒。这就要求视频要生动有趣，要在非常短的时间内吸引客户的眼球。另外，你还可以将 Instagram 的视频嵌入你的网站中，把网站的流量引到 Instagram 中。

（4）添加"#"标签。Instagram 可以通过#标签给图像分类，所以在发动态的时候记得给你的动态添加标签，以便于得到更多新的关注。另外，你还可以通过搜索相关的"#"标签找到你感兴趣的人。需要注意的是，#后面的文字不能存在空格，如"#lolitafashion"，不能写成"# lolita fashion"，如图 10-34 所示。

（5）统计图片的喜好数量。图片左下角的爱心类似于 Facebook 的"like"，爱心越多，表明喜欢这张图片的人越多。

统计图片的喜好数量不仅可以帮助你决定以后要发布的图片类型，还可以为你的产品做一个小的市场调研。例如，你可以在 Instagram 上发布同一个产品不同颜色的版本，得到爱心最多的那张就是大家最喜欢的颜色版本，但是切记不要提供太多的选择。

（6）提高账户的活跃度。我们可以利用增加与客户互动的方式来提高账户的活跃度。一个活跃度较高的账号可以为卖家提供较高的权重，而权重高低与推广效果有着密切的关系。

图 10-33　一份高质量的个人页面　　　图 10-34　添加"#"标签

案例分析

案例 10-2　如何选择合适的 LinkedIn 头像

如何选用合适的 LinkedIn 头像来树立自身形象？以 Shah TC 的创始人为例，这是一个非常标准的 LinkedIn 头像，如图 10-35 所示。

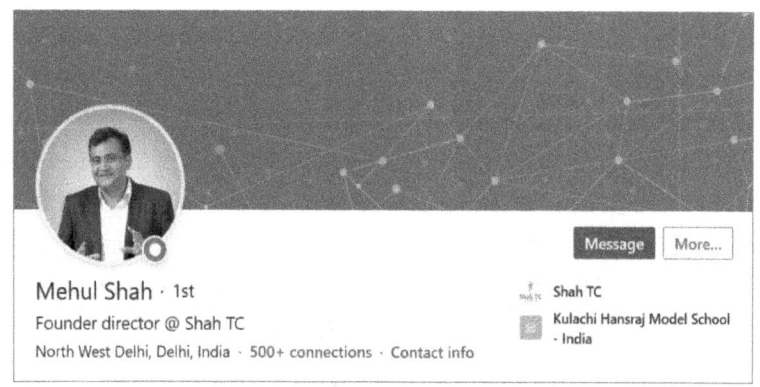

图 10-35　Shah TC 创始人的 LinkedIn 头像

1. 精英职场社交：选用真实的职业头像

　　LinkedIn 作为一个职场社交平台，信任是用户相互交往的第一步。使用真实且正式的职业头像，可以给自己的客户留下一个真实、真诚、可靠的第一印象。而这些要素（真实、真诚、可靠）正是网络社交中较为重要的一环。

　　缺乏头像的 LinkedIn 档案不仅会让目标客户质疑你的专业程度，更会令其怀疑你的可靠程度。因此，在创建 LinkedIn 档案时，一定要选用真实正式的职业头像。图 10-36 的头像很有趣，同时也展示了自己多样的生活，但是并不符合我们的职业需要。

　　如果将 LinkedIn 作为你职场中的一张名片，那么你的头像将会出现在许许多多的地方，如客户检索、推荐合适用户及校友列表等。

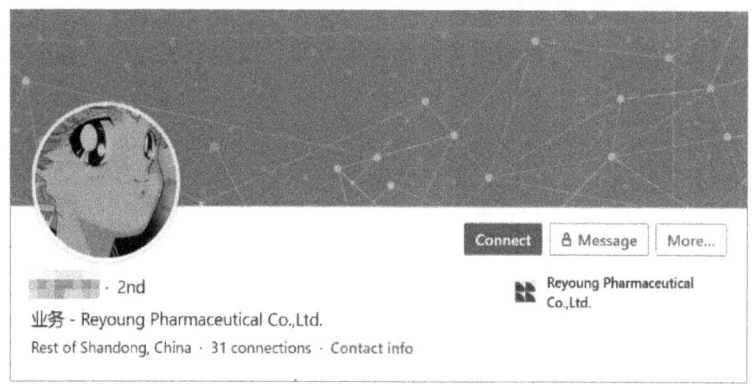

图 10-36　不符合职业需要的头像

　　而在这些地方，你的头像及你自身的介绍往往会决定客户对你的第一印象。而第一印象在商业交往中是非常重要的。

2. 建立良好的第一印象：使用能展现职业气质的头像

　　LinkedIn 作为一个相对正式的职场社交平台，不同于 Facebook、YouTube 等社交平台，其侧重点不同，故需要用户使用能够展示自己职业气质的头像。

将景区前的留念照,或者周末在卡拉 OK 的聚会照等生活照作为自己的头像,虽然可以体现你的生活,体现社交属性,但是却无法契合你的职业档案,甚至会让人怀疑你的专业程度。

同样,有许多用户将自己的证件照作为自己的 LinkedIn 头像,确实很正式,但是又因此失去了 LinkedIn 的社交属性,而且千篇一律的僵硬表情无法给客户留下深刻的印象。

那么,怎样的头像能够给客户留下一个深刻的印象?其中一个值得参考的方法就是利用微笑。带有微笑的 LinkedIn 头像,在给人留下开朗而可信印象的同时,也能够展示你享受工作的乐观心态。

我们来看看如图 10-37 所示的 Cosar 医药公司的 CEO Mehran Barahimi 的头像。他用参加展会的照片来当头像,不仅能显示出职业气质,还不会显得太过正式。

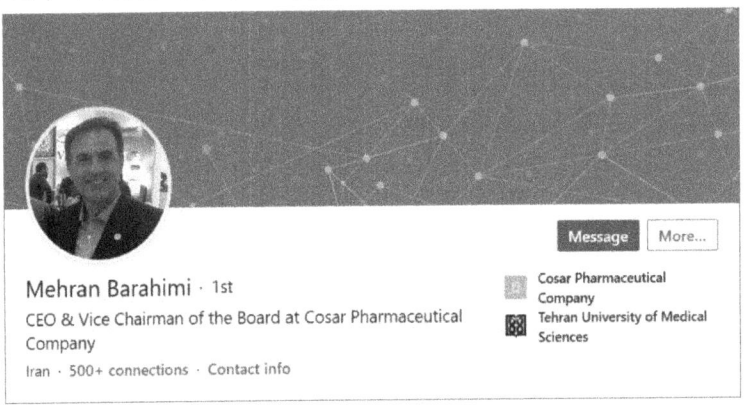

图 10-37　Mehran Barahimi 的头像

3. 传递职业:展现你的职业特征

较为完美的 LinkedIn 头像不仅能展示你的个人气质,还能够展现你的职业特征,如图 10-38 所示。

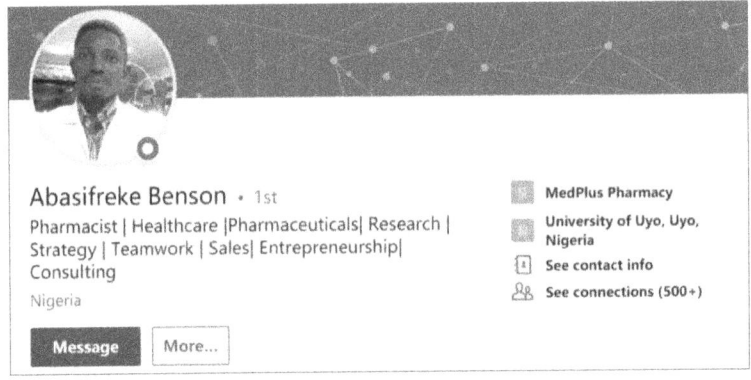

图 10-38　展现职业特征的头像

这个 LinkedIn 头像极为符合我们之前所说的真实正式的标准,不用细看他的 LinkedIn 档案,就能够直接判断出其是一名研究人员,较好地展示了自己的职业特征。

Jason Seidon（市场营销专家）的一个实验表明，具有职业特征的头像更能够在与客户交往的过程中得到客户的认可。用行业术语来表示，即为"show in action"，指的是把在工作中的自己真实地展现出来，让人们能够在极短的时间内了解到你的职业。LinkedIn头像和LinkedIn档案能形成一个良好的结合，在客户心中留下深刻的印象，从而为进一步赢得客户的认可奠定良好的基础。

 **思考与实训**

一、思考题

1. 什么是搜索引擎营销？做好搜索引擎营销有哪些技巧？
2. 什么是电子邮件营销？做好电子邮件营销有哪些技巧？
3. 怎样在LinkedIn上建立人脉圈，做好推广工作？尝试列举5个要点。
4. 如何在Facebook上推广自己？
5. 如何通过Facebook寻找客户？

二、操作任务书

1. 选择一个产品，从文字、图片、内容规划、链接等方面设计一封邮件，并尝试发送给30家目标客户企业。
2. 学习完善个人资料的技巧，在LinkedIn、Facebook等社交网站上完善你的个人资料。

第 11 章 跨境电商风险规避

学习目标
- 了解知识产权的分类及形态
- 了解阿里巴巴国际站知识产权投诉处理
- 了解和防范跨境电商诈骗

关键术语
专利权、著作权、商标权、跨境电商诈骗、贸易投诉

11.1 跨境电商风险的类型和防范

11.1.1 跨境电商风险的类型

1. 政治风险

政治风险有来自国外的也有来自国内的。来自国外的政治风险有政治动荡、政党更迭频繁、贸易摩擦、经济制裁、部分临时性措施等。来自国内的政治风险有出口退税或补贴政策的调整、海关监管政策的变化、外汇政策的变化等。

案例 11-1 阿根廷政府发布的政策给跨境电商交易造成了阻碍

2014 年，阿根廷政府针对阿根廷民众的海淘行为制定了新的跨境电商规定，限制民众海淘行为，规定一年内只能海淘两次，否则就要做出相应的处罚，并且一年内海淘费用超出 25 美元就会对超出部分征收 50%的关税。阿根廷政府发布的政策无疑给其他国家的跨境电商交易造成了诸多阻碍。

阿里巴巴全球速卖通的负责人表示，清关是买家应履行的义务也是应承担的责任，若买家不履行清关义务而导致纠纷，平台将判定由买家负责任，而卖家不会受惩罚。

针对阿根廷的新规，出口阿根廷的卖家将获得速卖通平台的支持和保护，允许卖家修改运费模板，或对阿根廷不发货。

案例 11-2　国外政策风险中的贸易封锁

某经营玩具娃娃跨境贸易的国内公司 A，在 2008 年 11 月与印度一家贸易公司 B 签订了一笔约为 15 万元人民币的合同，合同写明 A 方须在次年 1 月 26 日至 31 日交货，B 方要在收货后 30 日内付款。2009 年 1 月 23 日，印度政府宣称依据 1992 年印度《对外贸易法》第 5 章和第 3（2）章规定，立即禁止进口海关税号 9501、9502 和 9503 项下的中国玩具，时间为半年，一直到政府公布新的政策才可以解除此禁令。但这个时候，装载玩具娃娃的轮船已快到达目的港口，因为储油量等轮船本身的技术问题无法就此退回，轮船于 27 日抵达与 B 方约定的港。但是 B 公司却以政府政策为由拒绝接收，并向 A 公司提出延缓收货的要求。A 公司衡量再三，为将损失降到最低，便选择在港口附近的城市以较低的价格抛售这一批品质上佳的玩具娃娃。而且，A 方为了存储货物，只能租用当地的仓库并雇佣临时看管员和推销员。2009 年 2 月 7 日，印度政府终于发出新的公告，宣布 A 公司的玩具娃娃装货日早于第 82 号公告发布日期，所以不在禁止之列，允许进口。但截至公告发布之日，A 方已经租用当地仓库 12 天，造成了大量损失。

本案例主要是由国外政治风险中的贸易封锁引起的，是由国外的政策不稳定造成的。印度政府变更法律，临时发布禁令，又在近半月后解除禁令，造成 B 方无法依据合同约定来履行义务。B 方与 A 方在签订合同时无法提前预知、防范，更加不能解决政策所带来的问题，所以 B 公司是由于临时政策难以履行合同义务，A 公司不能追究 B 公司的违约行为。

2. 法律风险

（1）知识产权风险。

知识产权是无形资产，是企业在贸易竞争中的重要资本，也是提高企业市场竞争力的重要资源，保护企业的知识产权就是保护企业的经营资源和竞争力。违反知识产权法律规定的行为会受到相关制裁，2017 年美国海关共查获与侵权事件有关的商品上千余件，且相关的货代企业已被美方记录在案，并列入重点观察名单内。若是销售商有假冒伪劣、虚假申报、未缴纳专利费等行为，不仅其商品难以出口，而且美国政府还会对其处以高额罚款。

（2）个人隐私风险。

交易平台往往都会要求消费者在交易过程中填写个人信息。但是，这些信息被平台记录后如果没有得到企业有效的保护或者因为企业的失误造成消费者个人信息的泄露，给消费者带来困扰，会引起消费者对企业甚至整个平台的抗议，企业、平台会失去消费者的信任。更有甚者，在跨境贸易过程中，一些企业会收集并整理众多消费者的私人信息包括各种购物记录等，建立起庞大的客户信息数据库，然后向第三方企业高价出售以谋取私利，既违背了道德，又违反了法律规定。

(3）税收风险。

跨境贸易的各个环节都可能会出现突发状况，尤其是物流环节，运送的货物有时会存在数量多、体积庞大及不易区分的问题，于是一些跨境电商企业为了逃避税收，会拆分这些货物，用多次运输的方法来处理货物。还有不少小企业企图通过混淆自用产品与代购产品的行为来逃避税收。无论是哪种避税行为，都不利于海关顺利征税，造成了跨境电商税收方面的风险，也从侧面折射出税收监管方面的漏洞。

3．交易风险

跨境电商的交易风险指企业没有通过合法的途径进行交易，导致经济利益受损。随着跨境电商的兴起，许多跨境第三方支付平台也如雨后春笋般出现，但并非每一家支付平台都能做到绝对的安全合规，即便是银行也存在着隐性的安全漏洞，让部分机构或个人抓到了不法骗取消费者财富的机会。这些都是跨境电商的交易风险。

4．信用风险

（1）商品本身的信用风险。

基本的信用风险问题就是商品是否可靠，即消费者在网上看到的商品的图片和文字描述与实际收到的商品的外表、品质及性能是否相匹配。消费者在线购物一般会根据卖家在平台上发布的视频、图片和文字来挑选商品，若图片失真或文字描述太浮夸、太绝对，会影响消费者的购物体验，甚至会给卖家造成不可挽回的信用危机。

（2）支付方式的信用风险。

支付方式的信用风险主要是指由跨境电商支付环节的安全漏洞和技术不足导致的信用隐患。目前，跨境电商的支付方式依赖网银支付、支付宝、电汇和专业的网络支付平台，如连连支付和 Pingpong 等，在一些环节会比较容易出现风险。例如，因物流问题延迟了交货时间，第三方平台一般会默认交易完成，同时自动将款项汇入卖家的银行账号中。

（3）第三方物流的信用风险。

物流方式包括空运、海运和陆运 3 种，每一种方式既有其优点也有其缺点。一旦碰到自然灾害、气候恶劣或是军事纠纷等突发事件，物流运输就会受到阻碍，物流的不确定性是造成跨境电商物流信用风险的主要因素。近年来，网络交易货物量急剧增长，物流方面面临着很大的挑战。

5．市场风险

这类风险主要是由于国内或国际市场的动荡，致使卖家利润受损，有时也会转化为价格风险或财务风险。通常，跨境电商企业面临的市场风险主要是汇率和价格风险。本币和外币的价值发生变动时就会造成汇率风险；卖家商品的价格出现剧烈的波动则会造成价格风险。

11.1.2 跨境电商风险的防范

风险规避是防范风险的一种方法，是指有计划地调整方案来排除风险或降低风险发生的可能性，保护企业的利益不受风险的损害。但是，需要注意的是，风险规避只是起到防范的作用，并不意味着风险的消失，跨境电商企业需要规避的是风险可能造成的损失，或者尽可能地把风险降低到可控范围内。一是要减小风险发生的概率，卖家可以提前掌握一些控制方法；二是要改善亏损情况，如果风险已经发生，要在第一时间做出补救。

企业可以利用技术手段转移风险。例如，投保出口信用保险，善于利用国际保理业务。出口信用保险承保出口业务中一般商业保险公司所不愿承保的境外买方信用风险，弥补了货物运输保险所不能涵盖的保险内容。国际保理商提供买方资信调查、100%的风险担保、应收账款回收和资金融通等金融服务。

要详细了解交易对象的信用情况。资信调查的主要内容有4点：第一，检查营业执照是否完整，并确认对方目前的经营状况、法定注册地址和目前是否仍在合法地经营；第二，查看对方资产信用的可靠性及执行合约的能力；第三，调查对方的主体资格，确定对方是否以自然人或法人身份等其他身份进行经营；第四，了解对方企业的信誉度，查看对方是否存在不良的信誉记录。

交易磋商前参照完善的格式样本谈判，避免遗漏有关条款。在谈判的时候，邮件或口头等方式的约定不宜作为正式合同，应以签订正式合同确认书为准，以保证合同的严肃性、权威性。

在支付环节，若采取汇付方式，应在合同中写明要求进口商提交银行保函。若是选择托收方式，应知晓有些国家对 D/P 方式一般会依据 D/A 方式处理，要想办法在进口商款项到账前保证商品的所有权在己方，以免财货俱失。办理托收的时候切忌在委托单上指定代收行。若选择 L/C 方式，要注意规定对方的开证时间、开证银行，并要求进口商退货时须3套正本提单全部退回方可。

在清关环节，卖家经常会碰到买方国家限制产品进口、侵权产品被海关查扣、申报价值与实际价值不符、货物需要退回或当地弃件及销毁等常见的清关问题。为预防此类问题的发生，卖家要事先查清货物在目的港清关的要求，不仅要避免寄送涉嫌假冒伪劣的产品，还要实事求是地申报产品价值。例如，货物邮寄至巴西，要求必须附上收件人 VAT 税号，电子产品邮寄到欧洲尤其是意大利、西班牙，往往需要 CE 认证。除此之外，在葡萄牙、波兰、乌克兰、巴西、以色列这些国家不能弃件或销毁。

11.2 知识产权风险及其防范

11.2.1 知识产权的概念与特点

知识产权是法律赋予的人们对自身所开发的智力劳动成果的专有权利，知识产权有一定的时效期。各种发明创造，如申请的各类专利、商标、科学发现及文学艺术作品都可申请知识产权。

知识产权属于珍贵的无形财产，其特点主要体现在以下3个方面。

1. 专有性

专有性又被称为独占性，指未经权利人许可或法律允许，任何人都无权占有或使用此知识产权。这说明权利人的智力劳动成果是他（他们）本人所专有的，受到法律的严格保护，不允许任何人侵犯。只有在权利人同意转让或赠予时，才能通过法律程序变更权利人。

2. 地域性

地域性是指知识产权受保护有一定的范围，只在法律规定的范围内受保护。除签有国际公约或双边互惠协定外，经一国法律确认的知识产权，其效力仅限于该国地域内。因此，知识产权既具有严格的领土性，在一定条件下又具有国际性。

3. 时间性

时间性是指知识产权在法律规定的期限内受保护。各个国家的法律对知识产权保护期限长短的规定并不完全相同，有的甚至差别很大。只有在参加国际协定或进行国际申请的情况下，才会对某项权利有统一的保护期限。

世界各国的法律对知识产权的规定各有不同。使用判例法的国家，如英国，规定知识产权的权利人是通过"使用"判定的。而我国政府规定，知识产权权利人则是通过"注册"判定的。

《与贸易有关的知识产权协定》是知识产权保护的国际标准。该协定新增加了计算机软件、电影作品、录音制品的出租权，并将驰名商标的保护类别拓展至服务商标。在专利权方面，授予权利人进口权；在保护期限方面，规定作品著作权的时效期至少为50年，专利权的时效期不低于20年；同时，该协定还规定了严格的执法程序和完善的保护措施，如临时措施、边境措施等。

11.2.2　知识产权的分类及形态

知识产权主要分为专利权、著作权和商标权。

1. 专利权

专利有发明、实用新型和外观设计3类，是法律赋予的发明人在有效期内生产、售卖或用其他手段使用发明的特有权利。除发明人之外，任何组织或个人不得随意使用专利进行以营利为目的的生产或销售活动，或者在没有取得发明人同意的情况下，销售和进口依照其方法直接获得的产品，否则都将被判定为是侵犯了发明人的专利权。

首先，判断专利权是否受侵犯的依据是专利权的范围。发明专利和实用新型专利的效力范围指专利权所保护的技术特征，通常以权利要求书的规定为准，并参考附图和说明书的相关内容。外观设计专利权的效力范围指专利权所涉及的新设计，以体现该产品外观设计的图片或照片为基本依据，如图片和照片中该产品的形状、色彩、式样或各自的组合。

其次，被判定侵权的产品包含了专利权要求中的所有必要技术特征，那么应认定为同等侵权。或者，以几乎无差别的方法、技术（等价手段）代替专利所及的部分必要技术特征，实现了一模一样的效能，产生实质上相同的效果，在法律上等同于侵权。

最后，在原专利技术的本质特征上增加或减少部分细枝末节的技术特征来逃避侵权责任。但被控侵权的对象中，一经认定包含了原专利权规定的必要技术特征，同样构成侵权。

专利权只限于在本国法律的所辖领域内，对其他国家或地区不产生效力，其他国家对其专利权不承担保护的义务。因此，如果一项发明创造只在中国境内取得专利权，则发明人只在中国享有专利权，在其他国家和地区生产、使用或销售该发明创造不属于侵权行为，因此发明人有必要详细了解专利权的地域性。如果我国的企业或个人开发出具有国际市场前景的技术，不但要抓紧时间在国内注册专利，还要在跨境电商发展势头好的国家申请专利，否则无法得到这些国家和地区的法律保护，从而错失市场。

另一点值得注意的是，申请的专利是有一定的法律期限的，也就是申请的专利只在特定的期限内才会受到法律的保护，一旦过了期限规定的时间，其专利权便自动消失，别人使用或销售这项专利也不会再构成侵权。按此规定，虽然原专利权只属于个人或特定组织，但过了时效期就变成了社会的公共财富，失去了排他性，所有人都可以无偿地使用，创造新一轮的财富和价值。

世界各国的法律对专利权的期限规定虽然有差异，但是都做了详细的规定。针对发明专利权，各国规定的有效期一般是从申请日开始的10~20年；针对实用新型和外观设计专利权，各国规定的有效期一般为5~10年。我国现行专利法规定的发明专利、实用新型专利及外观设计专利的保护期限分别为自申请日起20年、10年和10年以下。其他一些国家专利法的主要特征如表11-1所示。

表 11-1　其他一些国家专利法的主要特征

国　家	专利法内容
日本	提倡技术共享，专利申请公开，专利申请人以"注册者"界定，专利申请4~6年内正式批准，专利有效期为20年
美国	保护个体发明者，专利申请人以"发明者"界定。发明专利有效期为20年，外观设计专利有效期为14年，植物新品种有效期为20年，美国不保护实用新型专利
德国	专利申请人以"注册者"界定，专利有效期为10年
沙特阿拉伯	只接受本国公民专利注册，专利所有人以"注册者"界定
印度	专利有效期为14年，禁止申请食品和药品专利，专利申请人以"注册者"界定
澳大利亚	专利申请人以"发明者"界定
巴西	专利申请人以"注册者"界定，发明专利有效期为15年，工业设计专利有效期为10年

2. 著作权

著作权，又称为版权。《中华人民共和国著作权法》第十条规定，著作权包括著作人身权和著作财产权。著作人身权包括发表权（决定作品是否公之于众的权利）、署名权（表明作者身份，在作品上署名的权利）、修改权（修改或者授权他人修改作品的权利）、保护作品完整权（保护作品不受歪曲、篡改的权利）。著作财产权指作者对其著作的使用和同意别人使用而获得收益的权利。作者可通过译文、演出、登刊、展览、制作影视剧或音频等方式获得收益。

著作权的获得是指著作权人取得了著作权法的保护。虽然世界各国的法律对著作权的申请条件规定不一，但基本可分为自动取得和注册取得两种。

自动取得，即作者结束作品创作时自动获得著作权，不用办理任何手续，也不用去相关部门走任何流程。因为这种著作权的获得十分简便，省时省力，所以包括我国在内的多数国家和地区均选择这种方式。

注册取得只在少数国家和地区运用，指以登记注册为取得著作权的条件，作者只有在办理登记注册手续后才能拥有著作权，是与自动取得截然不同的方式。

3. 商标权

商标权指法律规定的商标所有者对所注册的商标享有的权利，包括排他使用权、收益权、处分权、续展权和禁止他人侵害的权利。商标可以是单词、字母、图形或是它们的组合，包括图画、符号等平面形象。

商标权与专利权相似，有专有性、地域性和时效性的特点。

商标权的专有性指商标注册人对其注册商标享有独占使用权。在商业中未经许可的所有使用，都将构成对商标专有权的侵害。

商标权的地域性指商标权的保护受地域范围的限制。商标仅在商标注册国享受法律保护，非注册国没有保护的义务。在我国注册的商标要在其他国家获得商标权并受到法律保护，就必须分别在这些国家进行注册，或者通过《国际商标注册马德里协定》等国际知识产权条约在协定的成员国申请领土延伸。

商标权的时效性指商标只在法律规定的时间内受到法律的有效保护，这段规定的时间叫作商标的有效期。超过有效期不办理续展手续，就不再受到法律的保护。

目前，品牌商标侵权是阿里巴巴知识产权侵权违规最多的情况，下面列举一些常见的问题。

（1）未经许可使用他人商标的品牌信息，如产品的主页图片包含该品牌的相关信息或者在商品的文字描述中涉及品牌信息，都属于非法使用。

（2）授权规定的用途与公开信息的目的不同，如A商家原本获得B商家授权的生产证明但却转而销售该商品；上架商品的文字描述和取得授权的商品品牌有差异，如获得授权的品牌是AFS JEEP，但产品的描述却改成了JEEP。

（3）在商品页面的其他位置冒用其他品牌信息，如超链接其他销售商的品牌信息。

（4）丑化、篡改商标，故意使用变形词混淆消费者视听等。这些行为是恶意侵犯商标权的行为，一旦阿里巴巴平台认定这些行为的背后是销售假冒伪劣商品，平台将按照规定给予严厉的惩罚。这些情况发生并受到投诉成立3~4次的，平台将直接封锁商家账号。

11.2.3 如何预防知识产权侵权

1. 了解阿里巴巴国际站对知识产权侵权行为的认定

侵犯知识产权的行为，涵盖但不仅限于如下表现：

（1）商品的文字描述或店铺名称涉及知名品牌的信息，或直接表明该商品就是仿照某知名品牌生产的；

（2）商品的视频或图片介绍里涉及知名品牌的信息，如含有Logo或变形Logo，用PS处理知名品牌的Logo留下明显痕迹；

（3）店铺里有商品蓄意仿照知名品牌商品的标志性图形或样式；

（4）商家店铺里有链接被权利人或得到合法授权的第三方代理举报侵权，但商家无法证明链接来源合理合法；

（5）未经同意擅自修改并使用其他商家的原创作品，如图片、标志、视频等；

（6）原设备厂商的软件、学术软件等，无法提供相关部门授予的销售许可证明；

（7）其他侵犯第三方知识产权的行为。

2. 商家应积极做好商品来源管理

与美国、日本等发达国家的商家相比，中国商家的知识产权意识较弱，电商平台对各种假冒伪劣商品的管理远没有达到预期效果，这也纵容了不良商家销售山寨商品和侵权商品。在知识产权保护力度较大的发达国家，违法商家面临的是高额罚款，其侵权成本远高于以不法行为牟取的利润，严重的会被限制进入市场。所以，从长远的角度来看，商品的选择必须遵循知识产权保护的原则，选择合法合规的商品销售。

随着跨境电商的发展，一些新型的知识产权形式也随之产生，如多媒体作品、数据库、网页设计等知识产权和计算机技术。为了免受跨境电商贸易中潜在的知识产权侵权风险的伤害，商家要学会识别特殊形式的知识产权，并树立起充分尊重知识产权的意识，尽量避免不恰当地使用各种技术手段从而导致的侵权行为。

3. 加大跨境电商平台对相关知识产权内容事前审查的力度

首先，跨境电商平台需要从自身开始做起，对商家的注册信息进行严格的审查。例如，某个预入驻商家宣称自己得到了某知名品牌的网络授权，那么平台应要求此商家拿出与品牌授权有关的材料并对证明材料的真实性进行核实，若结果证实为虚假信息，平台应立即禁止该商家入驻。其次，平台还应加强在特定情形下对商品信息的审查力度。例如，侵权信息位于网站首页或其他醒目的位置，平台无意中对侵权信息进行了特别推荐。平台应在接到权利人投诉之前就对信息进行审查，否则即便进行事后弥补依然会失去权利人的信任。并且，如果平台未在事前进行审查，将承担连带责任。

4. 建立企业跨境电商风险审查机制

（1）加强对通知删除规则的研究和灵活应用。

平台在接到权利人发来的投诉通知后，应第一时间判断通知中所投诉的侵权事件成立的可能性，若平台的商家极有可能涉及侵权，应把投诉转发给涉嫌的平台商家。商家在接到该通知后，要在规定的时间内回应平台，由平台结合投诉通知与商家回应进行综合审查。平台若判断投诉事件合理，存在构成侵权的可能且概率较高，应删除链接并对商家做出提醒。对于不太可能构成侵权的投诉事件，平台应及时对权利人做出合理解释并恢复商家链接。

（2）结合大数据等先进技术监控海量商品信息的知识产权合法性。

大型跨境电商企业可以结合大数据技术开发系统软件，对平台商品进行实时监控，筛选出涉嫌侵权的商品和商户信息，或引入知识产权服务对其平台上的海量商品进行全面排除，整理出可能涉及侵权的商品，及时向所属商家发送提示信息、改善方法、惩罚措施。针对那些拒绝承认侵权事实的顽固商家给予断链处罚，以警示不法商家和维护知识产权的合法性，展示平台坚决打击侵权事件的决心。

5. 建立跨境电商知识产权预警和保护平台

在政府层面，搭建集风险预警、投诉举报、纠纷解决、信息发布、咨询指引等功能于一体的面向社会各方主体的跨境电商知识产权预警和保护平台，为相关方的信息沟通、传递提供有效渠道，及时有效打击互联网领域侵犯知识产权的行为；搭建电子商务侵权预警中心、电子商务知识产权侵权纠纷解决中心；搭建知识产权法律法规与精准数据库、知识产权数据库、知识产权案件数据库、知识产权专家与机构数据库4个基础数据库；依托平台，有效整合相关法规、标准、主体信息、商品信息、知识产权信息、案例、专家等基础资源，立足打击网络环境下侵犯知识产权与制售假冒伪劣商品的行为，面向社会提供开放式专业化公共服务；依托风险预警、举报投诉、监督查处、维权保护、咨询指引等功能模块，通过网上网下联动进行一体化统筹监管，实现对侵犯知识产权行为的打击与治理。

11.3　阿里巴巴国际站知识产权投诉处理

11.3.1　《阿里巴巴国际站知识产权规则》积分规则

《阿里巴巴国际站知识产权规则》积分规则如表11-2所示。

表 11-2 《阿里巴巴国际站知识产权规则》积分规则

网规名称	行为类型	积分
知识产权侵权处罚规则	图片盗用投诉	6 分/次 首次投诉 5 天内算一次（不扣分），从第 6 天开始，每次投诉成立扣 6 分，一天内若有多次投诉扣一次分。时间以投诉结案时间为准
	知识产权所有人投诉	6 分/次 首次投诉 5 天内被同一知识产权所有人投诉算一次（不扣分），从第 6 天开始，每次被同一知识产权所有人投诉成立扣 6 分，一天内若被同一知识产权所有人多次投诉成立扣一次分。时间以投诉受理时间为准
	平台抽样检查	每退回或删除 1 次扣 0.2 分，一天内扣分不超过 6 分。有如下情形之一的，每退回或删除 1 次扣 2 分，一天内扣分不超过 12 分： （1）发布涉嫌侵权的品牌衍生词； （2）发布涉嫌侵权信息且错放类目

附：账号处罚标准

处罚标准	处罚方式	备注
6 分	严重警告	邮件通知
12 分	禁止发布 7 天	邮件通知和系统处罚
24 分	搜索屏蔽 7 天	
36 分	搜索屏蔽 14 天	
48 分	关闭账号	
如会员违规情节特别严重，阿里巴巴保留单方解除合同、直接关闭账户的权利		

注：分数按行为年累计计算，行为年是指每一项违规行为的扣分都会被记录 365 天。

11.3.2 收到知识产权投诉该如何处理

处理知识产权投诉的步骤如图 11-1 所示。

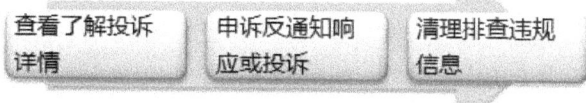

图 11-1 处理知识产权投诉的步骤

1. 查看了解投诉方详情和被投诉商品的具体操作

（1）查看投诉方知识产权详情。

需要用主账号和密码登录阿里巴巴知识产权保护系统（注：需要使用阿里巴巴国际站主账号登录，子账号不能操作），登录入口如图 11-2 所示。

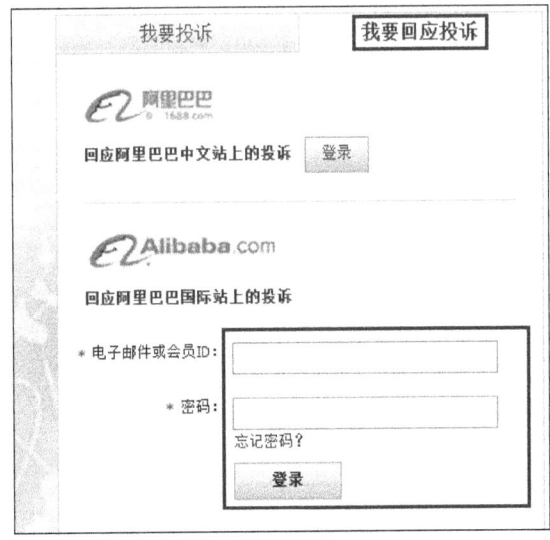

图 11-2　阿里巴巴知识产权保护系统登录入口

登录后可以看到"被投诉管理"板块下有"待回应的投诉"及"历史被投诉记录"两个选择，如图 11-3 所示。

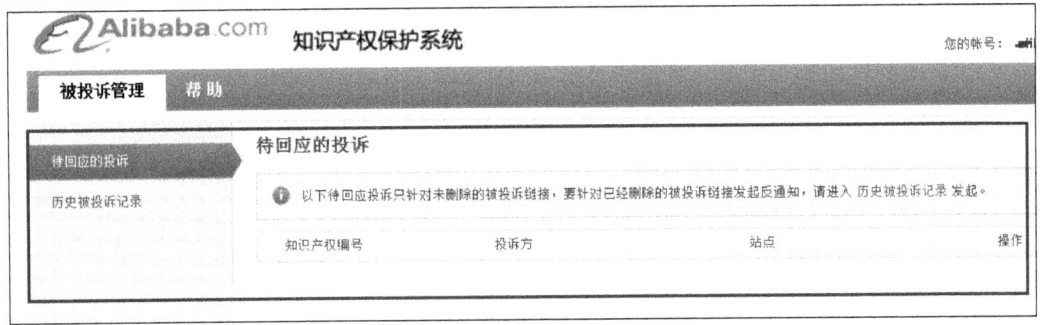

图 11-3　"被投诉管理"板块

搜索对应的投诉，单击"知识产权编号"选项，查看知识产权详细内容，单击"投诉方"下的名称便能够看到投诉方的详细信息，如图 11-4 所示。

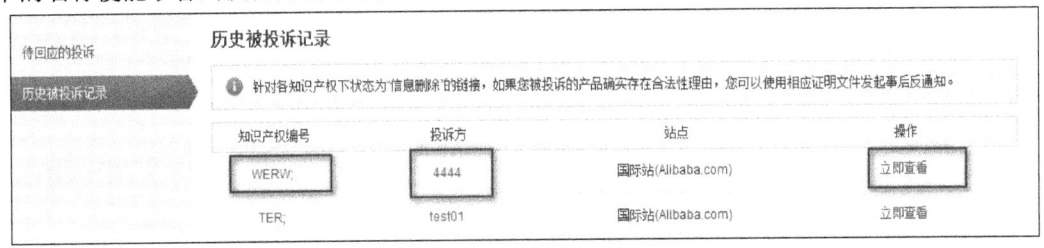

图 11-4　查看投诉方的详细信息

如果想要深入查看对方的知识产权信息,在相应网站输入知识产权编号就能找到更全面的知识产权内容。

(2)查看被投诉商品的信息。

首先,进入阿里巴巴知识产权保护系统,在"被投诉管理"板块下可发现"待回应的投诉"及"历史被投诉记录"选项,单击"立即处理"或"立即查看"选项,便能够看到被投诉商品的全部信息。

在"历史被投诉记录"中单击"立即查看",然后再单击"查看快照"即可查看历史被投诉记录的详情,如图11-5所示。

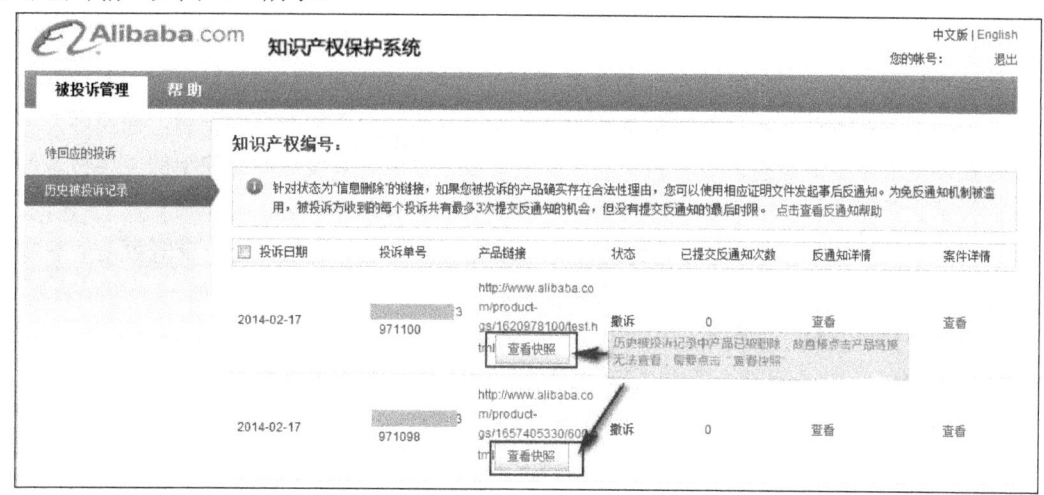

图11-5 历史被投诉记录详情

(3)查看权利人的知识产权信息。

通过各个国家的商标查询网址和专利查询网址查看权利人的知识产权信息。

2. 积极对投诉做出回应,若认为事件不构成侵权,可采取反通知申诉的措施

(1)在系统发起反通知操作。

进入阿里巴巴知识产权保护系统,单击"被投诉管理"板块中的"待回应的投诉",对未删除链接的投诉提交反通知。在"发起反通知"下按提示填写反通知表单。

还可以针对"历史被投诉记录"发起反通知。单击"被投诉管理"板块下的"历史被投诉记录",可以看到以往被投诉的事件。选择反通知的投诉,单击"发起反通知"选项。

(2)如何更有效地发起反通知。

先查询投诉方的知识产权信息;然后按照被投诉方的真实情况回应被投诉通知,说明被投诉方未涉及侵权的理由并附上证明文件。具体又分为以下3种情况。

第一种情况是商标反通知。

① 被投诉商品购买自商标权所有人或第三方授权代理商的需要提供签收单、合同等相关进

货凭证。若商品购买自商标权所有人的授权代理商处，除了进货凭证，被投诉方还要提供商标权所有人授予的有效授权书。

② 被投诉人拿到了销售授权。在这种情况下被投诉方需要提供商标权所有人授权该代理商进行销售的授权书。

③ 被投诉的商品不在商标权的法律保护范围之内。被投诉方需要提供证据证明被投诉商品的类别不同于商标注册的类别，被投诉商品的商标不同于原商品商标，或不在注册商标的法律保护范围之内。

④ 其他不侵权的情况。

第二种情况是专利反通知。

① 被投诉商品与专利差异较大。对于外观设计专利方面的投诉，被投诉方可以解释自己的商品和专利中的视图存在明显差别；对于实用新型专利或发明专利方面的投诉，被投诉方可以指出被投诉商品至少缺少投诉方专利中的一种主要技术，或者被投诉商品使用的主要技术与投诉方的技术大不相同。

② 在投诉方专利申请日之前受到投诉的商品的销售信息，这些销售记录既可是商家本身的，也可以是其他商家的（此项不适用于海外专利投诉）。

线上公开销售资料：在阿里巴巴国际站上收到的询盘，需提供完整的询盘截图（含询盘页面的地址栏信息）；速卖通平台的交易记录，提供订单编号；专利申请日前已在阿里巴巴国际站上发布的商品链接（商品最后一次修改时间要在专利申请日之前）；阿里巴巴中文站的交易记录，提供订单编号；淘宝网的交易记录，提供后台交易截图；敦煌网等其他电子商务网站上的交易记录，提供后台交易截图。

线下公开销售资料：销售该商品的交易凭证，如买家和卖家签订的合同，还需一并提交相关的第三方文件，如发票、签收单等；产品认证报告，如 UL 报告和 REACH 报告。

③ 在专利申请日前已发布的专利商品（此条不适用于海外专利投诉）。网站信息，如贴吧、企业官网的相关信息，被投诉方需要提供网页链接和完整的截图；在申请日之前公开的国内外的专利资料，被投诉方需要提供专利资料的截图，并确保被投诉商品与在先专利一致；图书、报纸和期刊上的相关信息，被投诉方需要提供相关页面的照片；电视/电影/广告等公众媒体中出现的相关信息，被投诉方需要提供商品的画面资料，并确保被投诉商品与在先专利一致，且发布时间在在先专利申请日之前。

④ 对被投诉商品享有专利权或取得了合法授权。在这种情况下，被投诉方需要提交专利证书，若专利权所有人非公司名，还要提交一份合法有效的授权书，证明是专利权所有人允许公司销售此产品，并且只有专利权所有人在授权书上签字或盖章才算具有法律效力（专利权所有人是个人时签名，是公司时盖章）。

⑤ 被投诉商品来自专利权所有人或获得合法授权的代理商。被投诉方需要提供相关交易证明，如清单、进货小票等，若被投诉商品来自经专利权所有人授权的代理商，则要同时提交专

利权所有人签字或盖章的授权书。

⑥ 其他不侵权的情况。被投诉方需要提供无效宣告请求审查决定书，或者确认不侵权诉讼的判决书；《专利权评价报告》，证明涉案专利不具备三性（新颖性、创新性、实用性）；法院判决书，或者行政机关出具的认定书。

第三种情况是著作权反通知。

① 对被投诉作品拥有著作权。被投诉方需要提供先于投诉方的著作权登记证书、认证机构认证等，或者在权利人著作结稿日之前的商品目录、商品交易记录等。

② 被投诉作品来自著作权人或经合法授权的代理商。针对这种情况，被投诉方需要提供进货证明，如清单、进货小票等。若被投诉作品来自经著作权人授权的代理商，被投诉方则要同时提交著作权人签字或盖章的允许销售的授权书。

③ 其他不侵权的情况。

（3）提交品牌授权证明。

如果商家发布的商品，具备相关授权许可证明表示该类商品可以合法经营，那么商家可通过以下两种方式上传证明：

① 邮件至 b2b-ipr@service.alibaba.com（品牌授权证明）或 ban_limit@service.alibaba.com（限制类销售，如烟花爆竹、音像制品等），并附上证明文件，且注明公司名称和账号名称；

② 若是商品由于错过了上传授权证明的有效期而被退回，商家可在收到退回通知后，将证明文件打包作为该通知的回复。

（4）可选择与投诉方谈判，争取和解决投诉问题。

被投诉方可以查找投诉方的联系方式，进入阿里巴巴知识产权保护系统，在对应的投诉信息处，单击"投诉方信息"就能看到投诉方的联系方式，然后与对方联系，争取和平解决投诉问题。

3. 若商品信息涉嫌品牌侵权，防止重复侵权的具体操作

（1）删除被投诉侵权的商品。

进入阿里巴巴知识产权保护系统，找到"被投诉管理"板块下的"待回应的投诉"或"历史被投诉记录"，可以看到投诉方的知识产权信息，单击"立即处理"或"立即查看"便能找到被投诉商品的链接。如果对投诉内容无反驳，选择"立即删除"便可删除商品。

（2）通过全文搜索工具清理、筛选其他商品。

可使用"My Alibaba"后台中"商品管理"下的"全文搜索工具"，搜索出涉及侵权的商品的文本信息（不含图片），用一个完整的英文单词搜索到它涉及的所有商品，清理和筛选侵权禁售的商品，如图11-6所示。

若输入的搜索词涉及商品名称、关键词、属性、详情，都能被筛选出来。当对搜索出来的商品信息进行修改或直接删除时，"商品管理"下的商品也会同步此项操作。

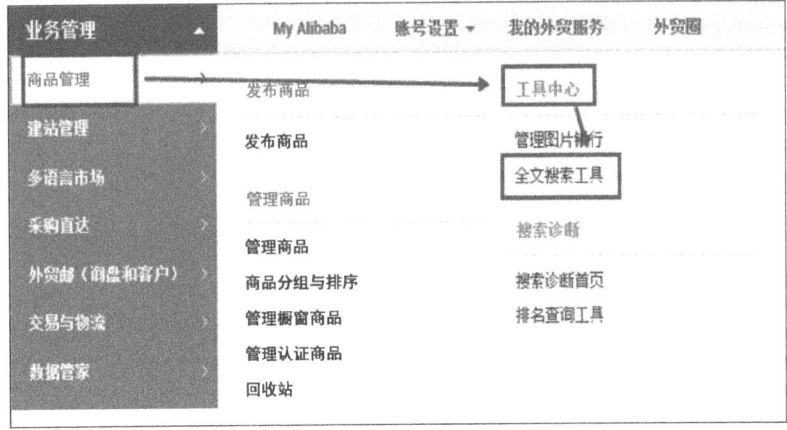

图 11-6　全文搜索工具

11.4　阿里巴巴国际站禁限售规则

阿里巴巴国际站对违规采取积分制，禁限售规则如表 11-3 所示（此处只摘录部分禁限售规则，全文请登录阿里巴巴国际站查看）。

表 11-3　禁限售规则

禁止发布商品及信息	对应违规处理
（七）药品、医疗器械	
处方药	6 分/次
医疗咨询和医疗服务	6 分/次
口服性药	2 分/次
有毒中药材	2 分/次
限售非处方药	0.5 分/次
限售口服减肥药	0.5 分/次
限售医疗器械	0.5 分/次
（十一）烟草及制品、电子烟液	
烟草（如烟丝、烟叶）	6 分/次
卷烟、雪茄等烟草制品	6 分/次
电子烟液	6 分/次
卷烟材料（如卷烟纸、滤嘴棒、烟用丝束）	1 分/次
限售烟草专用机械	0.5 分/次
（十三）其他	
由权威质检部门或生产商认定、公布或召回的商品，国家明令淘汰或停止销售的商品，过期、失效、变质的商品，无生产日期、无保质期、无生产厂家的商品	2 分/次
含违禁成分产品（如含 DMAA 成分的健身补充）	2 分/次
禁售音像制品	1 分/次

续表

禁止发布商品及信息	对应违规处理
在网站发布非商业信息（如不正当言论、威胁、污蔑、诽谤、求职、他人私人信息等非商品内容）	0.5分/次 （情节严重的直接关闭账号）

附：账号处罚标准（除特别说明外，阿里巴巴国际站全站的罚分累加计算）

累计罚分	处罚方式	备注
6分	严重警告	邮件通知
12分	禁止发布7天	邮件通知和系统处罚
24分	搜索屏蔽7天&限制RFQ报价权7天	
36分	搜索屏蔽14天&限制RFQ报价权14天	
48分	关闭账号	

分数按行为年累计计算，行为年是指每项违规行为的扣分都会被记录365天。已被关闭账号的除外。

用户累计罚分达到24分或以上的，阿里巴巴有权拒绝或限制用户参加阿里巴巴国际站的各类推广、营销活动或产品/服务的使用。

下架商品在"平台抽样检查"范围之内，如有违规会按照相关规则处罚。

一般违规，一天内累计扣分不超过12分； 严重违规，每次扣48分，并关闭账号。

如用户违规情节特别严重，阿里巴巴有权立即单方解除合同、关闭账号且不退还剩余服务费用；并有权做出在阿里巴巴国际站及/或其他媒介进行公示、给予关联处罚及/或永久不予合作等处理。

11.5 跨境电商诈骗与贸易投诉

11.5.1 跨境电商诈骗及其类型

跨境电商中的诈骗罪是以非法占有为目的，利用电商平台伪造事实或隐瞒真相，来骗取消费者大笔财物的行为。

1. 根据诈骗行为分类

就法律形式而言，现行的普通诈骗罪和特别诈骗罪远不能涵盖跨境电商中的诈骗罪。一般有以下几种类型的诈骗行为。

（1）账号转让。

案例11-3 账号转让

某家电商公司因平时疏忽了对平台的运营管理，导致流量不佳，消费者越来越少。2016年3月，公司经理接到一个陌生电话，此人称自己是供应商，在阿里巴巴平台看到了公司的联系方式，希望能购买公司的一个子账号运营一下。公司经理见目前生意较差，出租子账号可以回收一些本钱，而且双方的商品并不存在利益冲突，还有可能给公司引入不少流量，于是便答应了。但是，不久后，公司经理接连收到消息，不少消费者在平台投诉公司收款不发货。公司经理得知后连忙联系给那位供应商,然而始终打不通电话。面对数万美元的赔偿款,公司经理懊悔不已。不仅如此,公司在阿里巴巴平台的账号也被关闭,可谓是损失惨重。

(2)联系不上。

案例 11-4 联系不上

一天,某电子商务公司 A 公司客服团队收到买家 B 公司的投诉,B 公司称年前支付了 6000 美元购买 A 公司的商品,双方约定春节后 A 公司便发货,但春节过完很久了,B 公司不仅没收到货物,甚至找不到 A 公司的业务联系人了。B 公司的经理小王称,春节前曾计划拜访 A 公司的业务员,但并没有见到 A 公司的业务员本人或者其他相关人员,小王又电话联系了 A 公司的负责人张某,张某称因为公司目前的利润比较低,该业务员已经离开公司,计划春节后再重新招聘业务员做外贸业务。小王本计划春节结束后再与 A 公司联系谈论详情,但没料到再未联系上 A 公司的相关人员。小王虽然在发现情况后马上向平台反应,但已经太迟了。

(3)货不对版或收款不发货。

案例 11-5 货不对版

2019 年 12 月,一跨境消费者在阿里巴巴国际站找到一家中国供应商(主营家具用品,但在主页出售二手机械),欲收购二手机械。供应商收到询盘后,第一时间向消费者报价:2018 年款机器×××美元。消费者觉得价钱合适,就先支付了 25%的订金,并在供应商的上海分公司签订合同。在结清尾款前,消费者例行对新机器进行了查验,发现机器编码有被二次粘过的痕迹,于是消费者怀疑中国供应商提供的是旧机器,只是将旧编码替换了而已,便把机器送到了专业的检测机构,检测报告证明此机器生产时间为十年前。

(4)邮箱被盗。

案例 11-6 邮箱被盗(1)

一天,供应商 A 接连收到多位消费者的询盘,但奇怪的是,所有的询盘内容几乎都一样,消费者都提出让供应商线下联系。A 心有疑惑便选择了其中一个消费者联系……

几天后,有几位消费者突然联系 A 让他发货,但 A 称自己从未收到过货款。A 立即咨询安全部工作人员,工作人员仔细排查后发现之前所谓的消费者其实是骗子,他们假装是消费者,随机向供应商询盘,并通过非法盗取供应商邮箱的方式,进而假装是供应商再欺骗其他消费者。

案例 11-7 邮箱被盗(2)

2013 年 10 月,一家贸易公司 A 与埃及 B 公司签订了交易合同,货物价值为 60 多万美元。基于 A 公司与 B 公司之间建立的长期贸易伙伴关系,A 公司表示发货后 90 天内结清货款即可。

A 公司依照合同约定日期准时发货,但一直到 3 个月后都没有收到货款,此时 B 公司却表示货款早已结清。A 公司向银行查询发现并未收到这笔货款,便认为是银行资金传输出现了差错，但又过了若干天，A 公司仍没有收到货款，于是开始全力追查这笔货款的去向，最终查清是 B 公司将货款打入了深圳银行的某账户，而不是 A 公司的银行账户，后经查实该账户为欺诈账户，原因是 A 公司邮箱被黑客盗用。A 公司在查清原委后知道遇到了诈骗分子便立刻报警，但警方却以 A 公司不是直接受害人为由，拒绝立案。后由 B 公司派人从埃及赶到国内报警，并通知汇出行及中转行冻结货款，但银行却通知 A 公司、B 公司说这笔钱早就被取走，已经无法追回。

2. 从行为人的角度进行分类

跨境电商的诈骗类型分为双方诈骗和三方诈骗。前者的特点是整个诈骗行为的主体只有两方，不涉及第三方。而后者的特点是诈骗者在盗取交易信息后，通过窃取联系方式来伪装成卖方或买方，再利用时间差和双向蒙骗的手法，骗取交易双方的利益。

（1）双方诈骗。

交易一方以非法占有为目的，通过隐瞒或虚构事实的方法来骗取另一方的信任，诱骗对方缴费或发货，但不履行约定的己方义务，以骗取对方财物的行为。

案例 11-8　双方诈骗

A 利用假身份在国内某电商平台开店经营，在平台上以明显低于其他商家的标价销售商品。一消费者 B 向 A 咨询后觉得价格非常实惠，便付了一大笔货款，但是在 B 结清费用后发现 A 像失踪了一般，怎么都无法联系到 A，最终货物也没收到，钱也没有追回来。

这个诈骗案例的主要特点：一，伪造身份；二，明显低价。

（2）三方诈骗。

三方诈骗，顾名思义是在电子商务贸易中除了交易双方还涉及第三方的诈骗行为，又被称作"三角电子商务诈骗"。

案例 11-9　三方诈骗

A 利用网络信息传输过程中的不安全性，窃听、截取买家 B 发送给跨境电商 C 的询价信息，并冒充 C 的名义与 B 进行交易实施诈骗。

这个诈骗案例的主要特点：一，截取信息；二，冒充交易。

11.5.2　贸易投诉及其类型

若买卖双方在谈判过程中意见不一，无法通过协商达成一致，可以提交阿里巴巴申请斡旋处理。当平台介入后，会通知双方该交易投诉生效。

贸易投诉的主要类型有以下几种。

1. 未收到货物招致投诉

情况 1：收款不发货。买家付款后，卖家在接到投诉通知时，商品仍然未发出。

情况2：虚假发货。买家付款后，卖家伪造发货证明，卖家在接到投诉通知时，买家不仅没有接收货物，甚至查询不到物流信息。

情况3：拒绝退货。买卖双方通过协商达成一致，同时买家已经退货，但卖家却以买家退货理由不合理、无质量问题、暂时没有时间处理等借口对买家不再理睬。

2. 货物与约定不符招致投诉

情况1：严重质量问题。买家收到的商品存在严重的质量问题。

情况2：严重短装。买家收到的商品与卖家承诺的数量或重量严重不符，即卖家少发或者漏发商品。

情况3：假货。买家收到的商品为假冒伪劣商品。

3. 未收到货款招致投诉

买家在收到商品后，没有及时履行付款义务。

11.5.3 如何避免贸易投诉和诈骗

1. 做好账号管理

（1）谨慎管理账号，提防邮箱被盗。

案例11-10 邮箱被盗（3）

近日，业务员小张碰到美国一个大客户Atkinson，Atkinson要向其购买150 000个产品，双方谈判十分顺利，小张也将形式发票通过邮箱wing_wang@xiwang.com发给了Atkinson，并与其约定先支付30%的费用，剩下的70%见提单付清，收款人：××××××××××，账号：××××××××××。但此后的两周内小张再没有收到Atkinson的邮件。

又过了一段时间，小张突然收到来自Atkinson的催货邮件。小张觉得很不解，明明对方约定好的预付款还未到账，怎么能先发货呢？小张决定和Atkinson再进行沟通，发现在上次发送形式发票的次日，Atkinson又收到一封邮件，邮件内容大致是公司账号有误，需要Atkinson将款项打到另外一个银行账号。Atkinson觉得既然是供应商发的邮件，换一个账号也无妨，便按照新账号将钱打了过去。

小张立即表示自己从来没有给Atkinson发过这样一封邮件，公司也没有其他的账号，双方都十分困惑，在比对邮件后才得知，交易过程中竟然冒出一个陌生邮箱 vving_wang@xiwang.com，这才明白过来，公司的邮箱被盗了。

邮箱是跨境电商交易双方经常使用的联系工具，为了掌握邮箱中重要的询盘内容骗取信任，骗子们往往用各种手段盗取供应商的邮箱账号，在掌握了重要交易信息后便假冒供应商骗取客户的信任，进而达到非法占有财物的目的。由于邮箱是会员自行注册获得，阿里巴巴平台很难对其进行有效保护，一旦交易双方不能做到及时沟通就很容易造成损失。

骗子盗取邮箱的惯用手段：①发布钓鱼链接；②进入买家邮箱盗取双方的交易信息，或通过调整邮箱后台设置，让邮件自动转发；③监控交易双方的交易过程；④在付款环节，屏蔽交易双方的正常沟通，伪装成与供应商十分相似的邮箱账号，诱骗买家付款到其他银行账号；⑤款项到手后，逃之夭夭。

防范邮箱被盗的措施：①对不明链接不予理睬，用正规软件对电脑定期杀毒；②经常查看邮箱后台是否有异常设置，如来信分类、自动转发等；③到约定付款时间时，双方正常沟通异常中断，应及时用电话或微信与对方联系，确认情况；④在主页面公开本公司的收款账号，以防受其他邮件发的更改账号通知的迷惑；⑤若诈骗事件已经发生，买家利益受损，供应商第一时间将事情原委告知买家，在报警的同时和邮箱运营商联系，确认邮箱被盗事宜。

具有以下几个特点的邮件往往都是钓鱼邮件：

① 冒充邮箱。收到邮件时请反复确认对方邮箱是不是变形冒用邮箱。

② 通用性问候。开头问候不指代姓名，如用 Dear Alibaba Member，而不是用 Hi/Dear Jack Ma。

③ 假预警邮件。收到不明链接并声称"警告！邮箱异常，需要立即进入以下链接并输入邮箱地址和密码来解决问题，否则账号将被拉黑"，但是真正的平台工作人员是不会向客户索要账号信息的。

④ 钓鱼链接。邮件中只有一个链接，连情况说明都没有，请勿随意点击这些来历不明的链接，以免重要信息被盗造成损失。

（2）重视账号的安全管理，防范各种账号买卖、转租的陷阱。

案例 11-11　账号转租

A 和阿里巴巴合作已经有 5 年了，彼此沟通顺畅。A 乐于交流，平时经常浏览外贸论坛，在论坛上结交了不少懂行情的朋友，如熟悉外贸业务的 B。

B 不仅熟知外贸知识还很热心，所以 A 在生意上遇到问题总喜欢与 B 交流，向他请教。B 也从来不推脱，总是将所了解的电商知识告诉 A，A 觉得与 B 志趣相投，时间一长，A 与 B 就成了关系很好的网友。有一天，B 跟 A 透露自己想成为阿里巴巴的会员，但不知道这个平台是否适合自己，就想先试试效果，于是问 A 能否租个子账号给他。A 听说朋友有需要，在简单询问了 B 计划经营的商品种类后，就果断地给了他一个子账号。

本来 A 觉得并没有什么大问题，但是在一个月以后 A 接连收到好几个投诉通知，都是国外的客户称付款后 A 一直不发货。突如其来的投诉让 A 十分不解，自己从未与他们做过生意，在调查后发现是 B 用他之前给的子账号与客户达成了交易，但是迟迟不发货。等这个时候 A 再找 B 时，B 早已经消失地无影无踪了。

这场诈骗案件的涉案金额已经超过了 5 万美元，A 无力承担，最终只能眼睁睁地看着自己辛苦经营了 5 年多的供货账号被平台关闭，懊悔不已。

骗子往往会用各种手段取得供应商的信任，然后向供应商购买或租用他们的子账号，部分供应商轻信骗子的话，又因为骗子谎称的经营商品是与他们本身的商品没有利益冲突的，于是便将子账号转让给骗子。骗子一拿到子账号就去欺骗消费者，消费者利益受损必定会向平台投诉，而骗子是不会负责任的，最终需要供应商承担后果。很多诚信状况良好的供应商就因为一个转租子账号事件失去了全部心血。

骗子惯用手段如下。

① 准备阶段。骗子长期在论坛发布高价收购子账号的帖子，或在阿里巴巴平台上找到供应商公布的联系方式直接联系他们称愿意重金收购子账号；骗子从供应商的熟人处入手，先取得他们的信任，再通过这些熟人向供应商套取账号。

② 行骗阶段。在主页上架远低于市场价的商品，如热销的电子产品、家居用品、服装等，诱骗买家上当。

③ 收网。买家一旦付款，骗子马上消失地无影无踪。

警示点如下。

① 阿里巴巴平台《中国供应商服务合同》6.1.4 规定，不经平台同意允许他人使用本合同项下服务或将服务随意出售、转租给平台以外的人使用，阿里巴巴有权提前终止服务，且不退尾款。

② 因卖家账号出售及转让产生投诉的可能性非常大，而大部分的投诉都会上升为诈骗事件，且每年这种诈骗的案件非常多，涉案金额大，对供应商、平台的影响都十分恶劣。

③ 从法律的角度看，供应商在平台注册的账号是供应商财产，因账号弊端导致（盗号除外）的客户投诉，需要供应商负责。

④ 后续追偿难。一般因诈骗事件向警方求助的供应商，都会得到警方拒绝立案的回答，因为其本身并非是直接受害人；供应商很难通过警方向骗子追究法律责任；骗子手中掌握的交易双方的信息是真的，但是骗子自己的一切信息都是伪造的，因此无法通过互联网找到该骗子。

2. 提高警惕，识别骗子买家

案例 11-12 高额订单下的骗局

数月前，小李在阿里巴巴平台上认识了一个海外客户，这位客户十分爽快，当天就下了 trial order（试订单），双方沟通也很顺利。没过多久客户又联系小李，说自己对小李公司的商品非常满意，希望再合作一次，这次订一批 5 万美元的商品。

小李十分高兴，考虑到不是第一次合作，便与客户商议先付 30% 的费用，剩下的 70% 见提单付清，但是客户要求商品必须在一个月内发出。小李在收到客户的预付款单后，便加紧催促生产商在一个月内完成了生产，并将商品装船运输。在商品到达约定港口后，小李联系客户付尾款，但客户一直未给小李回复。

小李感到事情不对，急忙和银行核实预付款单，发现这张单据是伪造的，预付款根本没有打入账户。小李立即要求退回商品，但没想到客户竟然与当地海关串通，早已将货物取走，小李投诉无门，懊悔不已。

识别骗子买家的技巧。

（1）行骗准备阶段。这是最初阶段，骗子买家往往以高额订单诱骗。

（2）行骗手段。骗子买家往往先支付少量的预付款或伪造银行单据让供应商放心，但商品到港后便与海关勾结提货，接着消失不见。

（3）行骗结果。一旦商品到手，立即停止与供应商沟通。

3. 签订合同时注意以下几点

（1）避免过度承诺。海外买家较重视合同约定的内容，因此供应商在与海外买家签署合同时，不应该为了留住海外买家而过大地渲染自己的能力，做出超出自身能力的承诺，最终导致被海外买家投诉。

（2）避免欺瞒买家。当供应商遇到突发事件不能按照约定日期交货时，一些供应商总会想出各种理由欺瞒买家、拖延时间，其实这是欠考虑的做法。反之，供应商将事情全盘告知并做出一定的补偿，不仅可能得到买家的谅解，还可能因此得到额外的青睐与赞赏。

（3）避免不理睬。在供应商与买家发生贸易纠纷时，一些供应商喜欢冷处理，即不与买家沟通，拒绝对方的一切诉求或极其粗略地回复买家。殊不知，积极的沟通态度往往能降低买家投诉的可能性。

4. 发货之后注意以下几点

（1）关注物流运输。

物流运输是较容易发生突发事件的环节，供应商发货后应密切关注物流信息，一旦因运输出现差错造成货物损毁，要及时与物流公司或保险公司沟通并提出赔偿，接着联系买家，将全部实情告知，不隐瞒、不虚构，主动提出详细合理的赔偿方案，这样处理不仅能减少供应商自己的损失，也能得到买家的理解。

（2）协助买家接收货物。

收货环节也不是万无一失的，商品到达买家的国家后，可能因为海关查验而扣货或是政府临时出台了限制政策导致商品直接被退回。供应商应及时提醒买家商品已到达，尽量避免因第三方出现未收到货物的情况。

（3）保留发货凭证。

供应商在发货后要注意妥善保存发货凭证和与货物相关的文件（如交易合同、产品质检报告），保证一旦发生纠纷能有证明自身无责的材料。

11.5.4　如何处理贸易投诉

3种贸易投诉类型的对应解决办法如下。

（1）未收到货物。供应商与买家沟通是及时发货还是退全款，接着留下发货凭证或退款底提交平台作为已解决问题的证明。

（2）货物与约定不符。若买家因已收到货物但货物有严重质量问题、明显少发货物等投诉供应商，供应商应与买家沟通补发货物、退换货物，或者双方共同协商解决办法。

（3）未收到货款。买家与供应商沟通结清货款，提供完整的付款凭证。

案例分析

案例 11-13　中国跨境商户在美国遭遇法律纠纷，账户资金或被清零

2015年，第三方支付平台PayPal被曝出有大量中国跨境商户的账户因诉讼被冻结。一些商户由于未能及时处理，其账户资金可能面临被平台清零的后果。根据PayPal账户维权QQ群统计数据，共有134名商户的账户被冻结，资金总额高达1 794 511美元，折合人民币约1114万元。余女士是浙江省义乌市的商户，她也面临这样的问题。

余女士说，账户曾被亲人借去使用，突然有一天一个外国买家联系她的亲人，问她的亲人某个名牌包包有没有货，要订购20个，可不可以在PayPal平台上付款。她的亲人就给了那个外国买家余女士的PayPal账号。没过多久，余女士就接到一封PayPal的官方邮件，内容大致为余女士收到了法院传票，因为账户涉嫌出售侵权商品，现在已经被平台冻结了。

其他商户的经历和余女士的遭遇十分相似：有人声称自己是国外买家，想以高价收购名牌仿冒品，并以此为借口骗取中国商户的信任，让他们提供自己的PayPal账户。一旦中国商户把自己的账户给他们，相关品牌商便会将聊天记录作为涉嫌贩卖侵权商品的证据对他们提起诉讼。最终的结果是，被提起诉讼的中国商户的PayPal账户及资金被冻结，甚至清零。

许多商户对PayPal的处理十分不满，而PayPal官方给出的解释是因为商品问题导致平台用户的账户受限制，账户已经受到法律方面的临时禁令，所以这已经不是PayPal可以单方面决定的事宜了。PayPal是合法合规的国际第三方支付平台，所以当接到法院判决书时，PayPal会按照判决书的内容从被投诉方的账户中扣除赔偿金，同时按照要求打到指定账户上。本来即便扣除赔偿金之后，商户的账户里仍然会有部分余额，但因为法院判决的赔偿金额通常远高于商户的账户余额，所以才会出现账户资金被清零的情况，PayPal并不会随便将商户的账户资金清零。

根据PayPal的解释，电商平台在这些诉讼中是"第三方"的角色，既非原告又非被告，无法公开挑战国外法院的指令。PayPal建议，"若被告商户对原告提的诉讼持有很大的异议，应及时聘请熟悉国外法律程序的律师，咨询律师取得应对诉讼的最佳措施。"并且，PayPal方面也支持商户积极联系原告律师，和平协商后解决问题。

但是，另一位有相似经历的汤女士则表示，在外国买家发起诉讼时，自己并不知道，直到账户被冻结才急忙与平台沟通，而相关的诉讼通知是经PayPal传达的。在汤女士的诉讼案件中，PayPal并没有及时传递法院传票等关键信息，这加大了她应对国外诉讼的难度。

诉讼问题最终还是要经由法律途径解决，但是应对类似的诉讼对于中国商户来说，有两大难题：一是高昂的诉讼费；二是对国外法律并不熟悉。以上文中账户被冻结的余女士为例，她的账户总共被冻结了 25 000 美元，律师费需要 4000 美元，和解金又支付了 15 000 美元，折合人民币她前前后后共支付了十几万元，再加上连日里来回的奔波，让余女士苦不堪言。

思考：
1. 国内的跨境电商商户应如何应对意想不到的跨境诉讼，用最合理的方式维权？
2. 面对频发的海外纠纷，中国商户应当吸取哪些教训？

思考与实训

一、思考题
1. 知识产权主要有哪几类？
2. 如何预防跨境电商交易过程中的知识产权侵权行为？
3. 如何避免贸易投诉和诈骗？

二、操作任务书
1. 被投诉知识产权侵权后，你认为不涉及侵权或拥有品牌方的授权，希望尝试反通知申诉，在阿里巴巴国际站上该怎么操作？请操作一遍。
2. 如果某商品被投诉知识产权侵权，应立即删除被知识产权投诉的商品。请操作一遍删除该商品的步骤。

后 记

　　跨境电商运营是一个门槛相对较高的工作。从业者不但要有扎实的国际贸易知识，还需要对行业的发展趋势、商业模式、实操场景有较深入的了解。希望本书的出版，能够有效地帮助跨境电商从业者、高等院校学生提升理论水平，学习实践经验。从基础到实践，助力跨境电商读者步入精英之路正是这本书的写作初衷。

　　为了保证写作质量，加快写作进度，我和张彦红老师一起合著了这本《跨境电商运营从基础到实践》。本书分为11章，第1章至第3章由张彦红老师撰写，主要介绍了跨境电商商业模式、跨境电商交易流程和跨境电商客户沟通；第4章至第11章由我撰写，主要介绍了跨境电商物流与保险、跨境电商支付与结汇、阿里巴巴国际站商机获取、阿里巴巴国际站产品发布、阿里巴巴国际站经营优化、跨境电商综合服务平台、跨境电商网络营销手段和跨境电商风险规避。

　　读者在阅读本书时如果有疑问，欢迎与作者沟通交流，邮箱：hzkelm@126.com。

柯丽敏
2020年4月于杭州